Ilja Grzeskowitz

Denk dich reich!

Für Emma – den größten Reichtum meines Lebens.

Ilja Grzeskowitz

Denk dich reich!

Wohlstand ist Einstellungssache

REDLINE | VERLAG

Bibliografische Information der Deutschen Nationalbibliothek:
Die Deutsche Nationalbibliothek verzeichnet diese Publikation in der Deutschen National-
bibliografie; detaillierte bibliografische Daten sind im Internet über **http://d-nb.de** abrufbar.

Für Fragen und Anregungen:
grzeskowitz@redline-verlag.de

1. Auflage 2012

© 2012 by Redline Verlag, ein Imprint der Münchner Verlagsgruppe GmbH,
Nymphenburger Straße 86
D-80636 München
Tel.: 089 651285-0
Fax: 089 652096

Alle Rechte, insbesondere das Recht der Vervielfältigung und Verbreitung sowie der Überset-
zung, vorbehalten. Kein Teil des Werkes darf in irgendeiner Form (durch Fotokopie, Mikrofilm
oder ein anderes Verfahren) ohne schriftliche Genehmigung des Verlages reproduziert oder
unter Verwendung elektronischer Systeme gespeichert, verarbeitet, vervielfältigt oder verbreitet
werden.

Redaktion: Jana Stahl, Heidelberg
Satz: Georg Stadler, München
Druck: Konrad Triltsch GmbH, Ochsenfurt
Printed in Germany

ISBN Print 978-3-86881-347-0
ISBN E-Book (PDF) 978-3-86414-269-7

Weitere Informationen zum Verlag finden sie unter

www.redline-verlag.de
Beachten Sie auch unsere weiteren Imprints unter
www.muenchner-verlagsgruppe.de

Inhalt

Vorwort: Jedem Anfang wohnt ein Zauber inne 9

Teil 1: Das Fundament des Reichtums –
aufräumen und loslassen 13

Alles Käse! Oder doch nicht? 15
    Der Unterlasser 17
    Der Unternehmer 17

Reichtum – was ist das eigentlich? 21
    Reich wie und worin? 25

Denk-dich-reich – die innere Blaupause für
Reichtum und Wohlstand 29
    Das Bewusstsein 32
    Das Unterbewusstsein 32

Die O.P.A.L.-Methode – Selbsthypnose als Reichtums-
Turbo-Booster 39
    Die Kunst der Selbsthypnose 41

Mentaler Frühjahrsputz 47
    Vier Lebensbereiche, in denen sich gerne alter und
    limitierender Ballast anhäuft 50
    Limitierende Überzeugungen finden 58
    Glaubenssätze, die einen vom Reichtum abhalten 60
    Reiche und förderliche Überzeugungen 62

Das »Denk-dich-reich-Erfolgsmodell« 65

Bestellungen beim Universum Reloaded –
das Gesetz der Anziehung 71

Money Makes The World Go Round 76
    Eine kleine Geschichte des Geldes 77

Was Jäger, Bauern und Marshmallows mit Reichtum zu
tun haben 85
    Reichtum erschaffen oder Reichtum vernichten? 87
    Das Marshmallow-Experiment 91

Die unsichtbare Kette – warum Schulden uns
vom Reichtum abhalten 93
    Das Parkinson'sche Gesetz 97
    Die unsichtbare Kette 100
    Raus aus den Schulden – die unsichtbare
    Kette durchtrennen 103
    Der persönliche Reichtumsanker 105

Teil 2:
Reich werden. Reich leben.
Reich sein 115

Der Reichtums-Kompass 117
    Raus aus dem Hamsterrad 121
    Übung – der Reichtums-Kompass 126

Reich wie? Reichtum ist nicht gleich Reichtum 131

The Road to Success: Visionen,
Richtungen und Ziele 139
    Die Kraft magnetischer und wohlgeformter Ziele 144
    Die S.M.A.R.T.-Formel für kraftvolle und
    magnetische Ziele 145

Zehn Schritte, sich nicht nur kraftvolle Ziele zu setzen,
sondern diese auch zu erreichen 150

**Reich sein! Wie man den Arbeitsplatz
gegen seinen Traumjob eintauscht 156**
Die drei besten Zeitpunkte, um in seinem Leben
etwas zu ändern.. 158
Vom Beruf zur Berufung 161
Der Austausch von Werten schafft Reichtum............................ 163
Die Schnittmengen 165

Die Kunst, Geld im Schlaf zu verdienen.................................. 172
Die Gretchenfrage: selbstständig oder angestellt?.................... 174
Die Reichen bezahlen sich selbst zuerst 178
Reich werden durch intelligente Investitionen.......................... 180
Zeit für das Wesentliche –
ein passives Einkommen aufbauen 184

Die Früchte vom Reichtums-Baum ernten 191
Das »Denk-dich-reich-Kontenmodell« 193
Das »Denk-dich-reich-Kontenmodell«
ins Unterbewusstsein integrieren 197

**Das Tor zum Reichtum steht offen – die fünf Schlüssel
zum Erfolg 200**
Die 15 »Denk-dich-reich-Leitsätze«
für Reichtum und finanzielle Freiheit 203
Die fünf Schlüssel zum Erfolg.. 205

Danksagung 211

Über den Autor 213

Anmerkungen 214

Stichwortverzeichnis... 217

7

Vorwort: Jedem Anfang wohnt ein Zauber inne

Freitagabend Anfang 2008. Stau. Noch 175 Kilometer bis Berlin. Ich war mal wieder auf der Autobahn unterwegs. Nach Hause. Auf dem Weg von meiner Arbeitsstätte in Hamburg nach Berlin, den ich in den letzten Monaten schon so oft zurückgelegt hatte. Es war alles genauso vertraut wie immer, und ich hatte das Gefühl, jedes Straßenschild und jeden Angestellten der Raststätten entlang der A 24 mittlerweile persönlich zu kennen. Alles lief bis dahin ab wie immer. Fast schon automatisiert. Ich tankte meinen Dienstwagen voll, kaufte mir eine kalte Limonade und hielt ein kurzes Schwätzchen mit dem Kassierer. Und doch war an diesem Tag etwas anders und unterschied diese Fahrt von den vielen davor. Denn an diesem bestimmten Tag traf ich eine Entscheidung. Ich beschloss, auszubrechen. Nein, nicht aus dem Stau, in dem ich mich mal wieder befand, sondern aus dem Hamsterrad, zu dem mein Leben geworden war. Ich beschloss, auf mein Bauchgefühl zu hören, meinen Lebenstraum zu verwirklichen und endlich das zu tun, wovon ich auf den langen und zahlreichen Autobahnfahrten immer träumte. Vor allem aber beschloss ich, mein Schicksal in die eigenen Hände und Verantwortung für mein Leben zu übernehmen.

Was ich damals noch nicht wusste: Von diesem Moment an fing ich an, mich »reich zu denken«. Denn in den Monaten und Jahren danach wurde ich reich. Reicher, als ich es mir jemals hätte vorstellen können. Das Ergebnis meines Weges findet sich nun in diesem Buch wieder. Es ist eine Sammlung von mentalen Strategien, mit denen ich mein Leben in den verschiedensten Bereichen neu aufgestellt habe und mit denen ich reich geworden bin. Das Gute an diesen Strategien ist, dass sie von jedem angewendet werden können. Sie sind weder kompliziert noch großartig geheim. Dafür sind sie sehr wirkungsvoll, und viele meiner Seminarteilnehmer und Coaching-Klienten haben mithilfe der in diesem Buch vorgestellten Tools ebenfalls ihren Traum von finanzieller Freiheit und einem Leben voller Chancen und Möglichkeiten erreicht.

Vorwort: Jedem Anfang wohnt ein Zauber inne

Und Sie, lieber Leser, können das auch. Sie können den gleichen Weg gehen, den ich gegangen bin. Dieser Weg ist nicht immer leicht zu gehen, und so manches Mal muss man auch einen schweren Stein aus dem Weg räumen, der einem das Weitergehen schwer macht. Doch es lohnt sich. Denn am Ende dieses Weges können Sie endlich das Leben führen, von dem Sie bisher immer nur geträumt haben. Auch Sie können reich sein. Finanziell reich. Emotional reich. Reich an erfüllenden Beziehungen. Reich an Gesundheit. Und reich an immer wiederkehrenden Glücksmomenten im Leben.

Wenn ich es geschafft habe, dann können Sie es auch. In diesem Buch werde ich Ihnen zeigen, wie es geht. Aber ein kurzer Hinweis vorweg sei mir gestattet. Wenn Sie davon träumen, schnell und über Nacht reich zu werden, wenn Sie auf den einen entscheidenden Tipp hoffen oder das große Geheimnis erwarten, dann wird dieses Buch nichts für Sie sein.

Wenn Sie hoffen, den berühmten Reichtums-Schalter in Ihrem Leben zu finden, dann sollten Sie vielleicht auf eines dieser Programme zurückgreifen, die gerade wie Pilze aus dem Boden schießen, und dem Käufer versprechen, »von der Couch aus ein Vermögen zu verdienen« oder »ohne großen Zeitaufwand zum Millionär« zu werden. Aber ich gehe mal davon aus, dass Sie längst verstanden haben, dass es im Leben nichts umsonst gibt, und dass man auch für seinen Reichtum etwas tun muss. Aber jetzt kommt auch gleich die gute Nachricht: Dieses »etwas« ist nicht besonders kompliziert, und wenn Sie sich an die in diesem Buch vorgeschlagenen Strategien und Werkzeuge halten, dann wird es auch einfach durchzuführen sein und vor allem eine Menge Spaß machen.

Wie Sie, lieber Leser, bald merken werden, geht es beim Thema »Denk dich reich« nicht nur um ein gut gefülltes Bankkonto oder sonstigen materiellen Reichtum. Ich werde Ihnen keine Investment-Tipps oder sonstige Ratschläge geben, wie Sie ihr Geld anlegen sollten, damit es wächst und ihren Wohlstand mehrt. Trotzdem werden Sie mit der »Denk-dich-reich-Methode« auch auf finanzieller Ebene dramatische Veränderungen feststellen können. Genauso, wie Ihre Lebensqualität, Ihre Gesundheit und Ihre Beziehungen wertvoller werden. Denn schlussendlich sind innerer und äußerer Reichtum zwei Seiten ein und derselben Medaille, die einander bedingen und sich gegenseitig unterstützen. Sie müssen dafür im ersten Schritt auch nur eines tun: Die Entscheidung treffen, wirklich reich werden zu wollen. Der Rest ist dann, wie Sie sehen werden, ein spannender und wundervoller Weg, der Sie genau dahin führen wird, wovon Sie heute vielleicht nicht einmal zu träumen wagen.

Bei mir fing es ebenfalls genau mit dieser Entscheidung an. Aber wie kam es dazu? Ich weiß noch genau, wie ich einige Monate vor dieser Entscheidung im Stau auf der Autobahn folgenden Satz zum ersten Mal in einem Hörbuch vernahm:

> »Stell dir vor, du kommst abends nach Hause und denkst dir: Und dafür bekomme ich auch noch Geld!«

Auch wenn es mir damals überhaupt nicht bewusst war, so war dieser Satz doch ein absoluter Wendepunkt in meinem Leben. Klar, ich hatte zu dieser Zeit ein tolles Leben. Ich hatte einen super Job, super Karrierechancen, ich fuhr ein schnelles Auto, verreiste an die schönsten Orte dieser Welt und konnte mir auch sonst so gut wie jeden Luxus leisten, von dem ich der Meinung war, dass ich ihn brauchte. Aber war ich auch wirklich reich?

Rückblickend betrachtet war dies wohl eine der ärmsten Zeiten meines gesamten Lebens, denn ein Engländer namens Parkinson machte mir schwer zu schaffen. Aber dazu später mehr.

Aber ich war auf dem Weg. Und das Schwerste an diesem Weg war, wie so oft, der erste Schritt. Ich habe ihn gemieden wie der Teufel das Weihwasser. Abgehalten von mehr »Schmerzensgeld« (mir wurde es damals als Gehaltserhöhung verkauft), einem neuen Dienstwagen und natürlich von mir selber. Denn ich hatte es mir in meiner eigenen Komfortzone mehr als bequem gemacht, was man nicht nur an meinen fünf Kilo Übergewicht erkennen konnte, die ich in der Hüftgegend mit mir herumtrug.

Aber nachdem ich 175 Kilometer vor Berlin an besagtem Freitagabend die Entscheidung getroffen hatte und den ersten Schritt tat, wurde es auf einmal einfach. Es kam mir manchmal so vor, als ob das Glück mir nur so zufliegen würde, und als ob alles, was mir auf meinem Weg passierte, genau so vorgezeichnet schien. Kurzum: Es machte mir verdammt viel Spaß, und die richtigen Ergebnisse kamen schnell und fast schon wie selbstverständlich dazu.

Vorwort: Jedem Anfang wohnt ein Zauber inne

Bevor Sie jetzt also anfangen, sich in dieses Buch zu vertiefen, möchte ich Sie um eines bitten: Nehmen Sie sich einige Minuten Zeit zum Nachdenken und stellen sich dann die folgende Frage:

»Wie würde mein Leben aussehen, wenn ich wirklich reich wäre?«

Mit wem würden Sie es verbringen? Wo würden Sie leben? Was würden Sie den ganzen Tag tun? Lassen Sie Ihrer Fantasie freien Lauf und träumen Sie einmal aus vollem Herzen. Und dann treffen Sie ebenfalls eine Entscheidung! Entscheiden Sie für sich, dass Sie reich sein werden. Richtig reich. Dass Sie inneren und äußeren Reichtum im Überfluss genießen werden und dadurch das Leben ihrer Träume leben können.

Reich sein beginnt mit reichem Denken. Und darum heißt dieses Buch auch »Denk dich reich«. Wir werden gemeinsam genau die richtigen, reichen Denkstrategien und Glaubenssätze installieren, die so wichtig sind, damit Ihr persönlicher Weg ebenfalls voller Reichtum und Glücksmomente sein wird.

Ich freue mich darauf, Sie auf diesem Weg ein Stück zu begleiten. Wenn es sein muss, dann werde ich Sie auch manchmal ziehen oder anschieben. Ich werde mein Bestes geben, diesen Weg so klar und attraktiv wie möglich vorzuzeichnen. Nur gehen müssen Sie selber. Denn es ist Ihr Leben. Sie haben nur das eine, also machen Sie das Beste daraus und denken Sie sich reich!

Herzlichst,

Ilja Grzeskowitz

Berlin, im Sommer 2012

Teil 1:
Das Fundament des Reichtums –
aufräumen und loslassen

Alles Käse! Oder doch nicht?

»Nicht weil es schwer ist, wagen wir es nicht, sondern weil wir es nicht wagen, ist es schwer.«

Seneca

Käse? Jetzt fragen Sie sich sicherlich gerade, warum ich in einem Buch, in dem es um Reichtum geht, ausgerechnet von Käse schreibe. Gold, Silber, Diamanten oder Euro-Scheine, das ist es doch, was Menschen mit Reichtum verbinden, oder? Aber keine Sorge, auf diese Dinge kommen wir später auch noch sehr genau zu sprechen. Aber ob Sie es glauben oder nicht, es war der Käse, welcher eine entscheidende Rolle auf meinem Weg zum Reichtum spielte. Und dieser Käse kann auch für Sie sehr entscheidend werden, wenn Sie reich denken und die finanzielle Freiheit erlangen wollen. Denn es macht einen großen Unterschied, ob Sie sich auf die Suche nach neuem Käse machen oder sich darauf verlassen, dass Ihr Käselager schon wieder aufgefüllt wird.

Wie bitte? Käselager? Auf die Suche nach neuem Käse machen? Spinnt der Grzeskowitz jetzt? Der soll langsam mal anfangen, darüber zu schreiben, wie ich reich werde, und nicht permanent so einen Käse über Käse fabulieren. Aber ich bin doch schon längst dabei und werde Ihnen jetzt auch erklären, wieso. Es gibt eine wundervolle Kurzgeschichte mit dem Namen »Die Mäusestrategie für Manager«[1]. In dieser Fabel leben zwei Mäuse und zwei kleine (menschenähnliche) Zwergenwesen in einem verschachtelten Höhlensystem. Sie machen den ganzen langen Tag nichts anderes, als es sich gut gehen zu lassen und sich den Bauch vollzuschlagen. Und womit? Genau, mit Käse. Dieser ist nämlich in einem von den vielen Käselagern des Systems immer verfügbar, sodass die Mäuse und die Zwerge nur kurz in die entsprechende Höhle gehen müssen, wenn sie Hunger oder einfach Lust auf ein herrliches Stück Käse haben.

Aber es kommt, wie es kommen muss. Eines Tages neigen sich die Käsevorräte langsam dem Ende entgegen. Während die beiden Zwergenwesen das Problem komplett ignorieren und hoffen, dass schon alles gut werden wird, machen sich die beiden Mäuse auf die Suche nach neuem Käse. Was mit den beiden Zwergen geschieht, möchte ich Ihnen an dieser Stelle nicht verraten, ich empfehle Ihnen sowieso, sich das Buch zu kaufen und immer mal wieder darin zu schmökern. Ich tue es heute noch oft und finde jedes Mal etwas Neues, was mich inspiriert. Doch zurück zu den beiden Mäusen. Diese machen sich auf die Suche nach neuen Käsevorräten. Und sie finden reichlich Alternativen. Größeren Käse, schmackhafteren Käse und Käsesorten, die sie bisher noch niemals gesehen hatten. Auf einmal lebten sie im Überfluss und fühlten sich so gut wie nie zuvor. Und das Ganze nur, weil sie losgegangen waren auf die Suche nach neuem Käse. Und ohne es zu wissen, auch auf die Suche nach ihrem Glück und ihrem Reichtum.

Und jetzt kommt die entscheidende Frage: Wofür steht die Metapher vom Käse in Ihrem Leben? Wozu neigen Sie? Sind Sie eher wie die beiden Zwergenwesen, die nahende Probleme ignorieren und versuchen auszusitzen? Oder machen Sie es wie die Mäuse und gehen permanent auf die Suche nach neuem Käse? Wie auch immer die Antworten auf diese Fragen aussehen, ich möchte, dass Sie eines verinnerlichen, denn es wird sich wie ein roter Faden durch dieses Buch ziehen: Der größte Unterschied zwischen reichen und armen Menschen besteht darin, dass die Reichen einen ganz festen Glaubenssatz haben, nämlich den, dass sie ihr Leben selbst bestimmen. Dass sie selbst ihres Glückes Schmied sind und kein Spielball anderer Menschen oder äußerer Umstände.

In meinen Seminaren und Coachings spreche ich in diesem Zusammenhang oft von *Unternehmern* und *Unterlassern*. Diese Kategorien beschreiben sehr gut die Denk- und Handlungsweisen von reichen und armen Menschen und sind dazu noch sehr plakativ und verständlich. Ich werde also im Folgenden auch von *Unternehmern* sprechen, wenn ich reich denkende Menschen meine, und von *Unterlassern*, wenn es um arm denkende geht. Aber was meine ich nun genau damit?

Der Unterlasser

Unterlasser sind Menschen wie du und ich. Allerdings haben sie es sich in ihrer Komfortzone so bequem gemacht, dass sie träge geworden sind und passiv darauf warten, was das Leben so mit ihnen vorhat. Es ist ein wenig wie im Lotto, denn sie schauen, was so passiert und reagieren dann darauf. Oder manchmal auch nicht. Unterlasser werden oft zum Spielball ihrer Chefs, Kollegen, Partner und Freunde. Sie sind hauptsächlich auf Probleme und Schwierigkeiten fokussiert und verwenden viel Zeit und Energie dafür, sich selbst und anderen zu erklären, warum etwas nicht geht. Sie sind zufrieden mit dem (meist wenigen), was sie besitzen und haben große Schwierigkeiten, sich zu verändern (wenn z. B. der Käse ausgeht).

Der Unternehmer

Der Unternehmer ist anders. Er bestimmt selbst, wie sein Leben aussehen soll. Er ist ein Macher und packt aktiv zu. Er wartet nicht darauf, was das Schicksal mit ihm vorhat, sondern bestimmt es durch seinen Tatendrang und seine Handlungen selbst. Er richtet seinen gesamten Fokus auf Chancen und Möglichkeiten, bereit diese zu ergreifen, wenn sie sich ergeben. Typische Unternehmer sind offen für Neues, neugierig und betrachten Veränderungen als das Benzin des Lebens. Sie tragen gerne Verantwortung, sowohl für andere, vor allem aber für sich selbst. Denn sie sehen sich als den wichtigsten Menschen in ihrem Leben, der sein Glück, seinen Erfolg und seinen Reichtum jederzeit und gerne mit anderen teilt.

Unternehmer sind keine typischen Glückspilze. Auch sie machen oft Fehler und fallen hin. Aber sie lassen sich nicht unterkriegen und kennen das große Geheimnis des Erfolges: Einmal mehr aufstehen als hinfallen!

Erkennen Sie sich in dieser Beschreibung des Unternehmers wieder? Ausgezeichnet, dann ist die wichtigste Voraussetzung schon erfüllt. Und wenn noch einige dieser Eigenschaften fehlen, ist dies überhaupt kein Problem, denn ich werde Ihnen genau zeigen, wie auch Sie zum Unternehmer werden können. Denn jeder reiche Mensch ist gleichzeitig auch immer ein Unternehmer. Und genauso ist fast jeder arme Mensch auch immer ein Unterlasser. Und dabei ist es egal, wie viel Geld jemand hat. Denn wie wir bald sehen werden, kann auch jemand mit vielen Millionen auf der Bank ein sehr armer Mensch sein. Treffen Sie also eine Entscheidung, von jetzt an Unternehmer zu sein.

Aber lesen Sie sich den Abschnitt oben bitte noch einmal genau durch, denn es gibt auch eine Kategorie, in die viele hineinfallen, die sich selbst als Unternehmer bezeichnen. Dies sind die sogenannten *Pseudo-Unternehmer*. Kennen Sie bestimmt auch. Diese Menschen stehen permanent unter Strom. Sie planen, konzipieren, diskutieren, verwerfen und planen dann neu. Daher wirken sie meistens sehr beschäftigt, ohne es tatsächlich zu sein. Denn leider bleibt es bei den Pseudo-Unternehmern meistens beim Planen und Konzipieren, und die wenigsten Dinge gelangen tatsächlich zur Umsetzung. Denn tief in ihrem Innersten lieben auch sie ihre eigene Komfortzone über alles und wollen um alles in der Welt bleiben, wie sie sind. Nach außen ziehen sie zwar eine große Show ab, aber leider ohne Ergebnisse und nur auf den Erhalt des Status quo ausgerichtet. Auch sie hocken nur in ihrer Höhle und hoffen, dass von irgendwoher schon neuer Käse kommen wird. Daher stecken hinter der Fassade der Pseudo-Unternehmer schlussendlich auch wieder nur Unterlasser.

Fangen wir also damit an, wie ein Unternehmer zu denken, indem wir uns auf Chancen und Möglichkeiten fokussieren, indem wir den ersten von 15 »Denk-dich-reich-Leitsätzen« formulieren, die uns in diesem Buch begleiten und als wichtige Wegweiser auf der Reise zu Reichtum und finanzieller Freiheit dienen werden.

> **Denk-dich-reich-Leitsatz Nr. 1:**
> Ich bin für mein Leben und für meinen Reichtum selbst verantwortlich. Ich denke und handele wie ein Unternehmer!

Dies war der wichtigste Satz auf meinem Weg zum Reichtum, und er sollte es auch für Sie werden. Wenn Sie reich werden wollen. Aber wie holen Sie nun das Maximum aus diesem ersten »Denk-dich-reich-Leitsatz« heraus? Es gibt mehrere Möglichkeiten. Vor allem sollten Sie zwei Dinge tun.

Zum einen schreiben Sie sich diesen (und die noch folgenden) Leitsätze auf. Aber tun Sie dies nicht irgendwie. Nutzen Sie dafür keine Kladde oder irgendein zerknülltes und liebloses Blatt Papier. Denken Sie immer daran, es geht um

Ihr Leben und um Ihren Reichtum. Am besten kaufen Sie sich ein hochwertiges Notizbuch.[2] Sie werden sehen, wie viel mehr Spaß es macht, in ein solches Buch zu schreiben. Machen Sie es zu Ihrem persönlichen Erfolgsjournal, in das Sie alle Ihre neuen Strategien, Überlegungen und reichen Denkweisen aufschreiben. Denn auf diese Weise kann das Gesetz der Anziehung am besten seine Wirkung tun. Was genau das ist, und wie es funktioniert, dazu komme ich gleich noch.

Schreiben Sie wenn möglich auch mit einem schönen Füllfederhalter und nicht mit einem 08/15-Kuli, den Sie mal irgendwo als Werbegeschenk erhalten haben. Zelebrieren Sie Ihre Notizen auf dem Weg zu Ihrem Reichtum, so gut es geht. Und legen Sie sich ruhig ein großes Buch zu. Wir werden es noch für weitere Dinge brauchen.

Neben dem Aufschreiben gibt es noch eine zweite wichtige Methode, um die Wirkung der »Denk-dich-reich-Leitsätze« zu erhöhen: Sie müssen sie laut aussprechen. Früher habe ich auch nicht so recht daran geglaubt, welche Kraft im Aussprechen eines Satzes liegen kann, denn ich war der Meinung, dass es ja wohl vollkommen reichen müsse, meine Ziele oder die »Denk-dich-reich-Leitsätze« einfach nur zu denken. Bis ich bei Tony Robbins[3] das erste Mal gelesen habe, welche Verbindlichkeit das gesprochene Wort haben kann. Mittlerweile habe ich angefangen, wie ein Unternehmer zu denken. Und so widerstand ich dem Impuls, das Ganze als Humbug oder Blödsinn abzutun, sondern ging offen und neugierig an die Sache heran. Ich sprach also den Satz laut aus, der nun der Denk-dich-reich-Leitsatz Nr. 1 dieses Buches geworden ist:

> Ich bin für mein Leben und für meinen Reichtum selbst verantwortlich. Ich denke und handele wie ein Unternehmer!

Das Ergebnis war verblüffend. Nur durch die Tatsache, dass ich es laut gesagt hatte, wurde aus einem einfachen Gedanken auf einmal ein für mein Leben verbindlicher Leitsatz, der seine Wirkung schnell entfaltete.

Tun Sie also das Gleiche. Schreiben Sie sich Ihre neuen reichen Denkmuster und Leitsätze zuerst auf. Nehmen Sie sich Zeit dafür und lassen es wichtig werden. Und dann sprechen Sie die neuen Glaubenssätze laut aus. Wenn es Ihnen peinlich ist, dann können Sie ja vor dem Spiegel anfangen. Aber je öfter Sie es tun, desto deutlicher wird auch Ihr Unterbewusstsein verstehen, in welche Richtung es für Sie tätig werden soll. Wie es das am besten kann und wie wir das unbewusste Potenzial auf eine elegante und angenehme Art und Weise ausschöpfen, dazu kommen wir schon bald.

Reichtum – was ist das eigentlich?

»I wanna live. I wanna give. I´ve been a miner for a heart of gold.«

Neil Young, Heart of Gold

Vor einigen Jahren hielt ich ein Seminar für Führungskräfte meines alten Unternehmens in einem Hotel im Ruhrgebiet. Wie üblich, waren so gut wie alle Tagungsräume vermietet und direkt neben uns hielt ein schon etwas älterer Professor einen Vortrag über Entscheidungen und Prioritäten im Leben. Auch seine Zuhörer gehörten zum mittleren und oberen Management und hingen ihm wie gebannt an den Lippen. Während einer Pause hatte ich die Gelegenheit, kurz den Ausführungen dieses Seminarleiters zuzuhören. Er erzählte gerade eine Geschichte, von einem sehr reichen Mann, der seinen Sohn mit zu einem Ausflug aufs Land nahm, um ihm den Unterschied zwischen Arm und Reich zu zeigen, und ihn damit auf seine Zukunft als Erbe des großen Familienimperiums vorzubereiten. Gemeinsam verbrachten sie einen ganzen Tag auf dem Bauernhof einer sehr armen Familie, die in einfachen und harten Verhältnissen lebte.

Als sie wieder zu Hause in ihrem Anwesen waren, fragte der Vater seinen Sohn: »Und mein Kleiner, wie hat dir unser gemeinsamer Ausflug gefallen?«

»Es war sehr aufschlussreich, Papa«, antwortete der Sohn.

Zufrieden mit der Antwort und darüber, dass sein Plan wohl aufgegangen war, hakte der Vater nach: »Hast du gesehen, wie traurig das Leben der armen Menschen ist?«

»Oh ja, Papa, das ist mir sehr deutlich geworden. Wir haben bei uns nur einen Hund zu Hause und diese Bauernfamilie hat vier. Wir haben nur einen kleinen Swimmingpool, und diese Leute hatten auf ihrem Grundstück einen riesigen See. Wir haben nur ein paar Laternen bei uns im Garten, und sie haben den gesamten Sternenhimmel. Unsere Terrasse reicht nur bis zur Hecke und ihre bis hin zum Horizont.«

Nach dieser Antwort wurde der Vater ganz still und ruhig.

Da fügte sein Sohn noch hinzu: »Danke, Papa, dass du mir auf diese Weise sehr deutlich gemacht hast, wie arm wir trotz unseres ganzen Besitzes doch sind!«

Als ich die strahlenden und staunenden Gesichter im Raum sah, musste ich sofort an eine Begebenheit aus meiner Studienzeit denken. Es war in einem Gastvortrag eines älteren Unternehmensberaters, der uns angehenden Wirtschaftswissenschaftlern und Managern das Thema Zeitmanagement näherbringen wollte. Statt einer langweiligen Präsentation holte er nach einer kurzen Vorstellung eine große Vase hervor, in die ungefähr fünf Liter hineinpassten. Daneben stellte er einen Korb mit großen Steinen. Ohne dass er uns erklärte, was er genau tat, legte er Stein um Stein in die Vase hinein, bis diese bis zum Rand hin gefüllt war. Danach sah er neugierig in die Runde und fragte: »Und, ist das Gefäß nun voll?«

Wir waren uns schnell einig, und das gesamte Publikum antwortete mit Ja.

Darauf hin holte der Unternehmensberater eine kleine Kiste unter dem Tisch hervor und fragte: »Wirklich?« Dann schüttete er die kleinen Kieselsteine aus der Kiste in die Vase, welche sich schnell in den Zwischenräumen verteilten. Wiederum blickte er danach in die Runde und fragte abermals: »Und, meine Damen und Herren, ist der Krug jetzt voll?«

Wir waren ja nicht auf den Kopf gefallen und ahnten so langsam, worauf er hinaus wollte. Also antwortete ein Student aus der ersten Reihe: »Höchstwahrscheinlich nicht.«

»Ausgezeichnet«, antwortete der Vortragende mit einem Schmunzeln auf den Lippen, während er einen kleinen mit Sand gefüllten Eimer holte und auch diesen in die Vase goss, wo der Sand sich schnell zwischen den großen Steinen und den kleinen Kieseln in den Zwischenräumen verteilte.

»Und, ist er jetzt voll?«

Wir waren mittlerweile mutiger geworden und riefen laut im Chor: »Nein, natürlich nicht!«

»Sehr gut.« Schon nahm der Unternehmensberater einen großen Krug mit Wasser und schüttete dieses in die Vase, bis sie bis zum Rand gefüllt war. Dann blickte er erwartungsfroh in sein Publikum und fragte uns: »Und, meine Damen und Herren, welche Botschaft wollte ich Ihnen mit diesem kleinen Experiment mitteilen?«

Der cleverste und mutigste Student antwortete: »Naja, ich vermute mal, dass wir unsere Zeit noch mehr ausnutzen sollten, und dass man noch immer einen Termin annehmen kann, auch wenn man das Gefühl hat, schon komplett ausgelastet zu sein.«

»Nein, ganz im Gegenteil«, antwortete der Redner. »Die große Botschaft, die sich hinter dem eben Gezeigten verbirgt, ist eine ganz andere: Wer die großen Steine nicht zuerst in die Vase legt, der kriegt sie später nicht mehr hinein!«

Nach einem kurzen Raunen wurde es langsam immer stiller im Saal. Denn so langsam begriffen wir alle, was er uns damit sagen wollte. Nachdem der Unternehmensberater uns lange anblickte, fragte er: »Was sind für Sie die großen Steine des Lebens? Ihr zukünftiger Job? Ihre Familie? Ihre Gesundheit? Die Erfüllung Ihrer Träume und ein Leben zu führen, in dem nur Sie alleine bestimmen, was Sie tun und was Sie lassen wollen? Oder etwas ganz anderes?«

Nachdem wir immer nachdenklicher wurden, fügte er noch hinzu: »Erinnern Sie sich immer daran, die großen Steine im Leben zuerst anzupacken, sonst wird es irgendwann zu spät sein. Denn geben Sie den Nebensächlichkeiten, den Kieseln, dem Sand und dem Wasser den Vorrang, bleibt Ihnen nicht mehr genug Raum für die wirklich wichtigen Dinge im Leben. Vergessen Sie also nie, sich zu fragen, was für Sie die großen Steine im Leben sind. Und dann legen Sie sie in die Vase!«

Bevor wir jetzt richtig in das Thema Reichtum einsteigen, möchte ich Ihnen noch etwas Wichtiges mitteilen. Ich werde Ihnen in diesem Buch viele Impulse geben, Ihnen bestimmte Dinge mitteilen und wahrscheinlich auch öfter an den Grenzen Ihrer Realität rütteln. Dabei möchte ich Sie um zwei Dinge bitten. Gehen Sie kritisch und gleichzeitig neugierig an die Inhalte dieses Buches heran. Glauben Sie nicht sofort alles, was Sie lesen, oder was man (in diesem Fall ich) Ihnen erzählen will. Doch gleichzeitig möchte ich Sie auffordern, all diese Dinge auszuprobieren und auf ihre Wirksamkeit zu überprüfen. Denn erst wenn Sie ein Verhalten, einen Glaubenssatz oder eine Handlungsweise selbst erfahren und erlebt haben, wissen Sie, ob es zu den gewünschten Ergebnissen führt, oder nicht. Dann können Sie frei entscheiden, ob Sie etwas tun wollen, oder ob Sie lieber eine alternative Verhaltensweise wählen wollen. Aber genau diese Wahlfreiheit haben Sie nur, wenn Sie es vorher getestet haben. Und genau diese Entscheidungsfreiheit ist ebenfalls ein wichtiger Eckpfeiler eines reichen Lebens.

Reich sein. Wer möchte das nicht? So gut wie jedes Kind träumt davon, wenn es den Märchen seiner Eltern lauscht oder später mit der Taschenlampe unter der Bettdecke von Dagobert Duck und seinen Geldspeichern liest. Doch eine Frage, die sich die wenigsten Menschen stellen, wenn sie von Reichtum und Wohlstand träumen, ist folgende:

Reich wie? Reich worin?

Seit Jahrtausenden streben Menschen nach Reichtum. Unabhängig von Kulturen, Zeitaltern und geografischer Lage. Doch bevor wir uns nun darum kümmern, wie Sie, lieber Leser, sich auf den Weg zu Ihrem persönlichen Reichtum machen können, ist es wichtig, dass Sie sich ein paar Gedanken zu genau dieser Frage machen: Reich wie? Reich worin? Was genau ist Reichtum? Für Sie ganz persönlich. Denken Sie bitte einmal darüber nach. Legen Sie dafür ruhig das Buch eine Weile aus der Hand. Gehen Sie spazieren oder trinken Sie ein gutes Glas Rotwein. Nehmen Sie sich Zeit dafür. Und seien Sie vor allem ehrlich zu sich selbst. Handeln Sie ab jetzt immer wie ein Unternehmer, denn eine wichtige Voraussetzung für das Erreichen von Zielen ist immer auch eine saubere Bestandsanalyse. Knüpfen Sie hierzu am besten an die Fragen an, die ich Ihnen im Vorwort gestellt habe. Denken Sie über Folgendes nach und schreiben Sie Ihre Gedanken und Assoziationen wiederum sauber auf. Wir werden sie später noch benötigen.

Reich wie und worin?

➤ Was würden Sie tun, wenn Sie so richtig reich wären?

➤ Was würden Sie haben, wenn Sie finanziell frei wären?

➤ Mit wem würden Sie Ihre Zeit verbringen?

➤ Wo würden Sie leben?

➤ Worüber würden Sie nachdenken?

➤ Wer oder was wären Sie?

Und, welche Antworten sind bei Ihnen herausgekommen? Was ist Reichtum für Sie? Welche Bilder verbinden Sie mit diesem Wort und den oben stehenden Fragen? Mit Sicherheit sind auch Ihre Gedanken zum Thema Reichtum um einen oder mehreren der folgenden Punkte gekreist, die ich immer wieder in unseren Seminaren zu hören bekomme:

➤ finanziell ausgesorgt haben,

➤ ein schickes Auto,

➤ ein großes Haus,

➤ den Traumjob ausüben,

➤ edle Kleidung und luxuriöse Accessoires,

➤ die Welt verbessern und Gutes tun,

➤ Reisen in exotische Länder,

➤ körperliche und geistige Gesundheit,

➤ eine glückliche und erfüllende Beziehung,

➤ eine Familie, die Sie liebt und die Sie lieben,

➤ den eigenen Lebenstraum leben.

Dies sind natürlich nur beispielhafte Formulierungen für immer wiederkehrende Definitionen von Reichtum. Die Liste ließe sich auch noch beliebig fortsetzen. Entscheidend ist an dieser Stelle aber eines: All diese Dinge sind nur die Folge von Reichtum und keinesfalls der Reichtum selbst.

Und auch wenn es Sie (noch) ein wenig schockieren mag, Geld ist am allerwenigsten ein Indikator dafür, ob jemand reich ist oder nicht. Oder um es mit dem berühmten französischen Kaiser Napoleon zu sagen: »*Reichtum besteht nicht im Besitz von Schätzen, sondern in der Anwendung, die man von ihnen zu machen pflegt.*«

Zwar haben die meisten reichen Menschen auch immer ein recht gut gefülltes Bankkonto, aber es ist nicht zwingend notwendig, um persönlichen Reichtum zu empfinden. Andersherum gibt es auch genug Beispiele von Menschen, die Millionen auf dem Konto haben, aber von Reichtum so weit entfernt sind wie Schalke 04 von der deutschen Meisterschaft.

Natürlich ist Geld sehr wichtig, um reich leben zu können. Aber wie viel man nun braucht, hängt von jedem selbst und natürlich von den eigenen Ansprüchen ab. Vor allem geht es um die persönliche finanzielle Freiheit, die es einem erlaubt, genau das zu tun, was man tun möchte, ohne sich um finanzielle Dinge Gedanken oder gar Sorgen machen zu müssen. Es ist alles eine Frage der Entscheidung.

Es gibt Menschen, die leben in einem kleinen und bescheidenen Haus irgendwo auf dem Land, wo sie von den Erträgen leben, die ihr angepflanztes Gemüse liefert. Sie haben keinen klassischen Job, aber sie sind glücklich. Und sie sind finanziell frei, denn sie können tun und lassen, was sie wollen. Solche Menschen sind weder Millionäre noch wohnen sie in großen Villen oder fahren einen Porsche. Aber das wollen sie auch gar nicht. Es geht also gar nicht so sehr darum, wie reich man werden möchte, sondern vor allem um die Entscheidung, in welcher Beziehung man reich werden will.

Ich möchte Sie an dieser Stelle zu einem kleinen Gedankenexperiment einladen: Stellen Sie sich bitte einmal vor, dass ich Ihnen garantieren würde, dass man Ihnen von jetzt an täglich so viel Geld zur Verfügung stellen würde, dass Sie finanziell nicht nur abgesichert wären, sondern im Überfluss leben könnten. Was würden Sie dann tun?

Eine spannende Frage, oder? Würden Sie das Gleiche tun wie jetzt auch? Würden Sie den gleichen Beruf haben? Herzlichen Glückwunsch. Sie leben bereits ein sehr reiches Leben! Aber die Wahrscheinlichkeit ist groß, dass Ihre Antwort mit Ihrem jetzigen Leben nicht ganz so viel zu tun hat. Aber wenn Sie von ganz anderen Dingen träumen, als Sie tagein, tagaus tun, warum setzen Sie Ihre Träume dann nicht einfach in die Tat um? Und ich weiß, was jetzt kommt. Ich kenne die Antworten und Ausflüchte von mir selbst viel zu gut. Na klar, Rechnungen wollen bezahlt werden, die Miete für die Wohnung oder das Haus bezahlt sich auch nicht von alleine, und man möchte ja auch noch ein bis zwei Mal im Jahr nach Mallorca in den Urlaub fahren, nicht wahr. So fährt man dann jeden Tag eine Stunde ins Büro, bringt die acht Stunden hinter sich und fährt eine Stunde wieder zurück. Für einen Lohn, der einem die Bezahlung genau dieser Dinge ermöglicht. Mehr aber eben auch nicht. Trotzdem hat sich die Mehrheit mit solchen Zuständen längst arrangiert und sich die persönliche Komfortzone gemütlich eingerichtet. Man hat sich angepasst. An die äußeren Umstände und die Erwartungen und Anforderungen anderer Menschen. Die eigenen Träume und Talente werden, getrieben von Sicherheitsdenken und vielen Ausreden, immer wieder in die gedankliche Schublade zurückgelegt.

Ausreden? Gründe finden, warum etwas nicht geht? Das hört sich doch stark nach Unterlasser an. Genau das ist der Punkt und auch der große Unterschied zu den reichen Menschen, denn diese denken und handeln wie ein Unternehmer. Sie sind finanziell frei und können sich auf diese Weise das Leben leisten, von dem sie träumen. Die Dinge tun, die Sie wirklich ausfüllen. Für den Rest des Buches möchte ich daher zusätzlich zum Unternehmer und Unterlasser meine eigene Definition von reich und arm einführen, mit der wir in den folgenden Kapiteln dann weiter arbeiten werden:

Reich sein bedeutet, sein Leben nach den eigenen Vorstellungen zu leben. Bestimmt von Chancen und Möglichkeiten.

Arm sein bedeutet, sein Leben nach den Vorstellungen anderer auszurichten und anzupassen, bestimmt von Ausreden und Einschränkungen.

Verstehen Sie jetzt, warum es so viele Millionäre gibt, die trotzdem arm sind? Und warum eine Mutter Theresa trotz kaum vorhandener weltlicher Besitztümer für mich einer der reichsten Menschen ihrer Zeit war? Denn ob jemand arm oder reich ist, zeigt sich vor allem an seinem Lebensstil, daran, wie er seine Zeit verbringt und wie viel Erfüllung er daraus zieht. Geld gibt einem einfach die Freiheit, die Dinge zu tun, die einem wirklich am Herzen liegen. Deshalb zieht Reichtum meistens auch immer viel Geld nach sich. Umgekehrt ist es aber nicht der Fall, denn nicht jeder, der viel Geld besitzt, ist auch automatisch reich. Für mich ist es heute beispielsweise ein großer Reichtum, morgens um 10 Uhr einfach einen ausgedehnten Waldspaziergang machen zu können, oder mich in die Hängematte in meinem Garten zu legen, um dort einfach mal die Seele baumeln zu lassen.

Dies war früher undenkbar, denn ich hatte ja feste Arbeitszeiten und musste auch bei bestem Wetter ins Büro fahren, um mein Geld zu verdienen. Aber es kommt noch besser, denn mittlerweile tun das Universum und das Gesetz der Anziehung für mich permanent ihren Dienst. Seitdem ich mein Leben nach Chancen und Möglichkeiten ausrichte, kommen diese auch immer öfter auf mich zu. So ist es mittlerweile der Fall, dass ich auch Geld verdiene, wenn ich in der Hängematte liege oder einen Ausflug mit meiner Familie mache. Sie fragen sich, wie das geht? Keine Sorge, das verrate ich Ihnen ein wenig später, denn zuerst werden wir noch ein paar wichtige Grundlagen legen, um Ihren Computer namens Unterbewusstsein auf Reichtum und reiche Denkstrategien zu programmieren.

Auch auf das Thema Geld werden wir in Kürze noch genauer eingehen und dabei ein Konzept einführen, das für mich einen Quantensprung auf meinem Weg zum Reichtum bedeutet hat und welches eine wichtige Erkenntnis für das Erlangen von finanzieller Freiheit ist. Jetzt aber steigen wir direkt ein in die Erfolgsgeheimnisse reicher Menschen, und dazu werden wir eine kleine Reise in Ihren Kopf machen. Also, bitte anschnallen und die Sitzlehnen nach hinten klappen. Wir heben ab auf Ihrem Flug Richtung Reichtum.

Denk dich reich – die innere Blaupause für Reichtum und Wohlstand

»Das, was vor uns liegt, und das, was hinter uns liegt, ist unbedeutend im Vergleich mit dem, was in uns liegt.«

Ralph Waldo Emerson

Schauen Sie sich doch einmal Ihren Freundes- und Bekanntenkreis an. Wenn es Ihnen geht wie mir, dann dürften auch Sie dort zwei typische Vertreter von Unternehmern und Unterlassern finden (und zwischen diesen beiden Extremen dann nach der Gauß'schen Normalverteilung den großen Rest). Da ist zum einen der reiche Glückspilz, dem irgendwie immer alles gelingt, und der eine Art Erfolgs- und Geldmagnet in seiner Tasche zu haben scheint. Er ist immer irgendwie am richtigen Ort und trifft dort die richtigen Kontakte. Er wird oft befördert, oder hat ein eigenes Unternehmen, welches permanent wächst. Was er auch anfasst, es wird alles erfolgreich. Von Rückschlägen lässt er sich nicht beeindrucken, sondern überlegt sofort, was er beim nächsten Mal besser machen kann. Er sucht permanent nach neuen Chancen und ist ein Mensch, den man gerne um sich hat. Auch beziehungstechnisch und gesundheitlich geht es ihm ausgezeichnet, denn ein gesunder Geist steckt immer auch in einem gesunden Körper.

Zum anderen ist da der typische Unterlasser. Auch er arbeitet wahnsinnig viel und verdient auch eine Menge Geld. Er ist mehr als fleißig, hat einen hohen Ehrgeiz und ist bereit, mehr zu tun als der Rest seiner Firma. Trotzdem hat man das Gefühl, als ob ihm das Geld wie Sand durch die Finger zu rinnen scheint, denn spätestens am 25. des Monats hat er Schwierigkeiten, über die Runden zu kommen. Er ist langsam zum Zyniker geworden und schiebt die Schuld auf seinen Chef, die Gesellschaft oder die Wirtschaftslage. Von all der vielen Arbeit ist er ziemlich gestresst, was man ihm auch körperlich ansieht. Mit mindestens zehn Kilo zu viel auf den Rippen hetzt er von Termin zu Termin und beschwert sich »über die reichen Säcke«, denen er es eines Tages noch zeigen wird. Oftmals ist seine Beziehung schon lange in die Brüche gegangen oder kriselt zumindest stark.

Ich gebe zu, dass diese beiden Beschreibungen schon sehr stereotyp sind, aber die meisten meiner Seminarteilnehmer und Klienten erkennen darin sehr schnell eine oder mehrere Personen, die sie tatsächlich kennen. Aber wie kommt es, dass manche Menschen vollkommen spielerisch durch die Welt zu schreiten scheinen, dabei das Geld, das Glück und den Erfolg magisch anziehen, während andere trotz hohem Einsatz und unermüdlichen Versuchen, das Glück zu erzwingen, am Ende doch scheitern und oftmals hoffnungslos verschuldet sind? Sind denn reiche Menschen einfach klüger und cleverer als die armen? Haben sie ein bestimmtes *Reichtums-Gen*, das ihnen schon bei der Geburt in die Wiege gelegt wurde?

Ganz und gar nicht. Die Lösung liegt, wie so oft, in uns selbst. Die reichen Menschen denken einfach anders. Denn ob jemand ein Unternehmer oder ein Unterlasser ist, entscheidet sich schon sehr früh in unserem Leben, nämlich in unserer Kindheit und Pubertät. In dieser Zeit werden die Grundlagen für unsere Überzeugungen, Glaubenssätze und Werte gelegt, aus denen unsere ganz persönliche »innere Reichtums-Blaupause« entsteht, die wiederum sämtliche unserer Handlungen als Erwachsene beeinflusst. Oder anders ausgedrückt:

Reichtum beginnt und entsteht in unserem Kopf!

In einem Teil von uns, der auch als Unterbewusstsein bezeichnet wird. Dem Teil von uns, der für Intuition, Kreativität, Fantasie und das Träumen zuständig ist. Und wie stark die Kraft dieses Teils von uns ist, kann man an vielen Dingen beobachten.

So begannen alle großen Erfindungen der Menschheit irgendwann einmal mit einer Idee im Kopf. Die Glühbirne, das Rad, der Computer, das Internet. Und alle diese Ideen wurden anfänglich oftmals als Spinnerei abgetan. Trotzdem ließen sich die Urheber dieser grandiosen Ideen davon nicht aufhalten. Denn auch sie handelten wie Unternehmer und orientierten sich an ihrer Vision (merken Sie sich das bitte schon ein Mal, es wird später noch eine große Rolle spielen) und vor allem an den Chancen und Möglichkeiten. So wird dem Erfinder der Glühbirne, Thomas Alva Edison, nachgesagt, ungefähr 1.000 Fehlversuche produziert zu haben, bevor die erste Glühbirne funktionierte. Stellen Sie sich nun einmal vor, Edison hätte nach den ersten Fehlversuchen auf die Einschränkungen und Ratschläge von außen gehört. Nicht auszudenken, hätte er auf die »Das klappt doch nie« oder die »Das schafft niemand«-Sätze seiner Mitmenschen reagiert.

Wir würden bis heute mit Kerzen in unseren Wohnzimmern sitzen. Aber Edison war ein waschechter Unternehmer und nutzte eine mentale Denk-Strategie, die im NLP auch als Reframing[4] bekannt ist. Denn nach dem tausendsten Fehlversuch entgegnete er seinen Kritikern: »Ich weiß gar nicht, was ihr wollt. Ich bin sehr erfolgreich, denn ich habe bereits 1.000 Möglichkeiten gefunden, die Glühbirne nicht zu erfinden.«

Noch genialer war der große Konkurrent von Edison, der brillante Nikola Tesla[5]. Er hatte so viele Ideen und Visionen, die der damaligen Zeit weit voraus waren. Diese Ideen entwickelte er zu allererst in seinem Kopf. Dort visualisierte er an seinen Maschinen, Generatoren oder Spulen unzählige kleine Veränderungen, bis sie reibungslos funktionierten. Erst dann baute er die exakt gleiche Maschine in der Wirklichkeit nach. Es bedarf wohl keiner weiteren Erwähnung, dass der reale Nachbau genauso gut funktionierte wie die Gedankenkonstrukte Teslas.

Auch Edison und Tesla sind nur zwei weitere Beispiele für Menschen, die eine »Reichtums-Blaupause« als Grundlage für ihre Erfindungen und ihren Erfolg nutzten. Dass Tesla in späterer Zeit ein ganz anderes Schicksal ereilte, soll an dieser Stelle keine Rolle spielen, dafür empfehle ich seine Biografie, die im Literaturverzeichnis zu finden ist. Aber genau wie für Reichtum, so gibt es auch unzählige Beispiele für innere Programme, die Menschen arm denken lassen, und deren Handlungen dann in einem fremdbestimmten und oft unglücklichen Leben münden.

Es stellt sich also die Frage, wie diese inneren Blaupausen entstehen, die so entscheidend dafür sind, ob wir arm oder reich denken und handeln und auch ein dementsprechendes Leben führen. Man kann sich diesen Mechanismus so vorstellen wie das Betriebssystem eines Computers. Egal, was auf dem Desktop auch für Programme laufen, welche Befehle sie dort auch eingeben, der Computer tut genau das, wofür er programmiert wurde.

Und genauso verhält es sich auch mit unserem Denken. Ich möchte Ihnen hierzu ein Modell vorstellen, von dem Sie sicherlich schon einmal gehört haben, nämlich die Aufteilung in ein Bewusstsein und ein Unterbewusstsein.[6]

Das Bewusstsein

Dieser Teil unserer Persönlichkeit wird oft auch als der bewusste Verstand bezeichnet. Mit ihm steuern wir alle unsere täglichen Entscheidungen und Handlungen. Das Bewusstsein ist der analytische Teil, der für Logik und Bewertung zuständig ist. Er ist rational und intellektuell. Das Bewusstsein arbeitet strukturiert und linear, die Aufnahmekapazität ist jedoch begrenzt. Es gibt eine Faustformel, die besagt, dass wir auf bewusster Ebene ungefähr sieben plus/minus zwei Informationen gleichzeitig aufnehmen können. Eine normale Telefonnummer kann sich noch jeder gut merken. Bei Handynummern wird es schon schwieriger. Und das 15-stellige Aktenzeichen des Polizeipräsidenten, dem man mal wieder 15 Euro fürs falsch Parken überweisen muss, wird schon so gut wie unmöglich.

Das Unterbewusstsein

Dieser Teil unserer Persönlichkeit ist für sämtliche Funktionen und Prozesse zuständig, die wir nicht kontrollieren (können) und die deshalb automatisch ablaufen. Unser Unterbewusstsein ist für sämtliche Körperfunktionen zuständig und steuert beispielsweise unsere Atmung, unseren Herzschlag, die Verdauung, den Blutdruck oder auch unsere Körpertemperatur. Wenn Sie jetzt in diesem Moment einmal ganz bewusst auf das Heben und Senken ihres Brustkorbes achten, dann werden Sie feststellen, wie gut es sich anfühlt, wenn sich Ihre Lungenflügel mit Sauerstoff füllen. Dies geschieht im Normalfall unbewusst, und das ist auch sehr sinnvoll. Denn wer will schon 24 Stunden am Tag darauf achten, permanent zu atmen.

Aber neben diesen überlebenswichtigen Funktionen hat das Unterbewusstsein auch noch weitere, nicht weniger wichtige Aufgaben. So speichert es all unsere Erlebnisse und Erfahrungen. Es ist wie eine große Datenbank, in der unsere Überzeugungen, Glaubenssätze und Werte gespeichert sind. Das Unterbewusstsein ist der Teil von uns, der für Vorstellungskraft, Fantasie und Kreativität zuständig ist. Sie kennen diesen Teil von sich wahrscheinlich sehr gut und haben Namen wie »Bauchgefühl« oder »Intuition« dafür. Das Unterbewusstsein arbeitet systemisch und parallel. Die Aufnahmefähigkeit ist unbegrenzt.

Stellen Sie sich einfach einmal vor, dass Sie mit einer Taschenlampe durch eine riesige, dunkle Höhle voller glitzernder und funkelnder Schätze laufen. Dort, wo der Strahl hin leuchtet, können Sie Gold, Silber, Diamanten und andere Kostbarkeiten blitzen sehen. Doch ist dies nur ein klitzekleiner Ausschnitt der gesamten Reichtümer dieses Ortes, denn viele andere Schätze liegen außerhalb der Aufmerksamkeit im Dunkeln verborgen, obwohl sie natürlich da sind und nur darauf warten, geborgen zu werden. Der kleine Strahl der Taschenlampe steht in dieser Metapher als Bild für unser Bewusstsein und die vielen Schätze für die Ressourcen und Fähigkeiten, die in unserem Unterbewusstsein liegen.

Genau so ist es in unserem täglichen Leben, denn was wir bewusst steuern und entscheiden, ist nur ein Bruchteil von dem, was unser Unterbewusstsein für uns tut. Der ungarische Autor Mihaly Csikszentmihalyi hat in seinem Buch *Flow* den Versuch unternommen, die Entstehung von Glück wissenschaftlich zu untersuchen.[7] In vielen Studien und Experimenten hat er berechnet, dass wir in jeder Sekunde unseres Lebens auf bewusster Ebene ungefähr das Äquivalent von 132 Bit an Informationseinheiten verarbeiten, auf unbewusster Ebene jedoch weit über eine Million. Lassen wir uns das einmal auf der Zunge zergehen. Von einer riesigen Menge an Reizen und Informationen, die wir in jedem Moment unseres Lebens aufnehmen, wird nur ein Bruchteil auf bewusster Ebene wahrgenommen und genutzt, der riesengroße Rest läuft komplett unbewusst ab. Und das Unterbewusstsein ist wie ein Schwamm, der alles aufsaugt und für die spätere Verwendung speichert.

Trotz dieser ungleichen Verteilung arbeiten beide Teile unserer Persönlichkeit immer Hand in Hand und sind wie zwei Seiten ein und derselben Medaille. Wie wir jedoch gleich sehen werden, spielt das Unterbewusstsein die entscheidende Rolle, wenn es um unsere Verhaltensweisen, Gewohnheiten und Ergebnisse geht.

Das Bild von der Taschenlampe und den Schätzen in der Höhle ist nicht nur eine schöne Metapher, sondern auch der entscheidende Ansatz auf dem Weg zu

Ihrem ganz persönlichen Reichtum. Denn es kommt sehr genau darauf an, in welche Richtung wir unsere Taschenlampe leuchten lassen, und worauf wir dadurch unseren Fokus richten. So wie Edison und Tesla es taten, die mit großer Leuchtkraft ihren Strahl auf Lösungen und Visionen gerichtet haben. Doch dazu im nächsten Kapitel mehr, wenn ich Ihnen zeige, wie Sie aus diesem kleinen Strahl der Taschenlampe eine riesige Flutlichtanlage machen werden.

An dieser Stelle ist es erst einmal nur wichtig zu verstehen, dass im Unterbewusstsein alle Informationen gespeichert sind, die für unseren heutigen Reichtum verantwortlich sind, nämlich in einer Art innerer Blaupause. Diese Blaupause basiert vor allem auf Glaubenssätzen und Werten. Sie fragen sich, wie diese für unser Denken und Handeln verantwortlich sein können? Ich will Ihnen ein Beispiel geben. Ich hatte einmal einen Mitarbeiter, der sehr intelligent, fleißig und engagiert war. Er gab immer 100 Prozent und war bereit, mehr zu tun als alle anderen. Er machte schnell Karriere, wurde oft befördert und verdiente viel Geld. Die gesamte Firma und sein Umfeld prophezeite ihm eine goldene Zukunft. Er hatte alles, was man sich wünschen konnte: einen tollen Job, ein gutes finanzielles Polster, eine glückliche Beziehung und einen großen Freundeskreis, in dem er sehr beliebt war. Doch gerade, als er am Höhepunkt angekommen schien, fing er an, für ihn untypische und unsinnige Dinge zu tun. Er ließ die Arbeit schleifen, war unkonzentriert und betrog seine Frau. Genauso steil, wie er aufgestiegen war, fiel er auch wieder. Binnen kürzester Zeit stand er finanziell und emotional vor dem Ruin.

Aber wie konnte es so weit kommen? In einem persönlichen Coaching fand ich sehr schnell heraus, das dieser Top-Mitarbeiter mehrere hinderliche Glaubenssätze mit sich herumtrug. Die beiden, die ihn am meisten an seinem Erfolg hinderten, waren: »*Ich darf nicht erfolgreicher sein als meine Eltern*« und »*Geld verdirbt den Charakter*«. Egal, was er auch tat, die innere Blaupause lieferte genau die Ergebnisse, für die sie programmiert war. Und um zu verhindern, dass er erfolgreicher wurde als seine Eltern, entwickelte er auf unbewusster Ebene Verhaltensweisen, die seinen eigenen Erfolg sabotierten. Um nicht zu dem furchtbar reichen Menschen seines Glaubenssystems zu werden, tat er alles, um seinen eigenen Erfolg zu verhindern. Glücklicherweise gelang es uns, diese beiden Glaubenssätze schnell zu identifizierten und durch neue, für ihn förderliche zu ersetzen. Innerhalb kürzester Zeit war er wieder in der Spur und erfolgreicher als je zuvor.

Robert Anton Wilson erklärt in seinem phänomenalen Buch *Der neue Prometheus* das menschliche Verhalten anhand von neuronalen Gehirnschaltkreisen.[8] Dabei erzählt er am Anfang eine Geschichte, in welcher der berühmte amerikanische Psychologe William James am Ende eines Vortrages eine ältere Dame trifft und mit ihr ins Gespräch kommt. Nach einigem Small Talk erläutert das Mütterchen ihm, dass die Erde auf dem Rücken einer riesigen Schildkröte sitzen würde.

»Aber gute Frau«, fragte Professor James sehr freundlich nach, »was hält dann die Schildkröte?« »Das ist doch vollkommen einfach«, erklärte ihm die alte Dame. »Sie steht auf dem Rücken einer weiteren Schildkröte.«

»Aha, ich verstehe«, sagte Blake, noch immer sehr um Freundlichkeit bemüht. »Aber wären Sie so nett, mir zu verraten, was die zweite Schildkröte hält?«

Als die alte Lady begriff, dass der Professor sie in eine logische Falle locken wollte, antwortete sie einfach:

»Lassen Sie es Professor. Es sind Schildkröten. Schildkröten den ganzen Weg nach unten!«

Das Konzept, das laut Wilson hinter solchem Verhalten steckt, ist die Tatsache, dass unser Gehirn in einen Denker und einen Beweisführer aufgeteilt ist. Diese beiden Teile des Gehirns haben jeweils eine ganz spezielle Aufgabe. Der Denker ist für das Denken zuständig, und der Beweisführer hat nur eine einzige Funktion, nämlich zu beweisen, was der Denker denkt. Wenn wir also etwas für wahr halten, dann wird der Beweisführer permanent Beweise dafür finden, die genau diesen Glaubenssatz bestätigen und damit festigen. Wenn jemand beispielsweise glaubt, dass Fleisch essen ungesund ist, dann wird sein Beweisführer überall um ihn herum Belege dafür finden, dass dies wahr ist: im Fernsehen, im Radio, im Internet, in Unterhaltungen, einfach überall. Durch die vielen Beweise verfestigt sich dieser Glaubenssatz dann noch mehr. Wenn jedoch der gleiche Mensch glauben würde, dass vegetarisch zu leben ungesund sei, dann würde der Beweisführer genauso viele Beweise für diesen Glaubenssatz finden und auch diesen damit festigen. Aus dieser Tatsache resultiert unser nächster »Denk-dich-reich-Leitsatz«:

> **Denk-dich-reich-Leitsatz Nr. 2:**
> Was der Denker denkt, wird der Beweisführer beweisen. Meine Glaubens-
> sätze bestimmen meine Gedanken.

Haben Sie sich schon Ihr Erfolgsjournal zur Hand genommen und auch diesen
Leitsatz aufgeschrieben? Ausgezeichnet, denn es ist wichtig, von vorneherein eines der reichen Erfolgsgeheimnisse in die Tat umzusetzen, nämlich das Etablieren
von Gewohnheiten. Je öfter und regelmäßiger man etwas tut, desto eher wird es zu
einer solchen. Und eine besonders wichtige Gewohnheit ist es, hinderliche und arme Glaubenssätze zu identifizieren und durch förderliche und reiche zu ersetzen.

Wenn Glaubenssätze (oder umgangssprachlicher *Überzeugungen*) aber so eine große Rolle spielen, dann sollten wir uns an dieser Stelle einmal anschauen,
wie sie überhaupt entstehen. Grundsätzlich gilt: Glaubenssätze sind immer gelernt, kommen also von außen und werden dann im Inneren integriert und mit
der Zeit verfestigt. Wie aber genau funktioniert dies?

Wenn ein Baby geboren wird, dann ist seine Seele und sein Unterbewusstsein
noch vollkommen rein und leer. Es hat keine Erinnerungen, keine Erfahrungen und ist voll und ganz auf seine Instinkte angewiesen. Man kann sich das
vorstellen, wie einen See, der mit kristallklarem Wasser gefüllt ist. Man kann
bis auf den Boden hinunterschauen, darin baden sowie daraus trinken.

Nun wächst das Kind auf und ist im Verlaufe seiner Kindheit einer riesigen
Menge an Suggestionen ausgesetzt. Diese sind in den allermeisten Fällen gut
gemeint, haben jedoch nicht immer eine ausschließlich positive Wirkung. Dabei wird das Kind vor allem von seinen Eltern, Geschwistern, Verwandten und
anderen wichtigen Bezugspersonen, wie Lehrern oder Sport-Trainern beeinflusst. Es fallen häufig Sätze wie *»Dafür bist du viel zu klein«, »Das schaffst du
nie«* oder eben auch *»Pass auf, mein Junge, zu viel Geld verdirbt den Charakter«*
und sonstige arme Überzeugungen. Kinder sind in diesem Alter hoch suggesti-
bel, und je emotionaler eine Erfahrung ist, desto tiefer geht eine Suggestion ins
Unterbewusstsein und formt dort einen festsitzenden Glaubenssatz.

Wer kennt nicht die Situation, in der ein armer Schüler mit neun oder zehn
Jahren, leicht verängstigt und stark unter Druck stehend an der Tafel eine Re-
chenaufgabe lösen soll und vor Aufregung keinen klaren Gedanken fassen

kann. Er ist emotional hoch aufgewühlt, als ihn die Suggestion des Lehrers wie ein Donnerschlag trifft: »Meine Güte, bist du doof. Du wirst es in der Mathematik niemals zu etwas bringen!« Und dieser vermeintlich harmlose Satz zeigt dann auch zügig seine Wirkung, denn aus ihm entsteht im Laufe der Zeit der Glaubenssatz: »Ich bin ein schlechter Schüler und zu blöd für Mathe.«

Jetzt tun wiederum der Denker und der Beweisführer ihren Dienst und verfestigen diesen Glaubenssatz, der wiederum zu entsprechenden Verhaltensweisen und Ergebnissen führt. Ein Teufelskreis.

So wird der anfangs so klare See mit der Zeit immer verschmutzter. Das Kind entwickelt eine Persönlichkeit, die vor allem von den wichtigsten Bezugspersonen in der Kindheit und Jugend geprägt ist. Die in dieser Zeit geprägten Werte und Überzeugungen bilden dann die Grundlagen für unsere inneren Blaupausen in Bezug auf Erfolg, Gesundheit, Selbstbewusstsein und natürlich auch Reichtum.

Die Ergebnisse sehen wir dann im Erwachsenenalter, wenn die verschiedenen unbewussten Programme ihre volle Wirkung entfalten. Übrigens gilt dieser Mechanismus natürlich auch für positive Suggestionen. Leider nehme ich viel mehr Eltern wahr, die mit ihren Kindern permanent schimpfen und auf sie einreden. Stattdessen wäre es für die Entwicklung eines Kindes viel besser, wenn man es öfter mal loben würde, und es mit positiven Suggestionen wie »Du bist ein richtig kleines Genie« oder »Du bist richtig klug, aus dir wird einmal etwas ganz Besonderes« in eine Richtung prägen würde, in der es viel Selbstbewusstsein aufbauen und entsprechende Überzeugungen bilden kann.

Erinnern Sie sich noch, dass ich davon gesprochen hatte, dass das Unterbewusstsein wie eine riesige Datenbank sei? Und genauso arbeitet es auch. Wenn eine neue Information (Suggestion, Idee, Konzept, Überzeugung etc.) von außen kommt, dann wird diese zu allererst mit den bereits bestehenden abgeglichen, um dann verarbeitet zu werden.

Ein Beispiel: Jemand hört den Satz »Geld kann man nur mit harter Arbeit verdienen.« Direkt nach der Verarbeitung der neuen Information gleicht das Unterbewusstsein diese Information mit bereits bestehenden Daten ab. Nehmen wir an, dass schon viele solcher armen und einschränkenden Glaubenssätze zum Thema Geld bestehen und unbewusst verankert sind. Das Gehirn gibt also das Signal, dass diese Info vom Bewusstsein ins Unterbewusstsein gelangen darf. Dort kommt es in den Daten-Ordner mit den Überzeugungen über Geld und verstärkt diese. Sie können sich das so vorstellen wie immer neue Stapel Papier mit dem gleichen Inhalt, die mit der Zeit dort abgelegt werden. Glauben Sie mir, der Beweisführer ist ein Weltmeister in der Ablage und im Verstärken von Überzeugungen und Werten.

Ist jedoch kein entsprechender Glaubenssatz vorhanden, der verstärkt werden könnte, dann schaltet sich ein kritischer Filter dazwischen, der verhindert, dass Informationen ins Unterbewusstsein gelangen, die unbekannt sind (das hat vor allem mit der Schutzfunktion zu tun, denn alles Neue ist erst einmal eine gewisse Bedrohung für den Status quo). Diesen Schutzmechanismus kennen Sie, und er ist meist mit Aussagen wie »Das kenne ich schon«, »Das will ich nicht« oder dem berühmten »Das klappt bestimmt nie« verbunden.

Um also mentale Strategien auf dem Weg zur finanziellen und emotionalen Freiheit zu installieren, ist es im ersten Schritt notwendig, hinderliche Glaubenssätze zu identifizieren und durch neue zu ersetzen, damit der Beweisführer seine Arbeit tun und die Armuts-Blaupause durch eine Reichtums-Blaupause ersetzen kann. Damit man vom Unterlasser zum Unternehmer wird. Da die Glaubenssätze ihren Ursprung im Unterbewusstsein haben, müssen wir auch genau dort an der Quelle ansetzen.

Es nützt überhaupt nichts, wenn wir auf bewusster Ebene mit reiner Willenskraft oder mit ein paar ausgeklügelten Techniken versuchen, reich zu werden. Wir müssen an der Wurzel von Armut und Reichtum ansetzen, am Ursprung. Dort den Samen des Erfolgs säen. Und das kann einzig und alleine im Unterbewusstsein geschehen. Ist der Samen erst einmal eingepflanzt, dann müssen Sie ihn zwar noch regelmäßig gießen und pflegen, aber wachsen wird er von ganz alleine. Anfangs noch sehr langsam, aber mit der Zeit immer schneller. Bis die Pflanze des Reichtums irgendwann richtig groß ist und die saftigsten Früchte daran wachsen, die zuckersüß und schmackhaft sind. Also, dann lassen Sie uns starten, und uns in die Tiefen ihres Unterbewusstseins begeben.

Die O.P.A.L.-Methode – Selbsthypnose als Reichtums-Turbo-Booster

»Wir sehen die Welt nicht, wie sie ist. Wir sehen sie, wie wir sind.«

Aus dem Talmud

Es ging schon morgens los. Schon beim Packen des Golf-Bags fühlte mein Freund Joachim, dass heute irgendetwas Großes geschehen würde. Voller Leichtigkeit putzte er noch einmal seine Schläger, nahm eine Packung seiner besten Titleist V1-Bälle aus dem Schrank und fuhr mit seinem Auto zum entscheidenden Turnier der Klubmeisterschaften. Am ersten Abschlag setzte er seine Sonnenbrille auf, um nicht von den immer stärker werdenden Lichtstrahlen der majestätisch am Himmel thronenden Sonne geblendet zu werden. Seine beiden Flightpartner waren im Gegensatz zu ihm ziemlich nervös, denn heute ging es nicht nur um den wichtigsten Pokal des Klubs. Nein, für einen echten Golfer geht es an einem solchen Tag um alles oder nichts. Um die Ehre. Um das entscheidende Turnier des Jahres.

Nachdem ihre beiden Abschläge jeweils weit vom Fairway entfernt im hohen Gras landeten, war Joachim an der Reihe. Mit einem Lächeln auf den Lippen teete er seinen Ball auf, nahm seinen Driver, visualisierte den Verlauf des Loches, durchlief gewohnheitsmäßig seine Pre-Shot-Routine und dann schlug er zu. Von außen sah sein Schwung bewunderungsvoll leicht aus. Und mit einem satten Klang traf das Schlägerblatt den Ball und beförderte diesen auf seine lange Reise durch die Luft, die erst nach fast 250 Metern mitten auf dem Fairway ihr Ende finden sollte.

Obwohl er nicht sah, wo genau der Ball landete, wusste Joachim, dass der Schlag nahezu perfekt war. Er fühlte es einfach. So ging es weiter. Während seine beiden Begleiter schon am ersten Loch vor lauter Nervosität viele Schläge einbüßten, spielte er schon zu Beginn wie selbstverständlich ein Birdie. Auch an den folgenden 17 Löchern spielte Joachim wie ein Uhrwerk.

Er wirkte unglaublich ruhig und fand selbst in den schwierigsten Lagen eine Lösung. Kein tiefer Bunker, kein Wasserhindernis und auch nicht der Druck dieses besonderen Turniers konnten ihn daran hindern, sein bestes Golf zu spielen. Er hatte einen Lauf, und alles lief fast wie von selbst. Der Höhepunkt der Runde war aber wohl der Annäherungsschlag an der 16, als er einen Schlag aus über 70 Metern direkt einlochte. Er konnte machen, was er wollte. An diesem Tag gelang ihm einfach alles. Joachim spielte die Runde seines Lebens und gewann die prestigeträchtigen Klubmeisterschaften mit einigem Abstand zum Zweitplatzierten.

Bei der Siegerehrung auf der Klubhausterrasse fragte ihn der Präsident, was denn sein Erfolgsgeheimnis gewesen sei und warum er anscheinend der Einzige war, der an diesem Tag dem Druck so gut standhalten konnte.

Daraufhin antwortete Joachim: »Tja, ich weiß es auch nicht genau, ich glaube, ich war heute einfach im Flow.«

Dies traf den Nagel auf den Kopf, denn tatsächlich befand sich mein Freund an diesem Tag genau zur richtigen Zeit in einem Zustand, an dem das Bewusstsein und das Unterbewusstsein gemeinsam an einem Strang zogen und in die gleiche Richtung arbeiteten. Hierzu sagen manche dann Flow und andere sind »in the zone«. Es reicht aber zu wissen, dass Kopf und Bauch Hand in Hand an dem Erreichen eines Ziels arbeiten.

Je besser dieser Zustand ist, desto leichter fällt es, das zu schaffen, was man sich vorgenommen hat. Wie aber hatte es Joachim geschafft, an diesem Tag sowohl körperlich als auch mental topfit zu sein?

Ich hatte ihn seit ein paar Wochen in mehreren Coaching-Sessions in die Lage versetzt, seinen mentalen Zustand besser steuern und beeinflussen zu können. Mit ein paar einfachen Übungen und wirkungsvollen Ankertechniken gelang es ihm schnell, vor jedem Schlag aufs Neue hundertprozentig konzentriert und mit Spaß bei der Sache zu sein. Ich brachte ihm eine geniale Technik bei, die er in den Wochen vor dem Turnier regelmäßig anwendete, und die wohl im Endeffekt den entscheidenden Unterschied machte:

Die Kunst der Selbsthypnose

Hypnose wird auch als die Königsdisziplin der Veränderung bezeichnet und man meint damit nichts anderes, als dass es in Hypnose möglich ist, direkt mit dem Unterbewusstsein zu kommunizieren und dort nachhaltige und wirkungsvolle Veränderungen einzuleiten. Deshalb sind auch fast alle guten Kommunikatoren, Coaches und Therapeuten immer auch geniale Hypnotiseure.

Die Selbsthypnose bietet ein wundervolles Werkzeug, um mit einem geringen Zeitaufwand die riesigen Potenziale des Unterbewusstseins auszunutzen und die dort vorhandenen Ressourcen in vollem Ausmaß zu aktivieren. Was beim Golf so gut funktioniert, wirkt natürlich mindestens ebenso effektiv, wenn es um Reichtum und das Erlangen seiner finanziellen Freiheit geht.

Ich werde Ihnen daher eine kurze und knackige Selbsthypnose-Technik vorstellen, mit der Sie die Aufgaben und Impulse dieses Buches noch um ein Vielfaches verstärken können. Auch die Wirkungen der »Denk-dich-reich-Leitsätze« potenzieren sich noch einmal, wenn man sie in einer Selbsthypnose als Affirmationen direkt ins Unterbewusstsein integriert. Das Beste ist jedoch, dass Sie mit fünf bis zehn Minuten am Tag auskommen und dann mit Ihrem normalen Alltag weitermachen können.

Während Sie dann Ihrer Arbeit oder sonstigen Dingen nachgehen, arbeitet Ihr Unbewusstes auf Hochtouren daran, die von Ihnen gewünschten Veränderungen zu integrieren und in Balance mit Ihren bewussten Überlegungen zu bringen. Oder noch kürzer: Sie werden im Flow sein und fast schon automatisch Schritt für Schritt Ihrem Ziel vom Reichtum näher kommen.

Die vier Phasen der Selbsthypnose

➤ Optimaler Zustand

➤ Prüfung, ob Ihr Unterbewusstsein aufnahmebereit ist

➤ Affirmationen und Visualisierungen

➤ Loslassen und es einfach geschehen lassen

Aus diesem Grund habe ich den Prozess auch die *O.P.A.L.-Methode* getauft, denn das Akronym steht für die Anfangsbuchstaben der jeweiligen Phase. Es lässt sich leicht merken, und Sie können so vollkommen einfach die einzelnen Schritte ausführen. Probieren Sie es einfach einmal aus. Sie werden schon beim ersten Versuch bemerken, wie angenehm und wohltuend eine solche Selbsthypnose ist.

Die volle Wirkung entfaltet sie aber erst mit der Zeit, denn das Unterbewusstsein legt den Schalter nicht von einer Sekunde auf die andere um, sondern achtet darauf, dass alle Veränderungen auch nachhaltig wirken und Ihr Leben auf die bestmögliche Weise bereichern. Ich empfehle Ihnen, vor allem die einzelnen »Denk-dich-reich-Leitsätze« mittels der O.P.A.L.-Methode im Unterbewusstsein zu verankern. Denn diese bilden das Fundament eines Lebens voller Reichtum und Wohlstand. Lassen Sie sich dabei bitte nicht von der Einfachheit des Prozesses täuschen, denn er ist zwar simpel, dafür aber sehr effektiv und wirkungsvoll. Er sorgt dafür, dass Ihr Bewusstsein und Ihr Unterbewusstsein Hand in Hand in die gleiche Richtung gehen und Sie sich im wahrsten Sinne des Wortes reich denken werden.

Optimaler Zustand

Auch wenn die Selbsthypnose mit der O.P.A.L.-Methode nur fünf bis zehn Minuten dauert, so sollte man doch seine gesamte Aufmerksamkeit auf diesen Prozess richten. Das bedeutet, dass während dieser Zeit alle möglichen Störquellen ausgeschaltet sind, und man nur für sich da ist. Kein Telefon, keine Türklingel, keine Verpflichtungen oder dringenden Termine. Einfach nur mal zehn Minuten Zeit für sich. Grundsätzlich können Sie die Selbsthypnose zu jeder Gelegenheit in Ihren Tag einbauen, es hat sich jedoch als angenehm und optimal erwiesen, die Zeit kurz nach dem Aufwachen oder kurz vor dem Einschlafen zu nutzen. Hier ist man insgesamt sehr entspannt und in diesen besonderen Momenten, wo man nicht mehr ganz wach ist, aber auch noch nicht schläft, ist das Unterbewusstsein sehr dominant und aufnahmefähig.

Machen Sie es sich so bequem wie möglich, und blenden Sie alles um sich herum aus. Denn wenn der Körper entspannt ist, dann fällt es auch dem Geist vollkommen leicht, weit zu werden. Wichtig ist vor allem Ihre Einstellung. Diese sollte von Offenheit, Neugier und dem vollsten Vertrauen in die Kraft ihres Unterbewusstseins geprägt sein. Setzen Sie sich einen Zeitrahmen – beispielsweise zehn Minuten – und entspannen Sie sich. Lassen Sie Ihren Geist weit werden. Nehmen Sie einen tiefen Atemzug, und schon kann es losgehen – lassen Sie sich treiben.

Prüfen, ob das Unterbewusstsein aufnahmebereit ist

Ein hypnotischer Zustand ist dann erreicht, wenn das dominante Unterbewusstsein eine Suggestion unkritisch aufnimmt und ausführt.[9] Der Zweck dieser Phase ist daher, genau dieses sicherzustellen. Denn wir wollen ja nicht auf bewusster, sondern auf unbewusster Ebene arbeiten und genau dort unsere gewünschte Veränderung integrieren.

Nehmen Sie also noch einen weiteren tiefen Atemzug, und fixieren Sie einen Punkt oberhalb Ihrer Augen. Dies kann ein realer Punkt sein oder auch einfach ein vorgestellter. Richten Sie Ihre gesamte Aufmerksamkeit und Ihren Fokus auf diesen einen Punkt. Stellen Sie fest, wie Ihre Augen mit der Zeit immer schwerer und schwerer werden. Wenn Sie irgendwann das Bedürfnis verspüren, Ihre Augen zu schließen, dann tun Sie das ganz einfach.

Nutzen Sie nun Ihre gesamte Vorstellungskraft und stellen Sie sich vor, dass die vielen kleinen Muskeln rund um Ihre Augen so tief und fest entspannt sind, dass Ihre Augen sich nicht mehr öffnen lassen. Und erst dann, wenn Sie sich vollkommen sicher sind, dass sie sich nicht öffnen lassen, dann testen Sie es einmal und beweisen sich, dass sie sich tatsächlich nicht mehr öffnen lassen. Versuchen Sie es wirklich und stellen Sie fest, dass sie stattdessen immer fester zusammenkleben.

Dies ist für Sie das Zeichen, dass Ihr Unterbewusstsein diese Suggestion unkritisch aufgenommen und ausgeführt hat. Denn natürlich wissen Sie auf bewusster Ebene, dass Sie Ihre Augen jederzeit öffnen können. Aber Ihrem Unbewussten ist dies egal, da es ja weder rational noch analytisch denkt. Auch wenn es auf bewusster Ebene unlogisch ist, es findet diese Suggestion spannend und möchte es gerne erleben. Diese zweite Phase ist für Sie die Bestätigung, dass ein hypnotischer Zustand erreicht ist und wir mit der Arbeit beginnen können.

Hören Sie also auf zu testen und lassen Sie die Entspannung von Ihren Augen über die Kopfhaut und den Nacken in Richtung Rücken laufen. Spüren Sie, wie angenehm dies ist und lassen Sie die Entspannung weiter laufen – über die hinteren Oberschenkel, die Waden, bis hinab in die Füße und die Zehenspitzen. Nehmen Sie nun einen weiteren tiefen Atemzug, und lassen Sie die Entspannung von dort wie eine warme wohlige Welle durch Ihren ganzen Körper schwappen. Spüren Sie, wie Sie mit jedem Atemzug immer entspannter werden und wie jedes gleichmäßige Schlagen Ihres Herzens Sie immer tiefer und tiefer in diesen wundervoll friedlichen Zustand führt.

Affirmationen und Visualisierungen

Ihr Unterbewusstsein ist nun längst in den Vordergrund getreten und bereit, die anstehenden Aufgaben und Prozesse zu erledigen. Es ist vollkommen egal, woran Sie dabei auf bewusster Ebene denken. Also können Sie auch an etwas Schönes denken. Lassen Sie vor Ihrem geistigen Auge eine wundervolle Szenerie erscheinen – einen Ort in der Natur, zu dem Sie sich hingezogen fühlen, an dem Sie sich wohl und geborgen fühlen.

Machen Sie diese Bilder so groß und scharf wie möglich. Es kann alles sein – ein atemberaubender Sandstrand am Meer, eine idyllische Hütte in den Bergen, eine einladende Lichtung in einem wunderschönen Wald oder etwas ganz anderes. Tauchen Sie in Ihrer Vorstellung vollkommen in diese Szenerie ein und driften Sie dahin, … gleiten Sie immer tiefer und tiefer und spüren Sie, wie angenehm und ruhig sich dieser besondere Zustand anfühlt.

Es ist nun Zeit für Ihre Affirmationen. Wiederholen Sie innerlich den »Denk-dich-reich-Leitsatz« (oder jedes andere Thema, an dem Sie gerne arbeiten möchten), den Sie sich für heute vorgenommen haben. Achten Sie einmal darauf, wo genau in Ihrem Kopf Sie Ihre Stimme hören. Machen Sie diese Stimme dann lauter und vor allem angenehmer. Sprechen Sie auf eine besondere und motivierende Art und Weise mit sich selbst. Während Sie Ihre Affirmationen wiederholen, lassen Sie gleichzeitig weitere Bilder vor Ihrem geistigen Auge auftauchen … Bilder von Ihrem Ziel … Bilder von Ihrem neuen reichen Leben. Visualisieren Sie Ihre Zukunft so detailliert und spezifisch wie möglich. Es ist wichtig, dass Sie diese Bilder so bunt, groß und anziehend wie möglich machen. Genießen Sie die Ruhe und wie wundervoll es sich anfühlt, wenn Sie Ihr reiches Leben und Ihre finanzielle Freiheit visualisieren.

Loslassen und es einfach geschehen lassen

Nachdem Sie für ein paar Minuten Ihre Affirmationen und Visualisierungen genossen haben, wird es jetzt noch schöner. Lassen Sie jetzt vollkommen los und geben Sie Ihrem Unterbewusstsein das Ruder in die Hand. Lassen Sie geschehen, was geschieht, … genießen Sie die Bilder und Situationen, die auftauchen, … spüren Sie, wie schön es ist, wenn Ihr Unterbewusstsein Sie von Bild zu Bild und von gutem Gefühl zu gutem Gefühl leitet. Es spielt überhaupt keine Rolle, ob die Dinge, an die Sie in diesen Momenten denken müssen, die Bilder, die Sie verarbeiten, und die Erinnerungen, die hochkommen, einen Sinn ergeben oder nicht. Bewerten Sie nichts. Verdrängen oder verstärken Sie nichts, sondern lassen Sie sich einfach treiben und führen. Alles ist genau so richtig, wie es in dem Moment geschieht. Ihr Unterbewusstsein arbeitet gerade auf Hochtouren daran, Ihre neuen Glaubenssätze zu integrieren und die Bilder Ihrer neuen, reichen Zukunft in Ihren inneren Kompass zu integrieren.

Nach einigen Minuten wird Ihre innere Uhr Ihnen ein Signal geben, dass es Zeit ist, ins Hier und Jetzt zurückzukehren. Zählen Sie hierzu rückwärts von fünf bis eins und geben sich dabei folgende Suggestionen:

Die Selbsthypnose sicher ausleiten

Ich werde jetzt gleich von fünf bis eins zählen. Wenn ich bei der Zahl eins angelangt bin – nicht vorher – werde ich die Augen öffnen, mich recken und strecken und mich vollkommen wohl und richtig fantastisch fühlen. Je nachdem, ob Sie die Selbsthypnose vor dem Einschlafen oder nach dem Aufwachen anwenden, können Sie noch weitere Suggestionen für einen erholsamen Schlaf oder einen energievollen Tag hinzufügen.

Fünf: Die Entspannung verlässt langsam Ihren Körper.

Vier: Spüren Sie, wie sich Ihr ganzer Körper mit Energie zu füllen beginnt.

Drei: Nehmen Sie einen tiefen Atemzug voll kühler Gebirgsluft und spüren Sie, wie sich jeder Muskel, jede Zelle und jede Faser des Körpers mit Sauerstoff zu füllen beginnt.

Zwei: Sie können fühlen, wie das kühle Gebirgswasser Ihren Kopf und Ihren gesamten Körper durchspült. Ihr Bauch und Ihre Brust sind frei. Ihr Kopf ist frei. Ihre Nase und Ihre Stirn sind frei, Ihre Augen sind klar und strahlen … und …

Eins: Augen auf … und hellwach … Sie fühlen sich absolut erholt, erfrischt und fantastisch.

Ich bin mir sicher, dass die Selbsthypnose nach der O.P.A.L.-Methode auch für Sie ein treuer und vor allem angenehmer Begleiter auf dem Weg zu Reichtum und finanzieller Freiheit wird. Um die Wirkung sicherzustellen, sollten Sie die Arbeit aber auch komplett Ihrem Unterbewusstsein überlassen. Bewerten und analysieren Sie danach also nicht die Bilder und Erfahrungen, die während des hypnotischen Zustands aufgetaucht sind, sondern machen Sie das, was Sie sowieso gerade machen wollten. Schlafen Sie entspannt ein, beginnen Sie mit dem Tag, oder starten Sie erfrischt in den Nachmittag. Leben Sie Ihr Leben und lassen Sie alles andere in der Hand des Unbewussten. Denn dafür ist es da, und das kann es besonders gut.

Wenn Sie die Kunst der Selbsthypnose regelmäßig anwenden, dann werden Sie feststellen, wie leicht es Ihnen mit der Zeit fällt, und wie einfach es sein kann. Denn auch die Arbeit mit dem Unterbewusstsein kann man trainieren. Je öfter man es macht, desto besser wird man darin. Nutzen Sie also Ihre unbewussten Potenziale und die Kraft Ihres Unterbewusstseins. Es ist nicht nur sehr angenehm und entspannend, sondern wird Ihr Leben auf mehr als nur eine Art bereichern.

Mentaler Frühjahrsputz

»Damals lebte sein Herz; Sehnsucht war darin und schwermütiger Neid und ein klein wenig Verachtung und eine ganz keusche Seligkeit.«

Thomas Mann aus Tonio Kröger

Stellen Sie sich bitte einmal folgende Situation vor: Ein Mann steht zwei Meter vor Ihnen auf einem Stuhl. Zwischen seinem Zeige- und Mittelfinger hält er einen handelsüblichen Kugelschreiber. Auf einmal fällt das Schreibgerät nach unten und schlägt mit einem krachenden Geräusch auf dem Boden auf. Die Frage, die ich Ihnen jetzt stelle, scheint einfach zu beantworten zu sein: Was hat dazu geführt, dass der Stift nach unten gefallen ist?

Und, wie lautet Ihre Antwort? Wahrscheinlich genau so, wie die der meisten meiner Seminarteilnehmer, denen ich diese Frage auch oft stelle: Der Stift ist nach unten gefallen, weil die Schwerkraft ihn angezogen hat. Diese Antwort ist auch überhaupt nicht verkehrt. Aber ganz richtig ist sie auch nicht. Denn die eigentliche Ursache des Herunterfallens ist eine andere: Der Mann muss den Stift zu allererst loslassen!

Denken Sie an die Prinzipien eines Unternehmers und vor allem den ersten »Denk-dich-reich-Leitsatz«, welcher die Grundlage für jeden Erfolg und Reichtum ist:

> Ich bin für mein Leben und für meinen Reichtum selbst verantwortlich. Ich denke und handele wie ein Unternehmer!

Ich habe mir im Laufe der Zeit einen weiteren Glaubenssatz angeeignet, der mein Denken und Handeln wie kein anderer bestimmt:

> Für alles, was mir in meinem Leben geschieht, bin ich selbst verantwortlich.

Mit dieser Aussage stoße ich in vielen Unterhaltungen und auch in meinen Seminaren immer wieder intensive Diskussionen an. Denn natürlich gibt es Ereignisse im Leben eines jeden Menschen, die wie ein heftiger Schlag des Schicksals auf uns einwirken. Da ist es doch vermessen und kontraproduktiv zu behaupten, dass man für diese Dinge selbst verantwortlich sei. Ich antworte darauf immer wieder das Gleiche. Weiß ich, dass diese Überzeugung zu 100 Prozent stimmt? Nein. Kann ich gar beweisen, dass sie stimmt? Nein. Aber eines weiß ich mit Gewissheit: Dass ich bessere Ergebnisse erziele, wenn ich so tue, als ob es so wäre, und diesen sehr aktivierenden Glaubenssatz in mein Leben integriere.

Diese »Tu so, als ob«- oder »Was wäre, wenn«-Technik stammt übrigens auch aus dem Neurolinguistischen Programmieren (NLP) und ist eine geniale und wirkungsvolle Methode, um ein Ziel schneller und eleganter zu erreichen.

Schon der deutsche Kanzler Bismarck verwendete sie mit großem Erfolg, denn in einem Interview sagte er einmal: »Ich war nie ein mutiger Mann, also hab ich so getan, als ob ich einer wäre, bis ich einer geworden bin.« Genauso wirkt dieser kraftvolle Glaubenssatz, den ich mit einem weiteren noch unterstütze:

Alles liegt in meiner Verantwortung, aber nichts ist mein Fehler.

Auf diese Art und Weise kann ich auch mit vermeintlich negativen Ereignissen gut umgehen, indem ich mir immer wieder vor Augen halte, dass nichts im Leben umsonst geschieht, und alles so seinen Sinn hat. Hierzu werde ich Ihnen im Laufe dieses Buches noch das eine oder andere Beispiel geben.

Zuerst aber wollen wir uns um das Aneignen reicher Glaubenssätze kümmern, die unsere reiche Blaupause formen und dadurch die gewünschten Ergebnisse bringen werden. Aber wie genau kommt man jetzt zu Überzeugungen, die so aktivierend und kreativ sind, dass die finanzielle Freiheit in greifbare Nähe gelangt? Zu allererst müssen wir natürlich diejenigen Glaubenssätze herausfinden, die uns bisher an den Ergebnissen gehindert haben, die wir uns wünschen, und die unsere jetzige Blaupause kreiert haben. Denken Sie dann an den Stift: Wir müssen sie loslassen und durch neue, zielführende Überzeugungen ersetzen.

Ich erinnere mich noch genau, wie meine Großmutter früher regelmäßig in den ersten beiden März-Wochen das gesamte Haus auf den Kopf stellte.

Jeder Schrank wurde ausgewischt, die Regale aus- und dann wieder einge-räumt, Speicher und Keller ausgemistet, und selbst die vielen alten Teppi-che wurden mit einem Teppichklopfer (für die jüngeren Leser, dies war ein tennisschlägerähnliches Gerät, mit dem man den über eine Teppichstange gehängten Teppich von Staub und Dreck befreite, indem man auf ihn ein-klopfte) wieder auf Vordermann gebracht. Auf meine kindliche Frage, wozu dieser ganze Aufwand denn gut sei, bekam ich regelmäßig die gleiche Ant-wort: »Der Dreck und Staub, der sich im Winter angesammelt hat, muss nun raus, damit wir Platz schaffen für die Energie und die Lebensfreude des Frühlings.«

In der Tat lohnten sich die Anstrengungen dieser Zeit immer wieder. Auf ein-mal hatten alle das Gefühl, in einem ganz anderen Haus zu leben. In einem Haus mit viel mehr Energie und Platz für Kreativität und Produktivität. Mein Großvater war Handwerker und hatte im Frühling immer seine besten Ideen und setzte viele davon auch gleich in die Tat um. Aber nicht nur er, unsere ge-samte Familie sprühte nur so voller Tatendrang und Kreativität. Und das nur, weil auf einmal mehr Platz im Haus war, welches im neuen, frischen Glanz er-strahlte. Intuitiv begriff ich damals, dass ein Zusammenhang zwischen dem äu-ßeren Umfeld und den Gefühlen bestand.

Diese direkte Verbindung zwischen unserer inneren, emotionalen Welt und der äußeren, materiellen Welt war damals nur so eine Art Gefühl, das ich hatte. Denn ohne zu wissen warum, spürte ich schon als kleiner Junge instinktiv, dass es Menschen gut tut, wenn Sie aufräumen und sich von alten Dingen trennen, die sie nicht mehr brauchen. Denn es gibt eine wechselseitige Verbindung zwi-schen innen und außen, die sich in unserem nächsten »Denk-dich-reich-Leit-satz« manifestiert:

Denk-dich-reich-Leitsatz Nr. 3:
Meine innere Welt bestimmt meine äußere Welt und umgekehrt. Um neue Dinge anzuziehen, muss ich zuerst alten Ballast loslassen!

Es ist erstaunlich, wie frei man sich fühlt, wenn man erst einmal unnötigen Bal-last abgeworfen hat, und nun viel leichter und unbeschwerter durchs Leben gehen kann. Sie kennen doch sicher auch das Gefühl, wenn einem »ein Stein vom Herzen fällt«, oder? Auch hier wurde losgelassen und Platz für Neues geschaffen. Oder haben Sie schon mal eine Wanderung mit einem 20 Kilogramm schweren Rucksack gemacht, den Sie den ganzen Tag auf dem Rücken mit sich getragen haben? Können Sie sich an dieses erleichternde Gefühl erinnern, als Sie ihn am Abend endlich ablegen und die Leichtigkeit und Freiheit genießen konnten?

Innen und außen beeinflussen sich immer gegenseitig. Der Denk-dich-reich-Leitsatz Nr. 3 gilt besonders auf dem Weg zur finanziellen Freiheit und zum persönlichen Reichtum.

Denn um Platz für neue, reiche Gedanken, Glaubenssätze und Verhaltensweisen zu schaffen, muss man im ersten Schritt erst einmal die alten loslassen. Gerade dieses Loslassen fällt den meisten Menschen so unheimlich schwer. Sie klammern sich vehement und mit aller Kraft an Altes und lieb Gewonnenes, welches zur persönlichen Komfortzone mittlerweile einfach dazugehört. Allerdings tun sie dies, ohne zu realisieren, dass es oftmals gerade diese Dinge sind, die sie vom Erreichen ihrer Ziele und Träume abhalten.

Insgesamt empfehle ich Ihnen, einmal folgende Bereiche Ihres Lebens nach unnötigem Ballast zu scannen und diesen dann loszulassen. Ich kann Ihnen garantieren, dass Sie auf einen Schlag reicher werden. Reicher an Lebensqualität, reicher an Gesundheit und auch finanziell reicher.

Vier Lebensbereiche, in denen sich gerne alter und limitierender Ballast anhäuft

1. Materielles

2. Gesundheit

3. Beziehungen

4. Gedanken und Glaubenssätze

Materielles: Das Gerümpel des Alltags loslassen

»Wir besitzen die Dinge so lange, bis die Dinge anfangen, uns zu besitzen!«

Tyler Durden in Fight Club

Mal Hand aufs Herz, wie sieht es bei Ihnen im Keller aus? Wie voll sind Ihre Schränke und Schubladen? Definieren Sie sich über Ihre Besitztümer? Neigen Sie dazu, Dinge zu horten, oder können Sie sich schnell von Sachen trennen, die ihre Zeit gehabt haben?

Wie viele weise Menschen handelte auch meine Großmutter instinktiv, als sie jedes Jahr im Frühjahr das Haus putzte, wischte und groß ausmistete. Es ist in der Tat immer wieder beeindruckend zu sehen, was mit Menschen geschieht, die ihren materiellen Ballast loslassen und anfangen auszumisten. Auf einmal fühlt man sich wieder frei und hat Platz für neue Ideen und Projekte. Wenn Sie zum Profi-Ausmister werden wollen, dann sollten Sie sich von Karen Kingston[10] inspirieren lassen.

Ich garantiere Ihnen, dass Sie nach dem Lesen ihres Buches über das Gerümpel des Alltags so voller Motivation sind, dass Sie sofort beginnen werden, sich mit blauen Müllsäcken zu bewaffnen und die Zimmer Ihrer Wohnung oder Ihres Hauses zu entrümpeln. Fangen Sie klein an und nehmen Sie sich anfänglich nur ein Zimmer, einen Schrank oder gar eine Schublade vor. Aber fangen Sie an. Lassen Sie los. Denn wie wollen Sie neuen Reichtum schaffen, wenn alter (und meistens unnötiger) Ballast den Platz blockiert?

Schaffen Sie sich klare Regeln und handeln Sie konsequent. Was Sie die letzten zwölf Monate nicht benutzt oder getragen haben, werden Sie mit großer Wahrscheinlichkeit auch in den nächsten zwölf Monaten nicht aus dem Schrank holen. Raus damit! Vor allem die nach dem berühmten italienischen Ökonomen Vilfredo Pareto bezeichnete 80/20-Regel (auch Paretoprinzip genannt) wird Ihnen helfen.

Nehmen wir mal Ihren Kleiderschrank. Normalerweise tragen wir 20 Prozent unserer Kleidung in 80 Prozent aller Fälle. Der Rest ist nicht mehr modern, zu eng, zu alt oder sonst irgendetwas. Wir tragen diese Sachen auf jeden Fall nicht mehr, horten sie aber im Schrank, da sie zu schade zum Wegschmeißen sind.

Auch hier gilt: Raus damit. Schaffen Sie Platz für neue Energie und neue Kleidung.

Und mit »raus damit« meine ich nicht zwangsläufig den Weg in den Mülleimer. In fast jeder Stadt gibt es eine Altkleidersammlung, eine Bahnhofsmission oder sonstige Institutionen, die Ihren Ballast sogar bei Ihnen zu Hause abholen und an bedürftige Menschen verteilen. So schaffen Sie nicht nur Platz, sondern machen auch noch anderen eine Freude.

Können Sie sich schon vorstellen, wie befreiend und aktivierend so eine Entrümpelungsaktion auf Sie wirken wird? Dann legen Sie am besten schnell los, damit der Denk-dich-reich-Leitsatz Nr. 3 seine Wirkung für Sie entfalten kann!

Gesundheit

Mens sana in corpore sano sagt der Lateiner und meint damit, dass ein gesunder Geist und ein gesunder Körper einfach zusammengehören. Und doch schenken viele Menschen ihrer PlayStation oder ihren Alufelgen mehr Aufmerksamkeit als ihrer eigenen Gesundheit. Schlimmer noch, sie gehen mit ihrem Körper fast schon fahrlässig um und stopfen ihn mit Giften wie Nikotin, Alkohol oder Junkfood im Übermaß voll. Herzkrankheiten und Übergewicht gehören heute mit zu den verbreitetsten Todesursachen in der westlichen Welt. Die Menschen werden immer dicker und damit kränker. Dabei ist auch in diesem Lebensbereich das Loslassen einfach und vor allem wirkungsvoll. Denn mit jedem Kilo, das wir weniger mit uns herumschleppen, trennen wir uns vom Äquivalent von vier Packungen Butter!

Keine Sorge, das soll hier keine Moralpredigt werden. Aber tun Sie etwas für Ihren Körper. Pflegen Sie ihn und betanken Sie ihn wie ein Formel-1-Auto. Ich bin ein großer Freund von Genuss und Lebensqualität. Aber auch ich hatte mir im Laufe der Zeit unbewusste Ernährungsgewohnheiten angeeignet, die irgendwann so normal für mich waren, dass ich sie nicht mehr hinterfragte. Ich wollte einen Körper mit der Leistung eines Porsche Carrera haben, tankte aber das billigste Diesel, das es gab. Neben einem gut genährten Wohlstands-Rettungsring um die Hüfte fühlte ich mich insgesamt nicht besonders wohl, war oft müde und schlapp.

Bis ich anfing, mich mit dem Thema Ernährung intensiver auseinanderzusetzen. Ich machte mir bewusst, was ich in welcher Menge in mich hineinstopfte. Bis ich irgendwann die Entscheidung traf, gesünder zu leben, ohne auf Genuss verzichten zu müssen.

Ich las also Bücher, probierte die verschiedensten Ernährungsmethoden aus und verglich die Ergebnisse. Sie glauben gar nicht, was man mir alles verkaufen wollte. Von der Super-Duper-Schlankheitspille über den neuesten Bauch-Weg-Ab-Flex-3000-Mega-Trainer, die wirklich allerneuste Brigitte-Kohlsuppen-Ananas-Diät bis hin zu dem Versprechen, dass ich nur schlafen müsse, um abzunehmen.

Aber natürlich trennt sich auch im Bereich Ernährung sehr schnell die Spreu vom Weizen. Denn während der Unterlasser immer noch auf die eine Pille oder das spezielle Pulver hofft, das er nur zu nehmen braucht, um dann munter so weiter essen zu können wie bisher, hat der Unternehmer längst begriffen: Wenn man andere Ergebnisse erhalten möchte, dann muss man seine Gewohnheiten ändern und dauerhaft seine Ernährung (oder was mir persönlich viel besser gefällt, seinen Lebensstil) umstellen und andere Lebensmittel in anderen Mengen essen. Und sich bewegen. Denn Bewegung ist Leben.

Ich will Ihnen gar keine konkreten Empfehlungen aussprechen, denn erstens ist jeder Mensch anders und zweitens rate ich Ihnen ja sowieso ständig, in einem Gebiet zum Experten zu werden, wenn Sie dort etwas erreichen wollen. Lesen Sie sich also ein (oder kommen Sie zu mir ins Coaching). Verstehen Sie, was Menschen dick und krank, und was sie schlank und gesund macht. Und dann treffen Sie eine Entscheidung und handeln Sie. Genauso, wie ich es gemacht habe.

Ich wiege heute zwar noch genau so viel wie zu meinen »armen« Zeiten, dafür ist das gesamte (naja, fast das gesamte) Fett geschmolzen und an seine Stelle sind gesunde und wohldefinierte Muskeln getreten. Ich fühle mich wie neugeboren, mache regelmäßig Krafttraining und esse nur noch Dinge, die meinem Körper gut tun. Und das Beste: Ich schlemme, esse reichlich und verzichte auf (fast) nichts!

Wie Sie das auch erreichen können? Okay, einen kleinen Tipp zum Einstieg möchte ich Ihnen dann doch geben. Schauen Sie sich mal auf der Webseite von

Mark Sisson[11] um oder kaufen Sie sich sein ebenso empfehlenswertes Buch *The Primal Blueprint* (locker und leicht geschrieben, zum Einstieg optimal). Dort werden Sie nicht nur eine Menge guter Dinge zum Thema Ernährung und gesundem Lifestyle lernen, sondern auch, welche weitverbreiteten Glaubenssätze dazu führen, dass immer mehr Menschen dick werden. Vor allem werden Sie aber auch eine Menge weiterführende Literaturempfehlungen und Links zu Studien, Interviews und anderen Ernährungsseiten erhalten.

Beziehungen

Mal ist es ein Elternteil, mal der Ex-Partner und manchmal die beste Freundin. Viele Menschen tragen die Gefühle und Emotionen, die sie mit Verwandten, Freunden, Bekannten oder Partnern verbinden, wie einen 20 Kilogramm schweren Rucksack mit sich herum. Sie wollen einen Schritt in die Zukunft machen, fühlen sich aber wie durch ein unsichtbares Band festgehalten. Diese hinderliche Verbindung in die Vergangenheit ist meist durch Schuldgefühle, unerfüllte Erwartungen, gebrochene Liebe, nicht ausgesprochene Worte, nicht geklärte Streitereien oder schmerzhafte Trennungen entstanden.

Schlimmer noch, meist sind es die emotionalen Bindungen an Menschen, die keinen aktiven Anteil am eigenen Leben mehr haben, weil sie entweder nicht mehr leben oder man (aus welchen Gründen auch immer) keinen regelmäßigen Kontakt mehr hat. Nicht selten kommt es vor, dass Entscheidungen, die im Hier und Jetzt getroffen werden müssen, in einer nicht unerheblichen Art und Weise von einer Person aus der eigenen Vergangenheit bestimmt und dominiert werden. Wenn diese Dominanz so stark wird, dass sie die eigene Lebensqualität und die eigenen Ziele beeinträchtigt, dann wird es Zeit, loszulassen und sich emotional abzukoppeln.

Genauso gibt es aber auch Beziehungen, die brandaktuell sind, und die uns ebenfalls nicht gut tun. Mehr noch, sie belasten einen und rauben Energie und Lebensfreude. Aber egal, ob vergangene oder bestehende Beziehungen, es gilt der gleiche Grundsatz, den ich auch in Business-Coachings immer wieder nutze:

Love it. Change it. Or leave it!

Auch wenn sich viele das nicht vorstellen können, auch in der Beziehung zu anderen Menschen kann man diese Regel anwenden. Dabei spielt es keine Rolle, ob es sich um Menschen aus dem jetzigen Umfeld handelt, oder um solche, die nur noch als Erinnerung an vergangene Zeiten eine wichtige Rolle spielen. Aber eines stelle ich immer wieder fest: Wenn man erst einmal losgelassen hat, passiert häufig etwas Unglaubliches, denn an die Stelle, an der bis vor Kurzem noch Schuld, Wut oder Verzweiflung war, ist auf einmal neue Energie, Raum für neue, bereichernde Gefühle und Lebensqualität getreten.

Und noch etwas Erstaunliches geschieht, wenn wir Menschen (bzw. die emotionale Beziehung zu ihnen) loslassen: Es ist nicht selten, dass diese Menschen nach einer gewissen Zeit wieder zu einem zurückkehren und eine neue Beziehung aufgebaut wird. Diesmal eine mit hoher Qualität, die von Gleichberechtigung und gegenseitigem Verständnis geprägt ist.

Jetzt weiß ich auch, dass es zu den schwersten Dingen im Leben gehört, sich emotional von anderen Menschen abzukoppeln, vor allem, wenn es sich um sehr nahestehende handelt. Ich sage Ihnen auch überhaupt nicht, dass es immer auf eine Trennung oder ein komplettes Loslassen hinauslaufen muss. Es gibt viele Dinge, die man vorher ausprobieren sollte.

Vor allem aber sollte man einmal scannen, ob es überhaupt solche Beziehungen zu anderen Menschen gibt, die einen emotional belasten. Menschen, bei denen man das Gefühl hat, es ihnen niemals recht machen zu können oder die bei jeder Entscheidung oder jeder Handlung wie ein unsichtbarer Geist präsent sind und es einem schwer machen. Wenn diese Menschen dann noch eine aktive Rolle im Leben spielen, dann wird es Zeit für ein klärendes Gespräch, in dem die eigenen Erwartungen und Wünsche ausgesprochen werden.

Aber auch, wenn diese Beziehungen aus einer längst vergangenen Zeit stammen, dann gibt es Möglichkeiten, etwas zu ändern. In meinen NLP-Seminaren führe ich oft eine Verabschiedungs-Zeremonie durch, die an die alte Tradition des Huna[12] angelehnt ist. Dabei lasse ich gemeinsam mit den Teilnehmern in einer hypnotischen Trance an einer Brücke oder auf einer Theaterbühne verschiedene Menschen aus den unterschiedlichsten Lebensbereichen erscheinen. Dann stellen wir jedem Einzelnen eine Frage:

Bist du bereit, mich in meiner Einzigartigkeit und im Erreichen meiner Ziele und Träume zu unterstützen?

Ist die Antwort Ja, dann umarmt man diesen Menschen und freut sich, dass er weiter zum eigenen Leben dazugehören und dieses bereichern will. Ist die Antwort Nein, dann kann man entscheiden, ob diese Person trotzdem bleiben soll, oder ob man sie loslassen will. Am Ende dieses Prozesses werden dann die energetischen Verbindungen zu all den Menschen, die man loslassen möchte, in einer rituellen Art und Weise gekappt. Und das Ergebnis ist fast immer gleich: Ein paar Tränen verbunden mit einer enormen Erleichterung und einem unbeschreiblichen Gefühl von Freiheit. Auch wenn diese Zeremonie nur in Gedanken stattfindet, sorgt das Unterbewusstsein dafür, dass die Auswirkungen auch auf das reale Leben groß und unmittelbar sind.

Wenn Sie reich werden wollen, sollten Sie sich nur mit solchen Menschen umgeben, die Ihre Persönlichkeit und Ihren Weg akzeptieren und Sie dabei bestmöglich unterstützen. Denken Sie daran, alles hat seine Zeit. Auch Freunde kommen und gehen. Sie werden zwar einige haben, die Sie das gesamte Leben begleiten, aber ansonsten sollten Sie auch Ihre Beziehungen Ihrer eigenen Persönlichkeitsentwicklung anpassen. Prüfen Sie. Verändern Sie. Und wenn jemand anderes sich nicht ändern will, oder Sie nicht so akzeptieren will, wie Sie sind, dann scheuen Sie sich auch nicht, loszulassen. Es gibt viele andere Menschen, die Sie für das lieben werden, was Sie tun und sind.

Gedanken und Glaubenssätze

Vor einiger Zeit hatte ich einen Mann bei uns im Workshop sitzen, dessen Geschichte mich heute noch fasziniert. Einen Mann, der seit seiner frühesten Kindheit versucht hatte, reich zu werden. Doch was er auch unternahm, welche Projekte er auch startete, nichts wollte so recht gelingen, und mehr als ein paar durchschnittliche Erfolge kamen bei seinen Anstrengungen nicht heraus.

Er strengte sich wirklich an, denn wie ich im Laufe des Seminars herausfand, hatten ihn zwei Glaubenssätze geprägt, die er seit seiner Kindheit mit sich herumtrug, und die ihm seine Eltern wie ein Mantra immer und immer wieder eingebläut hatten. Einer davon war, dass »man nur mit harter Arbeit Geld verdienen kann«.

Der andere war jedoch noch prägender, denn sein Vater sagte ihm seit frühester Jugend: »Schlag dir die Flausen aus dem Kopf, Junge. Geld wächst nicht auf Bäumen!« Kein Wunder, dass der Mann finanziell auf keinen grünen Zweig kam.

Wir arbeiteten also gemeinsam an diesen Überzeugungen und ersetzten sie durch neue und förderlichere. Ungefähr ein Jahr nach dem Seminar rief er mich an und berichtete mir voller Freude, wie sich sein Leben seither geändert hatte. Er fing an, wie ein Unternehmer zu denken und auch entsprechend zu handeln. So kam es, dass er auf einer Urlaubsreise durch Italien sofort hellhörig wurde, als man ihm in einer Trattoria nach einem Abend bei Rotwein und italienischen Spezialitäten ein kleines Stück Land zum Kauf anbot. Obwohl dieses Land auf den ersten Blick sehr unfruchtbar und karg aussah, witterte er eine Chance und sah die Möglichkeiten, die sich ihm bieten würden.

Vielleicht hatte er ein oder zwei Glas Rotwein zu viel, auf jeden Fall schlug er noch am selben Abend ein und kaufte sich eine große Ackerfläche mit nichts darauf außer ein paar Bäumen. Doch diese Bäume sollten sein Leben grundlegend verändern. Es waren Olivenbäume. Zu den bestehenden pflanzte er noch einmal die gleiche Menge und baute eine ansehnliche Olivenplantage mitten im Nirgendwo in Italien. Er presste die Oliven aus und machte ein Öl daraus, das schnell für seine hohe Qualität und seinen erlesenen Geschmack bekannt wurde. Schnell expandierte er und kaufte noch im ersten Jahr die nächsten fünf Plantagen dazu.

So war er eben voller Enthusiasmus und Lebensfreude, als er mich an diesem Tag anrief und mir mit Begeisterung in seiner Stimme erklärte: »Ich hätte es ja nie geglaubt. Aber ich verdiene hier mein Geld, während ich in der Hängematte liege und mit dir spreche. Und das Beste daran ist, mein Geld wächst seit dem Seminar auf Bäumen!«

Ich gebe zu, dass ich etwas ausgeholt habe, bevor wir zum eigentlichen und wichtigsten Punkt kommen, nämlich den Glaubenssätzen, die Ihre innere Blaupause und damit Ihren persönlichen Grad an Reichtum bestimmen. Aber glauben Sie mir, die Bereiche Materielles, Gesundheit und Beziehungen sind eminent wichtig. Wenn Sie in diesen Bereichen anfangen, loszulassen, wird dies schon ganz automatisch auch Auswirkungen auf Ihre Gedanken zum Thema Reichtum haben.

Wir leben nun mal in Systemen, die einander bedingen und beeinflussen. Wenn ich an einem Punkt dieses Systems etwas verändere, dann hat dies auch immer eine Bedeutung für den Rest des Systems. Sie kennen dies vielleicht, wenn Sie frisch verliebt und plötzlich im Job wesentlich erfolgreicher sind. Oder wenn Sie in ein neues, inspirierendes Arbeitsumfeld gelangen und auf einmal Ihre Leistungen im Sport explodieren. Klopfen Sie also die drei Bereiche sehr sorgfältig nach eventuellem Ballast ab und lassen diesen dann los. Schaffen Sie Platz für Reichtum und finanzielle Freiheit.

Aber wie wir schon gesehen haben, sind es vor allem unsere inneren Überzeugungen, die uns von wahrem Reichtum abhalten und unseren (finanziellen) Erfolg immer wieder sabotieren.

Erinnern Sie sich noch an das Bild mit dem klaren See, welcher im Laufe der Kindheit und Jugend immer mehr verschmutzt wird? Wir werden uns nun daran machen, die gröbste Verschmutzung zu entfernen, damit auch Ihr See wieder klar und strahlend werden kann. Wir werden Ihre limitierenden Glaubenssätze identifizieren und durch neue, zielführende ersetzen. Wir werden Ihre innere Blaupause umprogrammieren, damit Ihr Unterbewusstsein von jetzt an voll und ganz auf Reichtum ausgerichtet ist.

Limitierende Überzeugungen finden

Starten wir am besten ganz unvoreingenommen. Nehmen Sie Ihr Erfolgsjournal zur Hand und vervollständigen Sie bitte die folgenden Sätze. Antworten Sie spontan, ohne groß über den Sinn nachzudenken. Auf diese Art und Weise können Sie sicher sein, dass wir die Informationen direkt von Ihrem Unterbewusstsein erhalten. Und genau das ist es ja, was wir wollen.

➤ Geld ist …

➤ Reiche Menschen sind …

Limitierende Überzeugungen finden

➤ Ich wäre reich, wenn ich …

➤ Wenn ich richtig viel Geld hätte, würde ich …

➤ Wenn ich reich wäre, hätte ich Angst, …

➤ Geld …

➤ Geld macht Menschen …

➤ Ein reicher Mensch …

➤ Geld versetzt mich in die Lage, …

➤ Ohne Geld fühle ich mich …

➤ Mit Geld fühle ich mich …

➤ Wenn ich an Geld denke, …

➤ Meine Eltern dachten, Geld …

Durch die Beantwortung dieser Fragen beziehungsweise durch die Vervollständigung der Sätze sollte Ihr Unterbewusstsein langsam angeregt werden. Denn es kommen Überzeugungen zutage, die Sie tief in sich zum Thema Geld gebildet haben. Und je deutlicher man sie an die Oberfläche holt, desto leichter lassen sie sich verändern.

Schauen Sie sich Ihre Vervollständigungen also einmal ganz genau an. Wenn Sie in Ihren Antworten schon einen limitierenden Glaubenssatz über Geld entdeckt haben, der Sie daran hindert, reich zu werden, dann notieren Sie ihn sich bitte auf einer freien Seite in Ihrem Erfolgsjournal. Und nun lassen Sie Ihrer Fantasie bitte freien Lauf und notieren Sie weitere Überzeugungen, die Sie zum Thema Geld haben, oder die Sie in Ihrer Kindheit gelernt haben. Um es einfacher zu machen, will ich Ihnen noch ein paar Beispiele hinderlicher und armer Glaubenssätze geben.

59

Mentaler Frühjahrsputz

Glaubenssätze, die einen vom Reichtum abhalten

➤ Geld ist die Wurzel allen Übels.

➤ Die Armen werden immer ärmer und die Reichen immer reicher.

➤ Geld verdirbt den Charakter.

➤ Geben ist seliger denn nehmen.

➤ Geld ist nicht alles.

➤ Das Geld wächst nicht auf Bäumen.

➤ Geld regiert die Welt.

➤ Ohne Moos nix los.

➤ Wenn ich gewinne, muss jemand anders verlieren.

➤ Über Geld spricht man nicht.

➤ Reiche Menschen sind nur auf Profit aus.

➤ Für Geld muss man hart arbeiten.

➤ Lieber arm und gesund als reich und krank.

➤ Um viel Geld zu verdienen, muss man skrupellos sein und die Ellenbogen ausfahren.

➤ Ich habe es nicht verdient, reich zu sein.

➤ Es gibt Wichtigeres als Geld.

➤ Ich darf nicht erfolgreicher sein als mein Vater/meine Mutter/meine Eltern.

➤ Es gibt nicht genug Geld für alle.

➤ Glück kann man nicht kaufen.

➤ Je mehr Geld man hat, desto unglücklicher wird man.

Ich könnte diese Liste noch beliebig fortsetzen, sie soll jedoch nur Ihre Kreativität anregen, und einige Impulse in ihrem Gehirn auslösen. Ich bin mir sicher, dass Sie längst schon eigene, persönliche Überzeugungen gefunden haben, die Ihre bisherige innere Blaupause geschaffen und damit Ihren Reichtum verhindert haben. Identifizieren Sie vor allem solche, die es Ihnen schwer machen, den Grad von finanzieller Freiheit zu erreichen, den Sie sich vorstellen und wünschen. Gehen Sie dabei sehr sorgfältig vor, denn die meisten limitierenden Glaubenssätze werden Ihnen auf den ersten Blick sehr wahr vorkommen. Das ist ja auch kein Wunder, denn was der Denker denkt, wird Ihr Beweisführer mit hoher Präzision und Zuverlässigkeit immer wieder beweisen.

Schreiben Sie eine ganze Liste dieser limitierenden Glaubenssätze auf Ihr Blatt Papier. Wiederholen Sie die Übung ein paar Mal, denn einige Überzeugungen sind so tief und fest verankert, dass sie erst mit ein wenig Zeit an der Oberfläche auftauchen. Je bewusster Sie sich Ihrer limitierenden Selbst-Programmierungen werden, desto leichter wird es Ihnen fallen, sie durch neue zu ersetzen. Denn macht es nicht einen riesigen Unterschied, ob man sein Leben lang für »die Wurzel allen Übels« arbeitet, oder ob man nach finanzieller und emotionaler Freiheit strebt?

Dies ist der zweite Schritt. Ersetzen Sie die Glaubenssätze, die zur Blaupause der Armut geführt haben durch solche, die eine Blaupause des Reichtums bilden werden.

Nehmen Sie sich hierzu ein weiteres Blatt Papier und lassen sich von den Überzeugungen leiten, die Sie bisher eingeschränkt und aufgehalten haben. Oftmals fällt es leichter, das Gegenteil oder eine Alternative zu einem limitierenden Glaubenssatz zu finden. Je mehr Sie aufschreiben, desto mehr reiche Möglichkeiten werden Ihnen einfallen. Notieren Sie alles, wovon Sie der Meinung sind, dass es Ihren Weg leichter und einfacher macht. Ich werde Ihnen auch dieses Mal wieder ein paar Impulse geben.

Reiche und förderliche Überzeugungen

➤ Ich verdiene es, reich zu sein.

➤ Es ist genug Geld für alle da.

➤ Geld ist weder schlecht noch gut. Es verstärkt nur die Charakterzüge, die sowieso vorhanden sind.

➤ Ich ziehe Geld an wie ein Magnet.

➤ Geld gibt mir die Freiheit, Dinge zu tun, von denen ich träume.

➤ Geld ist gedruckte Freiheit.

➤ Geld ist schön.

➤ Ich liebe es, viel Geld zu verdienen.

➤ Es ist ein erstrebenswertes Ziel, reich und vermögend zu sein.

➤ Wenn ich erfolgreicher bin als mein Vater/meine Mutter/meine Eltern, werden sie sehr stolz auf mich sein.

➤ Ich verdiene sehr gerne sehr viel Geld.

➤ Reichtum gibt mir viele Möglichkeiten und Chancen im Leben.

➤ Ich nehme genau so gerne, wie ich gebe.

➤ Das Geld, das ich habe, vermehrt sich mühelos.

Wie fühlt es sich an, diese Überzeugungen zu lesen? Wenn die Sätze sich für Sie vollkommen normal und selbstverständlich anhören, dann ist Ihre reiche Blaupause schon sehr weit entwickelt. Wenn nicht, dann werden wir jetzt gemeinsam dafür sorgen, dass diese bewussten Glaubenssätze nachhaltig in Ihr Unterbewusstsein verankert werden.

Reiche und förderliche Überzeugungen

Aber bevor wir uns um das Verankern der neuen Blaupause kümmern, müssen wir natürlich erst einmal Platz schaffen. Das machen wir, indem wir die alten Überzeugungen und Glaubenssätze loslassen. Wie ich bereits oben geschrieben habe, ist dies am wirkungsvollsten, wenn man es mit einem persönlichen Ritual verbindet. Was genau Sie tun, ist nicht so entscheidend. Wichtig ist nur, dass Sie sich eine Zeremonie wählen, die für Sie eine Bedeutung hat.

In unserem »Denk-dich-reich-Workshop« treffen wir uns meistens auf unserer Dachterrasse. Dort entzünden wir ein kleines Feuer, in das jeder der Teilnehmer dann seinen Zettel mit den alten und limitierenden Glaubenssätzen hineinwirft. Dabei ist es wichtig, zusätzlich zum symbolischen Akt des Verbrennens auch ein inneres Ritual zu durchlaufen und sich beispielsweise von seinen Überzeugungen zu verabschieden. Immerhin gehörten sie für eine lange Zeit zu einem dazu und haben die Persönlichkeit mitgeprägt. Gehen Sie also respektvoll und wertschätzend mit ihnen um. Dann schaffen Sie Platz. Platz für Ihre neuen Glaubenssätze. Ihre neue innere Blaupause. Für Ihre neue und reiche Zukunft.

Nun brauchen wir das zweite Blatt Papier. Das, mit den von Ihnen generierten reichen Überzeugungen, den neuen Anweisungen für Ihren Denker. Die dann die Grundlage für den Beweisführer werden, der tagtäglich auf die Suche nach entsprechenden Beweisen gehen wird, dass diese neuen Glaubenssätze stimmen.

Damit Ihre neuen Denkmuster nicht nur auf bewusster, sondern vor allem auch auf unbewusster Ebene verinnerlicht und gespeichert werden, ist es förderlich, wenn Sie die einzelnen Sätze zuerst einmal laut aussprechen. Dies kennen Sie ja schon und wissen daher, wie kraftvoll dieses Instrument ist.

Lassen Sie Ihre neuen Gedanken durch das Aussprechen erstmals zur Realität werden. Spüren Sie einmal, wie gut sich jeder einzelne Satz anfühlt. Das ist ein Zeichen, dass es bereits in die Richtung geht, wo Sie hinwollen. Dann verstärken Sie das Ganze, indem Sie einzelne oder mehrere reiche Glaubenssätze mittels Selbsthypnose direkt auf unbewusster Ebene verankern.

Dann lassen Sie einfach Ihr Unterbewusstsein Hand in Hand mit Ihrem Bewusstsein für sich arbeiten. Hier haben Sie mehrere Möglichkeiten. Entweder Sie hängen den Zettel mit den neuen Überzeugungen irgendwo auf, wo Sie ihn täglich sehen und immer mal wieder einen Blick drauf werfen können. Die Pinnwand über Ihrem Schreibtisch, der Computermonitor oder auch der Badezimmerspiegel eignen sich hierfür optimal. Je öfter Sie dann die einzelnen neuen Glaubenssätze lesen, desto selbstverständlicher werden sie für Sie werden. Und weil Wiederholung die Mutter allen Lernens ist, hat Ihr Unterbewusstsein schon längst begriffen, was Sie von ihm verlangen. Nämlich jede einzelne Überzeugung abzuspeichern und die entsprechenden reichen Verhaltensweisen zu konditionieren.

Zum anderen können Sie als Alternative (oder gerne auch zusätzlich) eine Verankerung wählen, die mehr auf energetischer Basis wirkt. Lesen Sie hierzu jeden einzelnen Glaubenssatz noch einmal laut vor und falten dann den Zettel so klein zusammen, dass er in Ihre Brieftasche passt. Dort tragen Sie ihn dann mit sich. Egal, wohin Sie gehen. Ihre neue, reiche Blaupause ist immer dabei. Ihr Unterbewusstsein versteht auch diese Botschaft sehr genau und wird beginnen, die Überzeugungen zu manifestieren und zu verfestigen. Wenn Sie keine Brieftasche haben, dann können Sie den Zettel auch unter Ihr Kopfkissen legen oder in Ihre Hosentasche tun. Beides wirkt genauso gut und effizient. Probieren Sie einfach aus, was für Sie persönlich am besten funktioniert. Säen Sie den Samen des Reichtums. Dann warten Sie ab, und gießen Sie das zarte Pflänzchen regelmäßig. Schon bald werden Sie die ersten süßen Früchte ernten können.

Das »Denk-dich-reich-Erfolgsmodell«

»Ich war noch niemals in New York, ich war noch niemals auf Hawaii, ging nie durch San Francisco in zerrissenen Jeans.«

Udo Jürgens

Vor Kurzem beobachtete ich in der Friedrichstraße in Berlin eine spannende Szene. Am Straßenrand saß ein Mann in seiner schwarzen Mercedes Benz S-Klasse und telefonierte. Er parkte dabei etwas unglücklich, sodass er einen Teil des Fußweges blockierte. Mehrere Passanten mussten einen kleinen Umweg gehen, um von einer Straßenseite zur anderen zu gelangen. Dabei fielen mir vor allem zwei junge Männer auf, die beide in ihren späten 20er-Jahren waren.

Der Erste ging mit leicht schlurfendem Gang auf den Wagen zu und schimpfte wie ein Rohrspatz.

»Du reicher Sack denkst wohl, du kannst dir mit deiner Kohle alles erlauben, was? Absolut typisch, ich kann mir von meinem Hartz IV nicht mal ein Auto leisten und werde von so Typen wie dir auch noch ausgebeutet!«

Dabei fuchtelte er wild mit den Armen und wurde immer lauter. Als er sich kaum noch beherrschen konnte, spuckte er verächtlich auf die Motorhaube und ging seines Weges.

Der Zweite reagierte vollkommen anders. Gerade als er um den Mercedes herumgehen wollte, blieb er stehen und betrachtete sich jedes Detail dieses schicken Wagens. Dann klopfte er kurz an, sprach für ein paar Sekunden mit dem Fahrer und ging dann mit einem Lächeln auf den Lippen weiter.

Mich interessierte natürlich sofort, was den plötzlichen Stimmungsumschwung bewirkt hatte, und sprach den jungen Mann an.

»Ganz einfach«, antwortete dieser. »Von so einem Auto träume ich schon lange, hatte diesen Traum aber irgendwie vergessen. Als ich dann quasi drüber stolperte, habe ich mich sofort gefragt, wie ich mir auch so einen schicken Mercedes leisten könnte und wie es mir am schnellsten gelingen würde. Also hab ich mich beim Besitzer nach dem Preis erkundigt. Und just in dem Moment hatte ich eine geniale Idee, wie ich so schnell wie möglich so viel Geld verdienen kann. Und jetzt entschuldigen Sie mich bitte, denn ich will sofort mit der Umsetzung beginnen.«

Dieses Erlebnis erinnerte mich auf eine sehr beeindruckende Weise wieder einmal an den Unterschied zwischen Unterlassern und Unternehmern.

Während der Unterlasser seinen Misserfolg von Neid getrieben komplett auf äußere Umstände schiebt und seine Standardausrede »Das kann ich mir nicht leisten« parat hat, macht es der Unternehmer genau umgekehrt. Er weiß, dass nur er für sein Leben verantwortlich ist, und nicht irgendwelche anderen Menschen. Ein Unternehmer ist daher auch nie *trotz* irgendwelcher Umstände erfolgreich, sondern vor allem *wegen* dieser. Daher lautet die Standardreaktion auf scheinbar unerreichbare Dinge oder Ziele auch: Wie kann ich mir das leisten?

Mit einer einzigen Frage kann man sämtliche Einschränkungen eliminieren und stattdessen in Richtung möglicher Lösungen denken. Und wenn etwas in Gedanken als möglich und erreichbar erscheint, dann ist es auch wahrscheinlich, dass es in der Realität erreicht werden kann.

> Reiche Menschen haben nie trotz irgendwelcher Umstände Erfolg, sondern wegen dieser.

Es scheint also so zu sein, dass wir durch den Fokus unserer Gedanken darüber entscheiden, welche Ergebnisse wir bekommen. Ob wir erfolgreich oder erfolglos sind. Ob wir glücklich oder unglücklich sind. Dies ist beileibe kein großes Geheimnis, denn bereits im jüdischen Talmud findet sich ein sehr berühmtes Zitat, das genau diesen Reichtums-Mechanismus beschreibt:

»Achte auf Deine Gedanken, denn sie werden Deine Worte.
Achte auf Deine Worte, denn sie werden Deine Gefühle.
Achte auf Deine Gefühle, denn sie werden Dein Verhalten.
Achte auf Deine Verhaltensweisen, denn sie werden Deine Gewohnheiten.
Achte auf Deine Gewohnheiten, denn sie werden Dein Charakter.
Achte auf Deinen Charakter, denn er wird Dein Schicksal.
Achte auf Dein Schicksal, indem Du von nun an auf Deine Gedanken achtest.«

Diese Jahrtausende alten Sätze waren schon damals eine Art Kompass für jede Art von Reichtum im Leben. Auch heute sind sie es noch. In unseren »Denk-dich-reich-Seminaren« haben wir daraus ein Modell entwickelt, das sehr ähnlich ist, und das noch einmal sehr anschaulich verdeutlicht, warum Reichtum immer zuerst im Kopf entsteht und sich dann in der äußeren Welt manifestiert.

Das Denk-dich-reich-Erfolgsmodell

Alles beginnt mit unseren Gedanken. Worauf fokussieren wir uns den lieben langen Tag lang? Denken wir wie ein Unternehmer und lenken unsere Energie auf Chancen und Möglichkeiten oder machen wir es wie ein Unterlasser und grübeln über Probleme und Ausreden nach? Dies ist ganz entscheidend, denn je nachdem, wohin unsere Energie fließt, beeinflusst dies unsere Emotionen und Gefühle. Drehen sich die Gedanken permanent um Sorgen, Ängste und mögliche Fehlschläge, dann fühlt man sich bestenfalls neutral, wahrscheinlicher jedoch niedergeschlagen und antriebslos. Sucht man jedoch aktiv nach sich bietenden Chancen und denkt über die vielen Facetten des Lebens und die unendliche Anzahl von schönen Dingen nach, dann fühlt man sich aktiviert, lebensfroh und voller Kreativität.

Unsere Handlungen sind nun mal immer das Resultat unseres Zustands. Und wovon wird unser Zustand geprägt? Richtig, von unseren Gefühlen. Da gilt eine sehr einfache Faustformel. Fühlen wir uns gut, dann sind wir in einem guten Zustand. Fühlen wir uns schlecht, dann ist auch der Zustand entsprechend. Wir handeln immer aus einem Gefühl heraus. So einfach ist das. Gute Verkäufer wissen das schon lange und setzen alles daran, ihren potenziellen Käufern ein gutes Gefühl zu machen, in dem Wissen, dass ein Kaufabschluss dann wesentlich näher rückt. Aber die emotional geprägten Käufe sollen nicht jetzt unser Thema sein, davon später noch mehr.

An dieser Stelle genügt es, noch einmal zu wiederholen, dass unsere Gefühle einen direkten Einfluss auf unsere Entscheidungen und damit auf unsere Handlungen haben. Zu Handlungen können Sie natürlich auch Verhalten sagen. Oder das, was wir tun. Oder eben auch nicht tun. Je öfter wir eine bestimmte Handlung wiederholen, desto mehr schaltet sich unser Unterbewusstsein ein und konditioniert dieses Verhalten. Das heißt nichts anderes, als dass es irgendwann unbewusst abläuft und nicht mehr auf bewusster Ebene ausgelöst und gesteuert werden muss. Zu diesen unbewussten Konditionierungen sagt man auch Gewohnheit.

Ob es nun schon zu einer Gewohnheit geworden ist oder nicht, das, was wir täglich tun und lassen, bestimmt unsere Ergebnisse, die wir erzielen. Oder andersherum formuliert, unsere Ergebnisse sind die direkten Folgen unserer Taten.

So weit, so gut. Wir haben nun also ein Ergebnis. Jetzt gibt es grundsätzlich zwei Möglichkeiten. Entweder, es ist zufriedenstellend und genau so, wie man es sich vorgestellt hat. Das ist der Optimalfall. Denn nun gibt es eine Feedbackschleife zurück nach oben und das erzielte Ergebnis hat einen direkten Einfluss auf unsere zukünftigen Gedanken. Diese beeinflussen dann wieder unsere Gefühle, weshalb wir uns auf eine bestimmte Art und Weise verhalten und dann ein weiteres, gutes Ergebnis erzielen. Es kommt zu einer positiven Endlosschleife, die manchmal auch als eine *sich selbst erfüllende Prophezeiung* bezeichnet wird.

Leider wirkt dieser Mechanismus auch dann, wenn ein Ergebnis herauskommt, mit dem wir nicht zufrieden sind, und das wir eigentlich gar nicht haben wollten. Auch dann kommt es zu einer Feedbackschleife zurück zu den Gedanken. Wenn man jetzt nicht aufpasst, dann kommt es zu einer ähnlichen, dieses Mal aber negativen Spirale.

Aber wenn man weiß, dass dies so ist, dann geht man viel bewusster mit seinen Ergebnissen um, reflektiert und analysiert sie und hält sich vor allem an die al-

Das »Denk-dich-reich-Erfolgsmodell«

te Weisheit des Talmuds. Man achtet auf seine Gedanken, denn sie bestimmen das eigene Schicksal!

Dann will ich Sie wieder einmal ganz direkt fragen: Wie zufrieden sind Sie mit den Ergebnissen, die Sie erzielen? Prüfen Sie bitte alle relevanten Lebensbereiche ab. Wie sieht es mit Ihren Finanzen aus, mit Ihrer Gesundheit, Ihren Beziehungen und Ihrer inneren Gefühlswelt? Bekommen Sie überall das, was Sie sich wünschen?

Lautet die Antwort Ja? Herzlichen Glückwunsch. Dann tun Sie mehr von dem, was Sie tun und setzen Sie Ihre positive Gedankenspirale in Bewegung.

Wenn die Antwort hingegen Nein lautet, und Sie in einem oder mehreren Bereichen gerne andere und bessere Ergebnisse hätten, dann müssen Sie etwas ändern. Jetzt müssen Sie stark sein, denn für viele Menschen ist das, was ich jetzt gleich sagen werde, das Allerletzte, was sie hören wollen. Aber es geht nicht anders. Sind Sie bereit? Das Einzige, was Sie ändern können, sind Sie selbst und Ihr Verhalten. Daher müssen Sie auch sich selbst verändern. Nicht Ihre Umgebung, nicht die Menschen um sich herum, nicht den Ort, an dem Sie wohnen und auch nicht Ihren Chef. Die einzige Lösung besteht darin, dass Sie sich selbst ändern. Dies ist so wichtig, dass wir daraus gleich den nächsten »Denk-dich-reich-Leitsatz« formulieren.

Denk-dich-reich-Leitsatz Nr. 4:
Wenn das, was ich tue, nicht funktioniert, tue ich so lange etwas anderes, bis es funktioniert. Der einzige Mensch, den ich ändern kann, bin ich selbst!

Mir ist wichtig, dass Sie das richtig verinnerlichen. Sind Sie wirklich gewillt, etwas zu ändern, wenn Sie andere Ergebnisse haben und sowohl Reichtum und finanzielle Freiheit erlangen wollen? Ich frage noch einmal nach, weil dies der Punkt ist, an dem die meisten meiner Coaching-Klienten den Weg zum Erfolg wieder verlassen, weil sie tief in ihrem Inneren die Hoffnung haben, dass es auch gehen müsste, wenn sie so bleiben, wie sie sind, und dafür ihr Umfeld ändern. Das ist aber leider ein großer Irrtum, wie schon so mancher feststellen musste, der seine Probleme dadurch lösen wollte, dass er von Berlin nach Australien flog, aber dabei vergaß, dass er sich selbst ja auch nach Australien mitgenommen hatte.

Dieses »Ich weiß ganz genau, was und wer sich um mich herum alles ändern muss, damit ich endlich reich werde (Hauptsache nicht ich)«-Denken ist typisch für einen Unterlasser. Diese Denkweise manifestiert sich dann in so bekannten Ausreden wie »Ich wäre ja reich, wenn …« – und jetzt können Sie eigentlich beliebig vervollständigen: »… meine Ex-Frau nicht so gierig wäre …«, »… das Finanzamt mir nicht so viel wegnehmen würde …« oder auch »… mein Chef meine Talente endlich erkennen würde …« Haben Sie auch schon mal gehört, nicht wahr?

Dies sind alles elegante Ausreden, nur um nicht beim einzigen Menschen etwas ändern zu müssen, bei dem es etwas bringen würde: bei sich selbst. Albert Einstein hat diese Denkweise einmal etwas drastischer beschrieben: »Die Definition von Wahnsinn ist, immer wieder das Gleiche zu tun, aber andere Ergebnisse zu erwarten!« Aber genau das ist es, was die meisten Menschen machen. Und dann beschweren sie sich darüber, dass alles unfair ist.

Deshalb ist es so ungemein wichtig, dass Sie etwas anders machen, wenn Sie andere Ergebnisse wollen. Wenn Sie wirklich reich und finanziell frei werden wollen, dann ändern Sie etwas. Es tut auch gar nicht weh, versprochen. Denn Sie müssen nur anfangen, anders zu denken, denn jeder große Baum ist irgendwann aus einem kleinen Samen entstanden. Jedes Ergebnis in Ihrem Leben ist das Resultat Ihrer Denkmuster und mentalen Strategien. Deshalb heißt dieses Buch auch *Denk dich reich*. Denken Sie wie ein Unternehmer. Richten Sie Ihren mentalen Fokus auf Reichtum und finanzielle Freiheit. Ihre Gefühle, Handlungen und vor allem die Ergebnisse werden folgen. Lassen Sie den Denk-dich-reich-Leitsatz Nr. 4 zu Ihrem persönlichen Mantra werden. Ich garantiere Ihnen, dass die tägliche Anwendung nicht nur Ihre Flexibilität, sondern auch Ihren inneren und äußeren Reichtum dramatisch steigern wird.

Bestellungen beim Universum Reloaded – das Gesetz der Anziehung

»Sei Du selbst die Veränderung, die Du Dir wünschst für diese Welt.«

Mahatma Gandhi

Das Leben an sich ist weder gut noch schlecht. Es ist voller Chancen, Möglichkeiten und Gelegenheiten. Es ist aber auch voller Risiken, Misserfolge und Rückschläge. Wie Ihr persönliches Leben aussieht, hängt ganz alleine von Ihnen ab, je nachdem, wie Sie Ihren Fokus ausrichten und worauf Sie achten. Dieser Fokus wird im Kopf ausgerichtet und ist ein Spiegel unserer Persönlichkeit. Im Talmud ist es wieder sehr präzise formuliert: »Wir sehen die Welt nicht, wie sie ist. Wir sehen die Welt, wie wir sind!« Denn unsere innere Welt manifestiert sich in der äußeren Welt. Wenn wir beginnen, reich zu denken, dann wird sich dieser Reichtum auch bald in unserem Umfeld zeigen. Dafür müssen wir uns fokussieren und unsere Gedanken und Energien in die richtigen Bahnen lenken, damit sich ein Prozess in Gang setzen kann, der eine unglaubliche Wirkung hat.

Im Folgenden muss ich allerdings ein wenig aufpassen, dass ich die richtigen Worte verwende. Denn normalerweise löst alleine die Erwähnung von »Bestellungen beim Universum« bei mir ziemlich ambivalente Gefühle aus. Denn Bestseller wie das Erfolgsbuch von Bärbel Mohr[13] oder der Klassiker von Esther Hicks[14] haben leider dazu geführt, dass eine ganze Generation von Menschen in gutem Glauben handelnd und ohne es zu wollen, zu Unterlassern wurde.

Kein Wunder, das Versprechen ist groß. Man muss nur seine Wünsche in einer entsprechenden Form an das große Universum schicken und dann darauf vertrauen, dass man das gewünschte Ergebnis auf irgendeine Art und Weise geliefert bekommt. Manche wünschen sich einen Parkplatz, andere einen neuen Job oder neue Lebenspartner und wiederum andere möglichst viele Kunden für ihr Unternehmen. Kommt das Ergebnis nicht, dann »sollte es eben nicht sein«, oder »das Universum hat eben andere Pläne mit einem«.

Nur mit Wünschen ist es nicht getan. Man muss für seinen Erfolg auch etwas tun!

Eine sehr bequeme und vor allem elegante Ausrede, nur um nicht die Verantwortung für seinen eigenen Erfolg übernehmen zu müssen. Aber im Endeffekt doch wieder eine Ausrede. Das liegt hauptsächlich an einem kleinen, aber sehr wichtigen Detail: Der Großteil der Profi-Wünscher und Universums-Freunde hat leider die entscheidende Passage bei Mohr, Hicks & Co. elegant ausgeblendet: Dass man nach dem Wünschen auch etwas *tun* muss, damit sich ein Ergebnis zeigt. Deshalb sind alle reichen Menschen auch so gut wie immer Macher und Anpacker.

Denn das dahinterstehende Konzept, auch das *Gesetz der Anziehung* genannt, ist nicht nur genial, sondern auch ein weiterer wichtiger Baustein auf dem Weg zum Reichtum. Lassen Sie sich von dem leicht esoterischen Touch nicht abschrecken, denn die Ergebnisse, die Sie erzielen werden, sind mehr als real. Um das Gesetz der Anziehung umfassend zu erklären, könnte ich jetzt einen langen Ausflug in die spannende Welt der Quantenphysik machen, jedoch ist in diesem Fall gar nicht wichtig, warum es so gut funktioniert, sondern einzig und allein, dass es das tut. Die Welt ist voller lebender Beweise dafür.

Ist Ihnen nicht auch schon mal aufgefallen, dass besonders großzügige Menschen auch von anderen oft etwas geschenkt bekommen? Dass positive Menschen immer irgendwie zur richtigen Zeit eine Lösung finden? Wer viel gibt, bekommt auch viel zurück. Nicht immer aus der gleichen Richtung und auch nicht immer sofort. Aber man bekommt zurück. Meist, wenn man gar nicht mehr daran denkt, und dann von einer Person, mit der man nie gerechnet hätte. Dabei ist vor allem entscheidend, dass man gerne gibt und es nicht nur tut, weil man darauf aus ist, etwas zurückzubekommen. Dies ist ein positiver Nebeneffekt, der sich von ganz alleine einstellt. Aber alleine schon das Geben von Geld, Liebe, Zuneigung oder anderen guten Gefühlen sorgt dafür, dass Energie zu fließen beginnt und es zu einem Kreislauf kommt, der sich im Laufe der Zeit verstärkt.

Für den Unternehmer ist das Universum daher der beste Freund und Unterstützter, den er sich wünschen und auf dessen Dienste er vertrauen kann. Denn die Kombination aus dem Gesetz der Anziehung und einer Macher-Mentalität führt auf direktem Wege zu Reichtum und finanzieller Freiheit.

Denk-dich-reich-Leitsatz Nr. 5:
Wohin ich meinen Fokus richte, fließt Energie. Wohin meine Energie fließt, davon bekomme ich mehr!

Dieser einfache Satz drückt das Gesetz der Anziehung aus. Mit Fokus ist hier nichts anderes gemeint, als wohin man den Strahl der Taschenlampe in der Höhle richtet. Fokussiere ich mich auf Erfolg und Reichtum, dann werde ich davon mehr bekommen. Konzentriere ich mich hingegen vor allem auf Misserfolg und Armut, dann werde ich auch davon mehr erhalten. Denn das Universum liefert sehr zuverlässig.

Genau in diesem Mechanismus liegt auch das Geheimnis, warum es so viele Glückspilze gibt, die mühelos durchs Leben schweben und, egal, was sie auch anfangen, immer erfolgreich sind. Genauso gibt es die scheinbaren Pechvögel, die immer nur am Kämpfen sind (erkennen Sie oft an ihrer Sprache, denn solche Menschen antworten auf die Frage »Wie geht's Dir?« sehr häufig mit »Ach, man kämpft noch!«) und denen das hart verdiente Geld wie Sand durch die Finger zu rinnen scheint.

Ein wesentlicher Unterschied zwischen diesen Unternehmern und Unterlassern ist die Richtung, in die sie ihren Fokus richten. Denn während der Erfolgsmensch überall Chancen und Möglichkeiten sieht, sucht der nicht ganz so Erfolgreiche permanent nach Ausreden und eventuellen Risiken.

Diese Lektion habe ich schon sehr früh am Anfang meiner Karriere gelernt, als mir einer meiner Chefs folgenden Satz mit auf meinen Weg gab:

»Wer etwas will, der findet Lösungen. Wer etwas nicht will, der sucht nach Gründen!«

Wie wir später noch sehen werden, spielt die Motivation, also das Warum und Wofür wir etwas tun und anstreben, eine sehr große Rolle auf dem Weg zum inneren und äußeren Reichtum. Für den Moment ist aber die mentale Ausrichtung der Erfolgsfaktor, mit dem wir uns etwas intensiver beschäftigen wollen.

Doch vielleicht eines vorweg, ich möchte hier auf keinen Fall in die Richtung »Man muss nur positiv denken, und alles wird gut«-Schiene abdriften. Denn mit einer rosaroten Brille auf den Augen ist noch keiner reich geworden. Auch im Leben eines Unternehmers gibt es Höhen und Tiefen, die nun einmal dazugehören. Wofür ich Sie jedoch sensibilisieren möchte, ist die Art und Weise, wie man vor allem mit den Tiefen umgehen sollte, um daraus das Beste zu machen. Oder wie Dr. Napoleon Hill, Autor des Weltbestsellers *Denke nach und werde reich*[15] so treffend formulierte:

>»Es gibt keinen noch so großen Nachteil, der sich nicht in einen Vorteil umwandeln ließe!«

Unternehmer suchen also auch in den schwierigsten Situationen noch nach einer Möglichkeit, was man daraus lernen kann, oder welche Chancen sich eventuell bieten. Denken Sie an das »Denk-dich-reich-Erfolgsmodell«. Wenn ein Ergebnis nicht so ist, wie man es haben wollte, dann muss man etwas ändern, seinen mentalen Fokus neu ausrichten und abseits der ausgetretenen Pfade denken. Etwas tun, was nicht alle tun. Auf keinen Fall aber abwarten und hoffen, dass es sich schon irgendwie regeln wird. Stattdessen aktiv handeln, um zu neuen Lösungen zu kommen und auf diese Art und Weise vielleicht zu einem noch besseren Ergebnis kommen. Diese Einstellung ist typisch für Gewinner. Sie verstärkt sich noch mit der Zeit, denn das Universum macht hier einen exzellenten Job.

Da wo Energie hinfließt, da schickt es mehr Energie hin. Erfolg und Misserfolg verselbstständigen und multiplizieren sich sehr schnell. Wenn Sie also erst einmal Ihren mentalen Fokus auf Reichtum, finanzielle Freiheit, Chancen und Möglichkeiten ausgerichtet haben, dann werden Sie genau davon mehr bekommen. Sie werden neue Kontakte knüpfen, es laufen Ihnen Menschen über den Weg, die Ihnen fantastische Angebote machen, und Ihr Leben wird scheinbar wie von selbst reicher, interessanter und bunter werden.

In einem spannenden Experiment wurde in den USA untersucht, ob es tatsächlich so etwas wie eine Siegermentalität gibt. Hierzu wurde eine Gruppe von 100 Leuten ausgewählt und im Vorfeld interviewt. Keiner der Probanden wusste genau, worum es ging, denn vordergründig wurde ihnen mitgeteilt, dass es sich um eine Studie zum Konsumverhalten handeln würde. Im Verlaufe des Interviews wurden sie jedoch unter anderem gefragt, ob sie sich eher als erfolgreich oder als nicht erfolgreich einstufen würden. Das Ergebnis war frappierend. Von 100 Leuten bezeichneten sich nur 20 Personen als Erfolgs-menschen, der Rest hatte sich mit seinem Schicksal arrangiert und sich selbst als »nicht erfolgreich« identifiziert. Jedem Einzelnen wurde nun mitgeteilt, dass man sich zur eigentlichen Studie in einem Büro zwei Blocks weiter treffen wollte, wohin die Probanden zu Fuß gehen mussten.

Das eigentliche Experiment fand jedoch schon auf dem Weg zum vermeint-lichen Treffpunkt statt. Denn kurz vor dem Eingang platzierte man eine 100-Dollar-Note gut sichtbar auf dem Bürgersteig und beobachtete das Verhal-ten der Leute mittels einer versteckten Kamera. Nun passierte etwas recht Er-staunliches. Nur knapp 20 Personen gingen mit offenen Augen über die Straße. Man sah ihnen auf dem Bildschirm regelrecht an, wie in dem Moment, in dem sie den Geldschein erblickten, eine Art Alarmleuchte in ihrem Kopf zu blinken begann und die Worte »Gelegenheit« und »Chance« vor ihrem geistigen Au-ge erschienen. Dann bückten sie sich, griffen zu und freuten sich, dass sie um 100 Dollar reicher waren.

Doch was passierte mit dem Rest? Ungefähr 70 Personen gingen schnurstracks an dem Geldschein vorbei, ohne ihn überhaupt wahrzunehmen. Weitere zehn Personen sahen die 100 Dollar zwar und blieben auch kurz stehen. Doch dann schien eine Art innerer Dialog abzulaufen, der höchstwahrscheinlich ungefähr so klang: »Nein, das kann gar nicht sein, ich habe doch niemals so ein Glück!« Dann gingen sie weiter, ohne die sich ihnen bietende Gelegenheit zu ergreifen.

Nun raten Sie mal, ob die 20 Probanden, welche die 100 Dollar aufgehoben hatten, zur Kategorie der Erfolgreichen gehörten, oder ob sie sich selbst als eher unglücklich bezeichneten? Ganz klar, sie waren die Unternehmer, die ih-re mentalen Strategien so ausgerichtet hatten, dass sie vom Universum perma-nent Geschenke in Form von Gelegenheiten und Möglichkeiten geboten beka-men. Und sie griffen gerne zu.

Richten Sie also ihren Fokus aus und suchen Sie sich einen Partner, der an Zu-verlässigkeit und Effizienz kaum zu überbieten ist: Nutzen Sie das Universum auf dem Weg zu Reichtum und finanzieller Freiheit.

Money Makes The World Go Round

»Geld ist nicht so wichtig. Darum ist es mir völlig egal, ob ich 50 oder 70 Millionen Dollar besitze.«

Arnold Schwarzenegger

Geld – so mancher Zeitgenosse behauptet, die Welt würde sich darum drehen. Für viele Menschen tut sie das auch, wenn der gesamte Tagesablauf nur von Geld und den Gedanken daran bestimmt wird. Allerdings ist Geld immer nur dann ein Thema, wenn man keines hat. Für wirklich reiche Menschen ist Geld nichts anderes als die gedruckte Freiheit, die Dinge tun zu können, die einem Freude bereiten. Richard Bandler, einer der Co-Begründer des Neurolinguistischen Programmierens (NLP) hat während eines Seminars einmal lange über die Glaubenssätze und Einstellungen der meisten Amerikaner zum Thema Geld gesprochen. Dabei behauptete er in seiner unverwechselbaren Art:

»Wer kein Geld hat, der verdient auch keines!«

Ein Satz, der mich viel zum Nachdenken gebracht hat. Denn in der Tat muss man sich Geld und Reichtum erst verdienen. Doch dazu später mehr. Und auch die vier Schweden von ABBA sangen wohl nicht umsonst, dass Geld die Welt dazu bewegen würde, sich zu drehen. Denn Geld fasziniert: Geld treibt an. Leider ist Geld aber auch viel zu oft eine große Bremse, wenn es um wirklichen Reichtum geht. Denn viel Geld zu haben, bedeutet eben nicht auch gleichzeitig, reich zu sein. Überlegen Sie sich doch einmal kurz, was Sie alles in Ihrem Leben haben, was man für Geld nicht kaufen kann. Ob es Zeit ist. Oder Gesundheit. Oder ein herzhaftes Kinderlächeln. Das ist wahrer Reichtum. Aber eines kann ich Ihnen versprechen, mit Geld wird das Ganze noch schöner. Wenn Sie das bis jetzt immer noch nicht glauben, dann sollten Sie noch einmal zum Kapitel über Glaubenssätze zurückblättern und einige dieser limitierenden Überzeugungen durch reiche Alternativen ersetzen.

Eines ist auf jeden Fall erstaunlich. Obwohl Geld schon so manche Ehe auseinandergebracht hat, immer wieder Anlass zu heftigen Streitereien ist und für viele der Grund, warum sie ihre Träume und Visionen nicht in die Tat umsetzen, ist das Wissen über Geld im Gegensatz hierzu sehr stark eingeschränkt. Kaum einer weiß genau, was Geld wirklich ist, und wozu es konzipiert wurde.

Aber hat man dieses Geheimnis erst einmal gelöst (das eigentlich überhaupt kein großes Geheimnis ist), dann hält man den Schlüssel zu großem Reichtum in der Hand, und viele Türen werden sich öffnen, die bis dato als unmöglich zu öffnen galten oder die man möglicherweise noch nicht einmal kannte. Ich werde Ihnen dieses Geheimnis gleich verraten. Sie werden wahrscheinlich erstaunt sein, wie einfach und simpel es doch ist und warum Sie nicht schon längst selbst darauf gekommen sind.

Aber trösten Sie sich, denn Sie befinden sich in großer und guter Gesellschaft. In kaum einem Bereich wirkt die Massen-Hypnose der Medien so intensiv und nachhaltig, wie beim Thema Geld und Wirtschaft. Denn ohne die breite Zustimmung der Bürger würden die Regierungen dieser Welt mit all ihrem Papiergeld sehr schnell im Abseits stehen. Doch dazu gleich mehr.

Eine kleine Geschichte des Geldes

Zuerst möchte ich Ihnen einen kleinen Einblick in die Geschichte des Geldes geben, denn so wird es viel leichter, den wahren Sinn und Zweck von Geld zu verstehen und in einen reichen Lifestyle zu transformieren.[16]

Hierzu müssen wir ein wenig in die Vergangenheit reisen. Weit in die Vergangenheit, in eine Zeit, in der die Menschen noch in Sippen zusammenwohnten und nach Mammuts und Säbelzahntigern auf die Jagd gingen (dies ist übrigens eine sehr wichtige Zeit für einen weiteren, noch folgenden Schlüssel auf dem Weg zur finanziellen und emotionalen Freiheit, öffnen Sie Ihr Unterbewusstsein also am besten möglichst weit). In dieser Ära gab es noch kein Geld. Wozu auch, denn es gab ja so gut wie keinen Austausch. Die Menschen lebten mit ihren Sippen in Höhlen oder Zelten und kamen für all ihre Bedürfnisse selbst auf. Für den Hunger gingen sie jagen und sammeln. Ihre Unterkünfte bauten sie sich aus Material, das ihnen zur Verfügung stand. Alle packten gemeinsam mit an, und jeder erledigte seinen Job für die Gemeinschaft. Nach allem, was man heute weiß, lebten die Menschen damals zwar ein hartes, aber sehr gesundes und glückliches Leben.

Im Laufe der Jahrhunderte entwickelte sich die Menschheit, wurde größer und verbreitete sich über die verschiedenen Kontinente. Aber es geschah noch etwas anderes. Die ersten Menschen verließen ihren nomadischen Lebensstil und wurden sesshaft. Sie bauten sich Unterkünfte aus Lehm, Holz oder Stein und gründeten die ersten Siedlungen. Im Laufe dieses Prozesses spezialisierten sie sich auch. Der Ackerbau entwickelte sich und viele Siedler wurden Bauern oder Fischer. Aber auch das Handwerk entwickelte sich, und andere ergriffen den Beruf des Schmieds, des Sattlers, des Tuchmachers, des Webers, des Müllers oder des Tischlers.

Der Wohlstand eines jeden Einzelnen wuchs in dieser Zeit dramatisch, denn auf einmal konzentrierten sich die Menschen innerhalb ihrer Siedlung auf eine bestimmte Profession. Ihre Produkte tauschten sie untereinander, sodass sich jeder Bewohner eine Menge seiner Bedürfnisse befriedigen konnte. Dies geschah durch eine simple, aber sehr effiziente Tauschwirtschaft. Brauchte der Landwirt eine neue Axt, um seinen Zaun zu reparieren, dann ging er zum Schmied und bot ihm für das Werkzeug ein Schwein oder eine bestimmte Menge an Eiern seiner Hühner. Dieser stimmte dem Tausch zu, weil er gerne morgens zum Frühstück ein Ei aß. Mit dem Rest der Eier konnte der Schmied dann beim Müller ein Brot eintauschen. Brauchte der Weber ein neues Dach für seine Hütte, so ging er zum Zimmermann. Er »bezahlte« ihn mit einem Teil seiner eigenen Tuch-Produktion. Man tauschte also etwas, was man gerne haben wollte, und gab dafür etwas, was man nicht mehr so dringend brauchte.

Auf diese Art und Weise lebten die Menschen für eine lange Zeit glücklich und zufrieden. Irgendwann wurden aber die Siedlungen und Dörfer so groß, dass es zu einer dramatischen Steigerung der Tauschvorgänge kam und das System einfach zu kompliziert wurde. Denn die Anzahl an Tauschgütern wuchs permanent, und nicht jeder brauchte immer alles, was ihm als Tauschobjekt angeboten wurde. Auch war es schwierig, kleinere Tauschvorgänge durchzuführen oder aus einem großen Objekt kleinere Einheiten zu machen. Denn wer wollte schon eine ganze Kuh mit sich herumtragen, wenn er ein paar Steaks oder einen Liter Milch für das Abendbrot haben wollte?

Eine kleine Geschichte des Geldes

Also entwickelte man das erste Geld in Form von Gegenständen, die das Tauschen der einzelnen Güter erleichterte. Diese waren leicht (und auch in kleinen Einheiten) zu transportieren, gut zu lagern und konnten beliebig geteilt werden. Vor allem hatten sie einen messbaren und von allen akzeptierten Wert. Dieser resultierte vor allem daher, dass dieses Tauschgeld knapp und selten war und daher nicht beliebig beschafft werden konnte.

Neben Schmuck, Steinen, Ringen, Perlen oder den verbreiteten Muscheln waren es auch produzierte Gegenstände wie Felle und Tuche, Gewürze oder Salz, die als Tauschgeld dienten. Das Besondere an diesem Tauschgeld war, dass es zwei Funktionen gleichzeitig hatte. Es diente sowohl als Konsumprodukt als auch als Mittel, um Tauschvorgänge durchführen zu können. Diese Form von Geld ist auch im Laufe der Geschichte immer wieder genutzt worden, wenn »offizielles« Geld entweder nichts wert oder gar nicht verfügbar war. So zahlte man in Deutschland direkt nach dem Zweiten Weltkrieg vor allem mit Zigaretten, Schokolade oder Strumpfhosen. Auch in Gefängnissen oder auf dem Schwarzmarkt gibt es Waren, die als Geld dienen, wie beispielsweise Alkohol oder Drogen. Dies ist für uns von großer Bedeutung, und wir kommen gleich noch einmal darauf zurück.

Als Tauschgeld stellten sich im Laufe der Zeit die Güter heraus, die am einfachsten zu tauschen waren und einigen wenigen Kriterien entsprechen mussten. Sie mussten von vielen oder allen geschätzt werden, in beliebig kleine Teilmengen zerlegt werden können, leicht zu transportieren sein, nicht verderblich sein (oder schimmeln, trocknen oder sonst wie an Wert und Nutzbarkeit verlieren), genau gewogen und gemessen werden können, wegen des spezifischen Gewichts nicht leicht zu fälschen und vor allem knapp und damit nicht beliebig vermehrbar sein.

Deshalb kehren wir noch einmal zurück ins 7. Jahrhundert vor Christus. In dieser Zeit hatten sich Güter als Zahlungsmittel durchgesetzt, die genau diesen Kriterien ideal entsprachen, nämlich die seltenen Edelmetalle Kupfer, Silber und Gold. Anfangs wurden diese noch in Klumpen getauscht, aber schon bald sollten die ersten Münzen erfunden werden. Es war der heute noch berühmte König Midas, der in Lydien (heute ungefähr auf dem Gebiet der Türkei) die ersten einheitlichen Klumpen mit seinem Konterfei prägen ließ. Die Münzen waren so akzeptiert, dass sie sich schnell verbreiteten und bald im ge-

79

samten Mittelmeerraum akzeptiert wurden und den Grundstein für den Aufstieg der römischen und griechischen Kulturen bildeten. Der Wert einer solchen Münze ergab sich einfach aus dem messbaren und festgelegten Gewicht des Edelmetalls, aus dem die Münze geprägt wurde. Da die Menge der Münzen im Vergleich zu heute nicht permanent größer wurde, erhielten sie auch für eine lange Zeit ihren Wert.

Das römische Münzwesen prägte Europa dann für eine lange Zeit. Zur gängigen Goldmünze wurde der Aureus, die bekannteste Silbermünze war der Denar. Anfangs noch rein wurden die Münzen mit der Zeit immer mehr »verwässert«, indem man das Schrot (das Gewicht einer Münze) und das Korn (den Feingehalt) permanent verringerte.

Der Frankenkönig Theudebart war im 5. Jahrhundert dann der erste Germane, der es wagte, seinen eigenen Namen auf Münzen prägen zu lassen. Im 14. und 15. Jahrhundert tauchen dann erstmals neue Münzsorten auf, die jetzt Groschen und Pfennig heißen. Bald darauf wurde der erste Taler eingeführt.

Nach einigen kleineren Experimenten dauerte es aber noch bis zur Gründung des Deutschen Reichs 1871, bis in Deutschland flächendeckend das Papiergeld eingeführt wurde. Diese Papierscheine waren sehr praktisch, denn auf ihnen war der Gegenwert in Gold oder Silber aufgedruckt, der auf Vorlage des Geldscheins bei der Zentralbank abgeholt werden konnte. In der Tat erwies es sich als wesentlich leichter, einen Zettel mit der Aufschrift 100 Taler zu überreichen, als dieselben 100 Taler in Münzen mit sich herumzuschleppen. Es entwickelte sich also ein Papiergeldsystem mit goldgedeckten Scheinen für große Summen und Münzgeld für kleinere Beträge und die täglichen Ausgaben für Lebensmittel, Zigaretten und den abendlichen Kneipenbesuch.

Zeitlich überspringe ich jetzt sowohl zwei Weltkriege als auch zwei große und einschneidende Währungsreformen in Deutschland und komme zu einem entscheidenden Datum in der Geschichte des Geldes: 1971. Genauer gesagt, der 15. August 1971.

Denn in diesem Jahr kam es zu einem Ereignis, dessen Auswirkungen wir heute noch spüren: Die amerikanische Notenbank (die Federal Reserve Bank, kurz FED) verweigerte den Eintausch der Weltleitwährung Dollar in den entsprechenden Gegenwert in Gold. Mit einer einzigen Unterschrift beendete der damalige amerikanische Präsident Richard Nixon die Stabilität des Dollars. Bis hierhin war die weltweite Geldmenge quasi nach oben gedeckelt, da jeder Dollar jederzeit durch eine entsprechende Menge Gold gedeckt sein musste. Der Dollar (und damit auch die D-Mark, der französische Franc, das britische Pfund, die spanischen Peseten, die nordischen Kronen, der japanische Yen und alle anderen Währungen) hatten also ihren Wert, weil man genau wusste, dass in den Tresoren der FED eine bestimmte Menge Gold als Deckung für den Papierschein liegt, den man sich auf Wunsch auszahlen lassen konnte.

Seit dies 1971 geändert wurde, hat Geld also de facto nur noch den realen Wert des Papiers, auf dem es gedruckt wird. Oder noch simpler formuliert, wir tauschen nur noch Papier und keine realen Werte mehr. Auch gibt es keine Deckelung der Geldmenge mehr, da ja Gold nicht mehr als Gegenwert hinterlegt werden muss.

Die Notenbanken können also Geld aus dem Nichts erschaffen, indem sie einfach ihre Druckerpressen anwerfen. Man spricht deshalb auch von *Fiat Money* (aus dem lateinischen »Es werde Geld«). Seit den 1970er-Jahren wird dies auch fleißig getan. Ich erinnere mich noch gut an einige Italienreisen in den 1980er-Jahren, in denen ich mir eine Cola für mehrere Tausend Lira gekauft habe, die damals in Deutschland weit unter einer D-Mark kostete. Dem Gang in die (Hyper-)Inflation war für die einzelnen Länder mit dem Wegfall des Goldstandards also Tür und Tor geöffnet.

Die Politiker machen seit diesem verhängnisvollen Datum von der Druckerpresse mit Vorliebe Gebrauch (weil es natürlich einfacher ist, als zu sparen) und drucken permanent frisches Geld, welches die Preise und die Schulden nach oben treibt. Aber das ist eine ganz andere Geschichte, welche zu einer anderen Zeit und an einem anderen Ort erzählt werden wird.

Für uns ist an dieser Stelle eine ganz andere Sache wichtig. Denn durch den Wegfall einer entsprechenden Deckung in Gold hat ein Geldschein heute nur noch einen Wert, weil die staatliche Notenbank sagt, dass er diesen hat. Aber auch das hat grundsätzlich keine Bedeutung, denn der eigentliche Wert einer Banknote entsteht einzig und alleine durch das Vertrauen der Nutzer in die Glaubwürdigkeit der ausgebenden Notenbank. Wer sich noch an die Teilung Deutschlands erinnern kann, weiß noch sehr gut, was ich damit meine. Denn obwohl der Staat der DDR auf seine Scheine 100 Ost-Mark druckte, war ein solcher so gut wie nichts wert, denn niemand akzeptierte diesen Schein, und es gab so gut wie nichts dafür. Wohl jeder DDR-Bürger hätte diese 100 Ost-Mark mit Kusshand gegen 50 D-Mark eingetauscht, obwohl dort ja nur die Hälfte als Wert angegeben war. Aber der Wert des Geldes entsteht im Kopf und wird durch das Vertrauen der Nutzer getragen. Denn eigentlich gibt es keinen realen Wert mehr, außer dem des Papiers, auf dem der Schein gedruckt wurde. Kritisch wird es dann, wenn das Vertrauen und damit der Wert des Geldes einmal schwindet. Viele unserer Vorfahren erinnern sich noch sehr gut an den Werteverfall der Reichsmark und an Zeiten, in denen man mit einer Schubkarre voller Geldscheine zum Einkaufen fuhr und diese teilweise sogar zum Heizen benutzte.

Dieses Prinzip der Geldvermehrung auf Knopfdruck wurde sogar noch weiterentwickelt, nämlich mit der Einführung von elektronischem Geld und digitalen Konten. Hier gibt es nicht mal mehr einen Sachwert in Form von Papier. Das Geld ist jetzt einzig und alleine das Vertrauen, dass sich hinter den elektronischen Signalen, die von Bank zu Bank gesendet werden, ein Wert befindet, für den der Staat bürgt. Das bringt uns zum Titel dieses Buches, denn eines ist wichtig zu verstehen. Das Stück Papier oder das elektronische Signal repräsentieren nun nicht mehr einen Gegenwert in Edelmetall, der wiederum für ein bestimmtes Gut steht, das man damit kaufen kann. Das gesamte Konstrukt Geld entsteht heute ausschließlich in unseren Köpfen und unseren Gedanken.

> Der einzige Grund, warum ein 100-Euro-Schein einen Wert hat, ist der, dass viele Menschen glauben, dass er diesen Wert hat.

Bei unserer kurzen Reise durch die Geschichte des Geldes ziehen sich also immer wieder zwei Begriffe wie ein roter Faden durch die Zeit, nämlich Vertrauen und Wert. Genau das trifft den Nagel auch sehr gut auf den Kopf. Es ist auch das Geheimnis der reichen Menschen, der Schlüssel zur finanziellen Freiheit, wenn man das Wesen des Geldes erkannt hat.

Geld existiert nur in unserem Kopf. Geld repräsentiert einen bestimmten Wert für uns. Wenn es um Reichtum geht, dann geht es um das Sammeln von Dingen, die einen Wert haben. Damit aber ein Produkt oder eine Dienstleistung einen Wert haben kann, muss es das nicht nur für mich, sondern auch für jemand anderen haben. Ein Wert entsteht, existiert und wächst nur in unseren Gedanken. Diese Erkenntnis führt uns zu unserem nächsten wichtigen »Denk-dich-reich-Leitsatz«:

Denk-dich-reich-Leitsatz Nr. 6
Geld repräsentiert einen Wert im Kopf meines Gegenüber.

Klingt einfach. Und genau das ist es auch. Aber nur, wenn man es verstanden hat. Geld ermöglicht den Austausch von Werten. Aber doch ist es so kompliziert, da die meisten Menschen eine vollkommen andere Vorstellung von Geld haben, die zu entsprechend limitierenden Glaubenssätzen geführt hat. Dieser Satz ist so enorm wichtig, dass ich ihn gleich noch einmal wiederholen möchte:

Geld repräsentiert einen Wert im Kopf des Gegenübers.

Wie oft habe ich Menschen getroffen, die große Schwierigkeiten hatten, 100 Euro von ihren Kunden für ihre Dienstleistung oder ihr Produkt zu verlangen. Warum? Sie hatten Angst, ihm etwas wegzunehmen und daher ein schlechtes Gewissen. Sie fühlten sich nicht gut und nahmen daher entweder wenig oder gar nichts. Hätten sie das Geheimnis des Geldes gekannt, dann hätten sie gewusst, dass diese Entscheidung falscher nicht sein kann.

Denn Geld ist nur ein Vermittler, der den Austausch von Werten ermöglicht (denken Sie bitte immer noch an den Ursprung des Geldes, z. B. den Austausch der Kuh gegen ein neues Schwert). Dadurch, dass Geld fließt, steigern also sowohl der Käufer als auch der Verkäufer ihren Bestand an Dingen, die sie wertschätzen, und werden dadurch *beide* reicher.

Wenn ich also in meiner Tätigkeit als Coach arbeite und diese Dienstleistung am Markt anbiete, dann frage ich meinen Klienten nicht primär nach Geld, sondern wir tauschen Werte aus, und steigern dadurch beide unseren Reichtum. Mein Klient, weil er durch meine Dienstleistung einen hohen Wert hat (weil ich ihn bei einem Problem unterstützte oder ihn auf eine entscheidende Verhandlung vorbereitet habe etc.). Und ich, weil ich mir für das erhaltene Geld etwas anderes kaufen kann, dem ich einen Wert beimesse, z. B. eine neue Uhr oder ein schönes Filetsteak. Geld fließt also und erhöht dabei den Reichtum der Menschen, die das Geld tauschen.

Denken Sie bei all diesen Überlegungen immer daran: Geld existiert nur in unseren Köpfen und Gedanken. Und es dreht sich immer um den Austausch von Werten. Dies ist der Schlüssel zu finanzieller Freiheit und ein hoher Grad an persönlichem Reichtum. Tragen Sie diesen Schlüssel von jetzt an mit sich herum, und viele Türen werden sich öffnen, die bisher als ewig verschlossen galten.

Was Jäger, Bauern und Marshmallows mit Reichtum zu tun haben

»Die meisten Menschen geben Geld aus, das sie nicht haben, um sich Dinge zu kaufen, die sie nicht brauchen, um damit dann Leute zu beeindrucken, die sie nicht mögen.«

unbekannter Verfasser

Geld repräsentiert nur einen Wert im Kopf des Gegenübers. Ich kann mich noch genau daran erinnern, als ich diesen speziellen Aha-Moment in meinem Leben hatte. Ich hielt mich bis dahin für sehr gut informiert, wenn es um ökonomische Zusammenhänge im Allgemeinen und um die Funktion von Geld im Besonderen ging. Schließlich hatte ich ein Diplom in Wirtschaftswissenschaften und war erfolgreich als Geschäftsführer eines großen Unternehmens tätig.

Und doch traf es mich mit voller Wucht, als ich zum ersten Mal wirklich begriff, dass unser heutiges Geld nur in den Köpfen der Menschen existiert und vom gemeinschaftlichen Vertrauen getragen ist. Aber noch mehr faszinierte mich die Idee vom Austausch und der Steigerung von Werten. Neugierig und wissbegierig, wie ich war, dachte ich weiter und machte mich auf die Suche nach eventuellen Möglichkeiten und Chancen, die sich daraus ergeben könnten. Viele dieser Überlegungen prägten meinen Weg, meinen heutigen Reichtum und vor allem mein eigenes Unternehmen. Ich werde auch Ihnen später sehr detailliert zeigen, wie Sie Ihre ganz persönlichen Talente und Fähigkeiten finden können, für die andere Menschen gerne bereit sind, Geld zu zahlen, einfach, weil sie dadurch einen Wertezuwachs haben.

Wenn also Geldbeträge von einem Kunden an einen Verkäufer oder Dienstleister fließen, werden Werte ausgetauscht, wodurch der Reichtum für beide steigt. Dabei spielt es keine Rolle, ob es sich bei dem verkauften Gut um ein

Brötchen, eine Waschmaschine oder aber eine Dienstleistung wie ein Coaching oder einen Haarschnitt handelt. Geld trägt also dazu bei, dass zwei Menschen nach einer Interaktion reicher sind, als sie es vorher waren. Aber wie ist das in einer größeren Gruppe oder gar in einer ganzen Bevölkerung? Gilt dieses Konzept dann immer noch?

Machen wir dazu ein kleines Gedankenexperiment. Stellen Sie sich bitte vor Ihrem geistigen Auge folgende Situation vor: Die fünf Geschäftsleute Schmidt, Meier, Schulze, Schneider und Müller sind gemeinsam auf einem Seminar und treffen sich abends an der Bar im Hotel. Nachdem sie sich eine Weile unterhalten haben, stellt Herr Schmidt fest, dass er seinen guten Füllfederhalter zu Hause vergessen hat. Da Herr Meier eine Fabrik für Schreibgeräte besitzt, kauft Herr Schmidt diesem einen Füller für 100 Euro ab, da er seine neuen Ideen aus dem Seminar gerne sorgfältig mit Tinte aufschreiben will. Mit den gerade verdienten 100 Euro kauft Meier seinem Sitznachbarn Schulze die neuste DVD-Box der genialen TV-Serie »Breaking Bad« ab, auf die er schon lange ein Auge geworfen hatte. Begeistert von diesem Geschäft überlegt Herr Schulze, was er mit den 100 Euro anstellen kann. Er ist vom Tag äußerst verspannt und hat im Gespräch herausgefunden, dass Herr Schneider Physiotherapeut ist und magische Hände besitzen soll. Er lässt sich also eine wundervolle Massage verpassen, und die 100 Euro wechseln ein weiteres Mal ihren Besitzer. Herr Schneider kommt kurz darauf mit dem Webdesigner Müller ins Gespräch und lässt sich für 100 Euro ein schickes neues Design für seine Visitenkarten erstellen. Er ist über das Ergebnis superglücklich und Herr Müller um 100 Euro reicher. Mit dem verdienten Geld kauft er dem Weinvertreter Schmidt zwei Flaschen seines besten Weins ab, die er später mit seiner Geliebten auf dem Hotelzimmer trinken möchte. Nach einer letzten gemeinsamen Runde an der Bar verabschieden sich die fünf Männer dann und gehen glücklich und erschöpft schlafen.

Während dieses Abends an der Hotelbar ist nun etwas Fantastisches geschehen. Die gleichen 100 Euro sind einmal durch die Hände jedes Mannes und schlussendlich wieder an den Ausgangspunkt, nämlich zu Herrn Schmidt, gewandert. Bei jedem Kauf wurden durch den Vermittler Geldschein-Werte ausgetauscht und jeder einzelne der Handelspartner wurde dabei reicher. Nach der letzten Transaktion sind die 100 Euro immer noch (bzw. schon wieder) im Portemonnaie von Herrn Schmidt, aber der Reichtum der Gruppe ist insgesamt gestiegen, da jeder Einzelne etwas hinzubekommen hat, dem er einen hohen individuellen Wert zuspricht. Nicht nur ist jeder Einzelne der Männer reicher geworden, sondern der gesamte Wohlstand und Reichtum der Gruppe wurde gesteigert.

Dies ist ein weiteres Reichtums-Geheimnis. Werte vermehren sich auf Dauer. Allerdings nicht von selbst, sondern nur dann, wenn ein Wert mit anderen getauscht wird. Dann wächst der kumulierte Wert, den die beiden Handelspartner gerade generiert haben. Auch wenn ich mich wiederhole, Geld ist dabei nur das Symbol für diesen Wert. Lässt man es fließen, dann gewinnen sowohl Verkäufer als auch Käufer, und der Reichtum von allen wächst.

Dies bringt uns wieder zu den unterschiedlichen mentalen Strategien von Unternehmern und Unterlassern. Denn ein reicher Mensch kennt das Geheimnis von Werten und strebt danach, diese zu tauschen, permanent wachsen zu lassen und damit seinen Reichtum stetig zu vermehren. Die armen Menschen hingegen machen genau das Gegenteil. Sie vernichten Werte und werden dadurch ärmer. Wie sie das tun? Dazu komme ich gleich, und Sie werden erstaunt sein, wie die Antwort auf diese Frage lautet.

Reichtum erschaffen oder Reichtum vernichten?

Zuerst möchte ich Sie aber noch einmal zu einer weiteren kleinen Zeitreise einladen. Und zwar wieder in die Epoche der Höhlenmenschen, Mammuts und Säbelzahntiger. Denn dort liegt der Ursprung eines Verhaltens, das auch noch heute im 21. Jahrhundert, Millionen von Jahren später, viele Menschen dazu bringt, Werte zu vernichten und damit ihre arme Blaupause zu manifestieren. Vielleicht liegt uns dieses bestimmte Verhalten auch ein wenig in den Genen, denn für den größten Teil der Geschichte war die Menschheit eben als Jäger und Sammler unterwegs. Erst in den letzten 3.000 Jahren begannen die Menschen sesshaft zu werden, und es entstand langsam die Zivilisation, wie wir sie heute kennen.

Davor liefen unsere Urahnen mit Speer oder Axt bewaffnet durch die endlosen Landschaften auf der Suche nach Nahrung für ihre Sippe. Oftmals war ein einzelner Mann für mehrere Tage unterwegs, um seine Familie mit einem großen Festmahl zu überraschen. Niemand wusste genau, wann das nächste Essen auf dem Tisch stehen würde, und jeder Tag drehte sich primär darum, zu essen. Aber natürlich auch genauso darum, nicht gegessen zu werden. Hatte ein Jäger also ein Huhn oder ein kleines Schwein erlegt, so stand er vor der Frage, was er damit tun sollte. Er brauchte dringend die Energie, um die Jagd fortsetzen zu können, und um im Bedarfsfall vor einem furchterregenden Grizzlybären oder Säbelzahntiger flüchten zu können. Also aß er seine Beute sofort auf.

Kam er an ein paar Beeren vorbei, so konnte er sich ebenfalls nicht sicher sein, ob diese am Tag danach noch am Busch hängen würden, oder ob ihm ein hungriges Tier zuvorkommen würde. Also aß er auch die Beeren sofort auf. Die Jäger und Sammler aus der damaligen Zeit lebten komplett für den Moment. Sie dachten nur an das Hier und Jetzt. Die Zukunft war ihnen nicht so wichtig, denn ihr Überleben hing primär davon ab, dass sie sofort etwas zu essen bekamen.

Im Laufe der nächsten Jahrtausende entwickelte sich die Menschheit mehr und mehr weg von diesem Nomadenleben, und die ersten Siedlungen und Dörfer entstanden. Und mit ihnen der Anbau von Grund und Boden sowie die Aufzucht von Vieh. Viele Siedler wurden zu Landwirten und Bauern. Mit ihrem Verhalten geschah gleichzeitig etwas Entscheidendes. Denn diese Menschen lebten nicht mehr nur im Hier und Jetzt, sondern sie planten für die Zukunft und sparten einen Teil ihrer Vermögenswerte, um sie wachsen zu lassen und dann in Zukunft mehr zu haben.

Das klingt doch in den Ohren eines geschulten Beobachters schon verdächtig nach einer guten Investition, nicht wahr? Genau das war es auch. Die Bauern erkannten, dass es viel sinnvoller war, Tiere zu fangen, einzuzäunen und weiden zu lassen, statt sie Tag für Tag zu jagen. Warum sollte man durch die gefährliche Wildnis hinter seiner Beute herlaufen, wenn man sich auch eine kleine Herde von Tieren zulegen konnte, diese pflegte und fütterte, und wenn man hungrig war, einfach das Fleisch aß, die Milch trank oder die Eier einsammelte. Warum sollte man täglich aufs Neue hoffen, dass ein Busch ein paar Beeren tragen würde, wenn man ein ganzes Feld voller Beerenbüsche anlegen konnte, von denen man auch in einem halben Jahr noch essen konnte?

Die mentalen Strategien, Handlungsweisen und vor allem Ergebnisse eines Jägers und eines Bauern können also unterschiedlicher nicht sein. Der Jäger hat eine sehr einfache Entscheidungsstrategie: Essen und überleben. Jetzt. Sofort. Und dann kümmere ich mich um den Rest. Der Bauer handelt nach einem ebenso einfachen Prozess: Behalten. Dann aussäen. Dann ernten. Dann mehr haben und wieder von vorne beginnen.

Betrachten wir diese beiden Strategien einmal aus dem Blickwinkel der Entwicklung von Werten. Wenn der Jäger ein Huhn tötet und isst, dann ist es weg. Nachdem es ihm ein kurzfristiges Vergnügen bereitet und ihn gesättigt hat, ist der Wert nicht mehr da. Er ist verschwunden.

Wenn der Bauer ein Huhn im Stall großzieht, dann legt es jeden Tag ein oder mehrere Eier. Es vermehrt sich, wodurch mehr Hühner noch mehr Eier legen können. Wenn es dann irgendwann geschlachtet wird, ergibt es auch noch ein ausgezeichnetes und schmackhaftes Mahl. Der Wert steigt mit der Zeit. Er vermehrt sich.

Das Phänomen, das hinter diesem Verhalten steht, nennen die Ökonomen *Zeitpräferenz des Konsums.* Entweder ich konsumiere im Hier und Jetzt und habe dann in der Zukunft nichts mehr, oder ich verzichte auf den heutigen Konsum, um in der Zukunft mehr konsumieren zu können. Dies nennt man dann entweder Sparen oder Investieren.

Genau hier liegt der Unterschied zwischen Unterlasser und Unternehmer, zwischen Arm und Reich. Es ist ihre mentale Fokussierung. Eine arme Blaupause ist von den Verhaltensweisen und Strategien eines Jägers geprägt. Egal, worum es sich handelt, man muss es sofort haben und konsumieren. Die reiche Blaupause ist aus den Strategien des Bauern entstanden. Ein Teil der in der Gegenwart zur Verfügung stehenden Ressourcen wird gespart und investiert, um in der Zukunft mehr davon zu haben. Es ist also der Konsum, der Werte vernichtet. Es sind die Investitionen, die Werte wachsen lassen und damit Reichtum schaffen.

Wenn Sie dieses Konzept verinnerlicht haben, wird es ein weiterer Baustein sein, der Ihre persönliche innere Blaupause dramatisch umprogrammieren wird. Lassen Sie uns deshalb einen weiteren »Denk-dich-reich-Leitsatz« formulieren:

> **Denk-dich-reich-Leitsatz Nr. 7**
> Konsum vernichtet Werte. Reichtum entsteht und vermehrt sich durch den Austausch von Werten!

Erinnern Sie sich bitte noch einmal daran, wie wichtig es ist, diese Leitsätze in Ihr Erfolgsbuch einzutragen, laut auszusprechen und per Selbsthypnose in Ihr Unterbewusstsein zu integrieren, wenn Sie eine maximale Wirkung erzielen wollen. Und lassen Sie jeden einzelnen dieser Sätze auf sich wirken und sacken, denn so manche Blaupause ist so stark programmiert, dass es eine gewisse Zeit benötigt, bis sich neue Denk- und Verhaltensweisen entfalten können.

Auch in der heutigen Zeit handeln Menschen noch wie Jäger und Bauern und kreieren sich damit eine arme oder reiche Blaupause. Was allerdings noch viel entscheidender ist, wird erst auf den zweiten Blick deutlich. Denn ob jemand arm oder reich ist, hängt in keiner Weise vom Kontostand ab. Es ist wiederum der gedankliche Fokus.

> Ein armer Mensch denkt, dass die Reichen Geld ausgeben.
> Ein reicher Mensch hingegen denkt, dass die Reichen Geld bekommen.

Und diese innere Einstellung macht sich dann auch sofort in den entsprechenden Gefühlen und Handlungen bemerkbar. Denn was macht ein armer Mensch, wenn er sich reich fühlen und seinem Umfeld zeigen will, dass er es so richtig geschafft hat? Ganz genau, er gibt Geld aus. Er kauft ein teures Auto, funkelnden Schmuck und trägt exquisite Designer-Kleidung. Aber er vernichtet auch Werte. Das Problem ist nicht, dass er Geld ausgibt, sondern dass er Geld für Konsum ausgibt, sodass Werte vernichtet werden, anstatt zu wachsen.

Was hingegen macht ein reicher Mensch, wenn er sich reicher fühlen möchte? Er investiert einen Teil seines Vermögens, um sicherzustellen, dass er in der Zukunft mehr Einkommen hat. Er schafft neue Werte und steigert dadurch seinen Reichtum.

Dies ist ein fundamentaler Unterschied in den mentalen Strategien zwischen einem Unterlasser und einem Unternehmer. Genau wie es beim Jäger und beim Bauern war. Der eine konsumiert und verliert, der andere investiert und erhält mehr.

Dieser gedankliche Fokus ist auch der Grund, warum beispielsweise viele Lotto-Millionäre nicht lange Millionäre bleiben. Denn auch wenn ihr Kontostand auf einmal in die Höhe geschossen ist, so ist doch ihre innere Reichtums-Blaupause gleich geblieben. Sie konsumieren und konsumieren und vernichten dadurch Werte. Meist dauert es nicht lange, und der Gewinn ist wieder futsch. Die Zeitungen sind voll mit den Geschichten dieser vermeintlich reichen Menschen.

Wahrscheinlich kennen Sie auch jemanden, der es mit harter Arbeit nach oben geschafft hat, nur um nach kurzer Zeit wieder alles zu verlieren. Diese Menschen sind richtig gut in dem, was sie tun, und absolute Experten, wenn es um den Aufbau von Reichtum geht. Aber sie können ihn nicht lange halten, denn irgendwo gibt es in ihrer inneren Blaupause noch ein Programm, das aufs Konsumieren ausgerichtet ist, und nach und nach die geschaffenen Werte wieder vernichtet.

Reichtum hängt also sowohl von der gedanklichen Ausrichtung als auch von unserer Zeitpräferenz ab. Davon, ob wir wie ein Jäger oder wie ein Bauer denken. Nicht nur Reichtum, sondern Erfolg insgesamt ist sehr stark davon geprägt, ob wir konsumieren oder investieren. Ob wir ausgeben oder empfangen.

Das Marshmallow-Experiment

Im Jahre 1972 wurde an der kalifornischen Stanford-Universität ein Experiment mit 600 vier- bis sechsjährigen Kindern durchgeführt, welches als »Marshmallow-Experiment« in die Geschichte eingehen sollte.[17] Der Psychologe Walter Mischel ließ hierzu jeweils ein Kind in einen Raum kommen. Dann teilte er dem Jungen oder dem Mädchen mit, dass er in 15 Minuten wiederkommen würde. Vorher legte er aber noch einen Marshmallow auf den Tisch. Diesen konnte das Kind entweder in dieser Zeit essen, oder – und das war der Anreiz – so lange warten, bis er wiederkehren würde und dann einen zweiten Marshmallow erhalten.

Da für kleine Kinder eine Viertelstunde einer Ewigkeit gleicht, war das Ergebnis des Experiments nicht weiter verblüffend. Zwei Drittel verschlangen den Marshmallow sofort und nur ein Drittel wartete die vollen 15 Minuten, um dann zwei Marshmallows zu haben. Was aber verblüffend war, stellte sich 1988 beim ersten Follow-up heraus. Denn die Kinder, die der Versuchung widerstanden hatten, um einen zweiten Marshmallow zu erhalten, waren nicht nur als Schüler erfolgreicher, sondern galten auch als sozial kompetenter.

Auch unser erwachsenes Leben steckt voller Marshmallows, die nur darauf warten, von uns sofort gegessen zu werden. Wie man sie erkennt und es schafft, lieber doch auf den zweiten oder gar dritten zu warten, das erkläre ich Ihnen gleich.

Zuvor aber wollen wir die Überlegungen über Konsum und Investieren abschließen. Dieses Kapitel hat eine wichtige Bedeutung für den Weg zur finanziellen Freiheit und zum persönlichen Reichtum. Denn wir wissen nun nicht nur, warum arm und reich keine Frage des Kontostands ist, sondern haben auch einen wichtigen Schlüssel gefunden, mit dem sich Reichtum aufbauen und steigern lässt. Dieser Schlüssel ist der Austausch von Werten. Wie Sie herausfinden, welche Werte Sie schaffen und wachsen lassen können, wird uns im zweiten Abschnitt noch sehr intensiv beschäftigen, wenn wir uns an die konkrete Planung Ihres Reichtums-Fundaments machen. Zuerst wollen wir aber noch ein, wenn nicht das wichtigste Hindernis beseitigen, das die meisten Menschen in ihrer armen Blaupause verharren lässt und damit Reichtum und finanzielle Freiheit verhindert.

Die unsichtbare Kette – warum Schulden uns vom Reichtum abhalten

»Man sieht nur mit dem Herzen gut. Das Wesentliche ist für das Auge unsichtbar.«

Antoine de Saint-Exupéry

Im alten Persien lebte einst ein junger Mann, der seinen König sehr verehrte. Eines Tages schenkte er ihm als Zeichen seiner Gunst ein prachtvolles und kostbares Schachbrett, weil er wusste, dass der König sich tagsüber oft langweilte. Dieser war über das Geschenk sehr erfreut und ließ den jungen Mann zu sich bitten, um ihm gebührend zu danken.

Er sprach: »Mein treuer Untertan, wie kann ich dich zum Dank für dieses kunstvolle Geschenk belohnen? Ich werde dir jeden Wunsch erfüllen!«

Der clevere Jüngling überlegte eine Weile und antwortete dann mit ruhiger Stimme: »Ich habe einen einfachen Wunsch, mein Herr. Ich möchte, dass Ihr mir das Schachbrett mit Reis auffüllt. Legt auf das erste Feld ein Reiskorn, und dann auf jedes weitere Feld jeweils die doppelte Anzahl. Also zwei Reiskörner auf dem zweiten Feld, vier Reiskörner auf dem dritten, acht Reiskörner auf dem vierten und so weiter und so fort.«

»Mehr begehrst Du nicht?«, fragte der König leicht verwundert. »Du bist wahrlich ein bescheidener Kerl. So geschehe es, dein Wunsch werde dir erfüllt.«

Während er dies sagte, bemerkte er nicht das immer breiter werdende Grinsen auf dem Gesicht des jungen Mannes, der sich mit einer tiefen Verbeugung von seinem König verabschiedete.

Schon am nächsten Tag kamen die Diener mit einem Sack Reis herbei geeilt und begannen das Schachbrett nach dem Wunsch des Jünglings zu befüllen. Doch schon bald bemerkten Sie, dass der eine Sack Reis bei Weitem nicht ausreichte, und sie ließen weitere Säcke aus der Kornkammer des Königs holen. Doch auch diese waren schnell aufgebraucht. Denn ein Schachbrett hat 64 Felder. Schon das zehnte Feld musste mit 512 Reiskörnern befüllt werden. Auf dem 21. Feld befanden sich bereits 1.048.576 Körner. Und auf dem letzten und 64. Feld hätten sich mathematisch 18.446.774.073.709.551.651 Reiskörner befinden müssen. So viel Reis gab es jedoch im gesamten Königreich nicht (selbst wenn der König einen Verwandten in China gehabt hätte, wäre die benötigte Menge immer noch zu hoch gewesen), und so wurde der junge Mann mit diesem Wunsch zum reichsten Mann im ganzen Land.

Wie kommt es nun, dass dieser so harmlos beginnende Wunsch auf einmal so eine dramatische Wendung nahm? Die Ursache hierfür wird manchmal auch als das achte Weltwunder bezeichnet, und seine Entdeckung wird sowohl den Persern als auch den Chinesen zugeschrieben. Wer von beiden es nun auch war, spielt eigentlich keine Rolle, denn beide Kulturen waren zu ihrer jeweiligen Zeit das reichste Volk der Welt.

Selbstverständlich wirkt im Beispiel des Schachbretts der sogenannte Zinseszins, der eine wichtige Rolle in der Entwicklung zum persönlichen Reichtum spielt. Denn nach einem langsamen Start mit wenig Einsatz verstärkt der Zinseszins das eingesetzte Kapital, bis es irgendwann zu einem exponentiellen Wachstum kommt. Was nichts anderes bedeutet, als dass der Wohlstand durch die Decke schießt. Wie Sie diesen wundervollen Mechanismus für den Aufbau Ihres eigenen Vermögens nutzen können, zeige ich Ihnen schon bald.

Doch bevor wir uns mit Enthusiasmus um den Aufbau und die anschließende Pflege von Reichtum kümmern, werfen wir noch einmal einen Blick zurück auf die innere Blaupause. Denn wie viele Dinge im Leben hat auch die Wirkung des Zinseszinses eine zweite Seite der Medaille. Genauso kraftvoll, wie sich dadurch ein unbeschreiblich hohes Vermögen aufbauen lässt, gibt es eine entgegengesetzte Wirkung, die den Abstieg in finanzielle Abhängigkeit und Verschuldung im Laufe der Zeit dramatisch beschleunigt.

Doch es ist wie so oft im Leben. Wenn man sich einer Gefahr oder eines Risikos bewusst ist, dann ist es leicht, den Eintritt des Worst Case zu verhindern, einfach weil man weiß, was genau zu tun und vor allem zu lassen ist.

Deshalb wird sich dieses Kapitel um den schlimmsten Feind und das größte Hindernis auf dem Weg zum Reichtum drehen:

Schulden!!!

Schulden sind noch einmal eine übersteigerte Form der Jäger-Mentalität, alles sofort und jetzt haben zu müssen, egal, was es einen in der Zukunft kostet. Dieser Zeitgeist nimmt immer mehr zu, getrieben von limitierenden Glaubenssätzen und Armuts-Blaupausen. Dem Beweisführer wird es beim Finden von Beweisen für diese Überzeugungen aber auch sehr leicht gemacht, denn in den Hochglanzmagazinen, im Fernsehen und auf den Plakaten in den Städten, wird immer wieder eine Botschaft wiederholt: »Du musst konsumieren, um angesagt zu sein und dazuzugehören!«

Während der erste Teil dieses Satzes noch sehr offen kommuniziert wird, wird der auf der Ebene der Zugehörigkeit eher subtil und unbewusst bearbeitet. Aber da die meisten Unterlasser sich auch einmal reich fühlen wollen (und eben denken, dass man dafür Geld ausgeben muss), treten die Werbeagenturen und Firmen mit ihren Slogans und Parolen offene Türen ein. Es werden Bedürfnisse suggeriert, die eigentlich gar nicht existieren, und auch gleich die passende Lösung präsentiert. So kaufen sich Menschen, die es sich gar nicht leisten könnten, eben den neuen 3er-BMW, das iPhone 4s, Jeans von True Religion, den nigelnagelneuen Plasma-3D-Fernseher, die Reise in die Karibik, den Miele-Geschirrspüler, den aktuellen Stressless-Sessel, den 3-Jahres-Pay-TV-Vertrag, die schicke Küche von IKEA, Schmuck von Dolce & Gabbana, den neuesten Driver von Taylormade, elegante Alufelgen für den Zweitwagen … und … und … und.

Ich könnte diese Liste noch beliebig fortsetzen, und Ihnen sind beim Lesen bestimmt auch noch ein paar Beispiele eingefallen, was Menschen alles konsumieren, das sie gar nicht benötigen. Denn telefonieren kann man auch mit dem drei Jahre alten Nokia noch wunderbar, aber der Nachbar hat ja auch schon das neue iPhone, und man will ja dazugehören, auch wenn die Finanzen eine ganz andere Sprache sprechen. Fernsehen auf einem 42-Zoll-Bildschirm? Na klar, man will ja schließlich auch repräsentieren, wenn die Freunde kommen, also muss ein neuer Plasma her. Geld ist zwar keines vorhanden, aber das Ratenangebot ist einfach zu verlockend.

Denken Sie auch gerade an das »Denk-dich-reich-Erfolgsmodell«? Denn dieses kommt auch hier in Reinkultur zum Einsatz. Man denkt, man bräuchte etwas, um dazuzugehören, etwas darzustellen, oder um sich reich zu fühlen. Denn darum geht es im Endeffekt immer beim Konsum. Man will sich gut fühlen. Dann kauft man. Denn man will es jetzt. Nicht erst in ein paar Monaten, wenn man genug gespart hat, sondern jetzt sofort. Dafür nutzt man dann eben kurz den Dispo, die Kreditkarte, unterschreibt einen Ratenvertrag oder nimmt sogar einen Kleinkredit bei der Hausbank auf.

Bekommen Sie auch so viel Werbeprospekte wie ich? Auch da wird man geradezu mit der Nase darauf gestoßen, wie blöd man doch eigentlich ist, wenn man jetzt ein bestimmtes Produkt nicht kauft. Slogans wie »Warum warten?« oder »Jetzt kaufen, später zahlen!« gehören längst zum guten Ton, und oft wird der passende Ratenvertrag gleich mit angeboten. Die von ihrer armen Blaupause getriebenen Menschen schlagen erbarmungslos zu, denn sie wollen auch reich sein und denken, dass sie dafür konsumieren müssen.

Der erfolgreiche Nachbar oder der Kollege aus dem Fußballverein hat diese Dinge schließlich auch alle. Man lässt sich von den Erwartungen anderer treiben und konsumiert schlussendlich auf Kosten der eigenen Zukunft und löst damit ungewollt einen Teufelskreis aus.

Denn keine Bank verleiht Geld, ohne daran zu verdienen. Also schlägt sie Zinsen auf die zu zahlenden Raten auf. Diese sind in der Regel ziemlich hoch, im Versandhandel bis zu 15 Prozent. Aber der Zinssatz ist für die Konsumenten in der Regel vollkommen uninteressant, da sie so von ihrem Bedürfnis und den Statussymbolen getrieben sind, dass sie sich nur für ihre monatliche Rate interessieren. Es ist nicht selten, dass eine Rate von 200 Euro sich aus 20 Euro Tilgung (also Ablösung der Schulden) und 180 Euro Zinsen (die Kosten des Darlehens) zusammensetzt.

Aber irgendwann setzt sich die Spirale in Gang. Meist sind es nur kleine Summen, die an Raten für die verschiedenen Konsum-Kredite gezahlt werden müssen. Hier 100 Euro für den neuen Kleiderschrank, da 60 Euro für den Computer, da 250 für den schicken Wagen. Und die Kleinigkeiten läppern sich schnell zu einem beträchtlichen Sümmchen zusammen, über das man schnell den Überblick verliert.

Der Zins ist es dann, der diese Spirale auf einmal schneller drehen lässt. Wie bei der Reiskorn-Geschichte vermehren sich nämlich auch Schulden mit der Zeit. Denn um alte Schulden ablösen zu können, müssen auch oft neue Schulden aufgenommen werden. Anstatt ein eigenes Vermögen aufzubauen, ist das eigene Einkommen schon bald nach Monatsanfang wieder weg, da es für die Zinsen der aufgenommenen Kredite herhalten muss. Schnell verschieben sich dann die Möglichkeiten im Leben, denn wenn man den Großteil seiner Einnahmen für das Ablösen von Zins und Zinseszins aufwenden muss, dann bleibt meist sehr wenig für die wirklich wichtigen Bedürfnisse wie Essen und Trinken übrig. Von ein paar weiteren Annehmlichkeiten im Leben will ich erst gar nicht sprechen.

Das Parkinson'sche Gesetz

Vor Kurzem bekam ich einen Brief von einer Teilnehmerin unseres »Denk-dich-reich-Seminars«, die das Kontenmodell am Ende des Buches dazu nutzte, ihre Finanzen gründlich zu durchleuchten und herauszufinden, warum ihr das hart verdiente Geld Monat für Monat wie Sand durch die Finger zu rinnen schien.

Diese Frau ist nach allen gültigen Maßstäben richtig erfolgreich, sieht gut aus, hat eine steile Karriere hingelegt und verdient ein überdurchschnittlich hohes Gehalt. Davon blieb ihr allerdings bis dato nicht viel übrig. Denn sie hatte so viele Konsumschulden, dass ein Großteil ihrer Einnahmen nur für die Ablösung der Zinsen benötigt wurde. Aufgrund der abgeschlossenen Kreditverträge tilgte sie so gut wie gar nicht, beziehungsweise nur minimale Summen. Für Lebensmittel blieben ihr im Monat nicht einmal 150 Euro übrig! Als ich diese Zahl las, war ich schockiert. Zum Glück ließ sich ihre Situation schnell ändern, indem wir gemeinsam in einem ersten Schritt Ordnung in ihre Ausgaben brachten, und danach anfingen, systematisch die Schulden abzubauen. Mit ihrer neuen, reichen Blaupause geht es ihr heute wieder ausgezeichnet, sie ist fast komplett schuldenfrei und genießt das Leben in vollen Zügen. Aber wie kommt es, dass solche Menschen, die augenscheinlich alle Voraussetzungen haben, ein erfolgreiches und glückliches Leben zu führen, in die Schuldenfalle abdriften?

Ich habe ja schon oft betont, dass es keine Frage des Kontostands ist, ob jemand arm oder reich ist. Denn was nützt mir ein Jahresgehalt von einer Million Euro, wenn ich gleichzeitig 1,5 Millionen ausgebe? Es sind erstaunlicherweise oftmals Menschen, die nach außen sehr erfolgreich wirken, welche in die Spirale des Zinseszinses und der Verschuldung geraten.

Der Ablauf eines solchen Teufelskreises ist immer wieder der gleiche. Er ist unabhängig von Geschlecht, Einkommen und sozialem Status. Herausgefunden hat dies ein Wissenschaftler namens Parkinson, der im 20. Jahrhundert die britische Bürokratie auf Ineffizienz untersuchte, und daraus »*Parkinsons Gesetz*« formulierte.[18]

Dieses besagt, dass »*Arbeit sich in genau dem Maße ausdehnt, wie Zeit für ihre Erledigung zur Verfügung steht.*« Als Beispiel fügt er das Schreiben einer Glückwunschkarte an. Eine alte Dame benötigt hierfür einen ganzen Tag. Zuerst fährt sie in die Innenstadt, besucht verschiedene Kaufhäuser, um die passende Karte auszuwählen. Dann macht sie es sich zu Hause gemütlich und sucht nach der Adresse. Bevor sie die Karte kunstvoll mit Oblaten und Aufklebern versieht, geht sie noch einmal zum Kiosk um die Ecke, um eine Briefmarke zu kaufen. Dann geht sie gemütlich zum Briefkasten, nicht jedoch, ohne noch einmal kurz bei ihrer besten Freundin auf eine Tasse Tee vorbeizuschauen.

Den Gegensatz hierzu bildet der viel beschäftigte Manager, der für die gleiche Aufgabe nicht einmal drei Minuten benötigt, da er seine Sekretärin einspannt, und das Schreiben zügig in seinem Büro erledigt.

Das Prinzip, das hinter *Parkinsons Gesetz* steht, wurde seitdem weiterentwickelt und lässt sich auch genereller formulieren:

Jede Ressource wird in dem Maße konsumiert, wie sie zur Verfügung steht.

Wenn wir dieses Prinzip auf den Umgang mit Geld anwenden, dann bedeutet es Folgendes:

Die Ausgaben steigen in dem Maße an, wie Einkommen zu Verfügung steht.

In der heutigen Gesellschaft gibt es einen Trend, genauso viel auszugeben, wie man einnimmt. Steigen die Einnahmen, dann werden die Ausgaben angeglichen, weil man sich ja jetzt mehr leisten kann. Dieses Phänomen kennt wohl jeder. Während man während der Studentenzeit oder am Anfang des Berufslebens noch mit sehr wenig zufrieden war, selten essen ging und bei jedem Einkauf genau prüfte, was man sich leisten konnte, hat sich das im Laufe der Zeit geändert. Mittlerweile bekommt man eine hohe Summe im Monat als Gehalt gezahlt, und die Ausgaben werden angepasst. Ein einfaches, aber zweckdienliches Auto wie zu Studentenzeiten reicht nun nicht mehr, es muss schon ein Audi, besser noch ein BMW oder Mercedes sein. Bei der Wahl des Restaurants ist einem nichts zu teuer, denn man kann es sich ja leisten. Statt des Urlaubs mit Rucksack auf dem Campingplatz muss es jetzt schon die Kreuzfahrt in der Karibik sein.

Ich gebe zu, ich male mit diesem Beispiel schon sehr stark schwarz und weiß, aber mir ist wichtig, dass das Prinzip klar wird. Denn es passiert ebenso schnell, dass sich die Ausgaben nicht mehr nur auf dem Niveau der Einnahmen bewegen, sondern dass sie irgendwann darüber hinausschießen. Den Kreditkarten, einfachen Krediten ohne Bonitätsprüfung und leichten Wegen in die Ratenzahlung sei Dank. Diese Entwicklung wird dann schnell auch dynamisch, da der Zinseszins beginnt, seine teuflische Wirkung zu entfalten. Die Einnahmen reichen nicht mehr aus, den Konsum im Hier und Jetzt zu finanzieren. Dies bedeutet nichts anderes, als dass man die Ressourcen der Zukunft verkauft, bevor man sie überhaupt besitzt.

Ich möchte nicht dramatischer klingen, als es ist, aber das Thema verdient einfach eine intensive Betrachtung, da Schulden sehr häufig der entscheidende Faktor sind, der Menschen davon abhält, ein Leben voller Möglichkeiten, Chancen und Gelegenheiten zu führen. Stattdessen sind sie gefangen in einem Prozess von Limitationen, Einschränkungen und Lähmung.

Die unsichtbare Kette

Der Lebensstil ist während eines solchen Prozesses häufig so angenehm und luxuriös, dass man gar nicht bemerkt, dass man eigentlich ein Leben in goldenen Handschellen führt. Mehr noch, jede Form von Schulden, die man hat, ist wie eine unsichtbare Kette, die einen davon abhält, seine Ziele und Träume zu erreichen und die einen immer wieder in ein Leben zurückschleudert, das man am liebsten verlassen möchte. Durch den Zinseszins zieht sich die Kette immer enger um den Hals und nimmt einem die Luft zum Atmen. Es ist wie in Brad Pitts Zitat aus *Fight Club*. Man hat aufgehört, die Dinge zu besitzen. Stattdessen besitzen die Dinge einen selbst, und man ist nicht mehr frei.

Für manche Menschen ist die Vorstellung, dass ihre Schulden eine unsichtbare Kette sind, sehr schwer. Aber ob man will, oder nicht. Sie ist da. Und manche tragen sie schon so lange, dass sie völlig vergessen haben, dass es sie gibt. Sie haben sich daran gewöhnt und sich den Umständen angepasst.

Dies habe ich in meinen Seminaren und Coachings immer wieder erlebt. Selbst wenn ich meine Klienten direkt mit der Nase darauf stoße, kommt meistens die immer gleiche Reaktion. Auf rationaler Ebene bekomme ich sofort eine Bestätigung. »Ja, das verstehe ich.« Aber sobald sie dann anfangen, darüber nachzudenken, was die logische Schlussfolgerung aus dieser Erkenntnis wäre, nämlich die Ausgaben drastisch zu senken, nicht mehr so häufig essen zu gehen, keine teuren Shopping-Touren mehr zu unternehmen oder den Zweitwagen der Frau abzuschaffen, dann bekomme ich ebenfalls oft die gleiche Antwort: »Naja, es ist bis hierhin gut gegangen. Das wird es bestimmt auch weiterhin tun!«

Dann machen sie weiter wie bisher. Nehmen neue Schulden auf, um die Zinsen für die alten zahlen zu können und konsumieren munter weiter. Wie man dieses Spiel in Perfektion betreibt, können Sie täglich bei unseren Politikern beobachten, die auch alles mit vollen Händen ausgeben, was sie einnehmen. Allerdings mit einem großen Unterschied, denn sie geben ja das Geld anderer Leute aus, und die von ihnen betriebene Verschuldung betrifft sie nicht persönlich.

Aber für Sie, lieber Leser, sollte das kein Ansporn sein, es ihnen gleich zu tun. Denn es geht um Ihr Leben, Ihre Träume und vor allem um Ihren Reichtum!

Die unsichtbare Kette

Schauen Sie ganz genau hin. Klopfen Sie Ihre finanziellen Verhältnisse auf Schulden und unnötige Ausgaben ab, und nehmen Sie die Kette wahr, falls Sie eine tragen sollten. Reden Sie sich bitte nicht ein, dass es schon gut gehen wird. Denn das ist so ziemlich die schlimmste Art und Weise, wie man sich selbst belügen kann.

Ich möchte auf jeden Fall noch einmal klarstellen, dass ich hier nur von Konsumschulden spreche. Wenn Sie ein Unternehmen haben, und sich für eine gewisse Zeit Geld von der Bank leihen, um zu investieren, dann sind dies immer noch Schulden, aber vor allem ist es auch eine Investition in die Zukunft der Firma, von der Sie sich Erträge erwarten. Ob dies akzeptabel ist oder nicht, muss jeder für sich selbst entscheiden. Ich persönlich versuche zu allererst immer, notwendige Investitionen aus meinem bestehenden Vermögen zu tätigen, um nicht in die Abhängigkeit einer Bank zu geraten. Denn auch in diesem Bereich ist man schnell in einem Teufelskreis gefangen.

Ich coache viele Existenzgründer, die sich mit einer bestimmten Geschäftsidee selbstständig machen wollen. Egal, worum es sich handelt, meistens ist ihre erste Tat, einen Businessplan zu schreiben, damit sie bei der Bank einen Kredit bekommen. Wenn sie rechtzeitig zu mir kommen, haben sie noch Glück, denn meine erste Frage lautet dann immer: »Wofür brauchst du den Kredit?«

Ich ernte dann meist einen verwunderten Ausdruck und bekomme als Antwort: »Naja, mein Existenzgründungsberater vom Arbeitsamt hat mir gesagt, dass ich das bräuchte. Und in allen Büchern steht es auch drin.« Fakt ist, dass die wenigsten Gründer wirklich einen Kredit brauchen. Trotzdem wird es ihnen immer wieder suggeriert. Dabei haben fast alle erfolgreichen Unternehmen ihre ersten Schritte in irgendeiner Garage oder einem Wohnzimmer getan und sind dann langsam gewachsen, bis man sich die eigenen Büroräume leisten konnte. Aber in der heutigen Zeit steht eben nicht die Unternehmensidee und der Aufbau der Firma im Vordergrund, sondern das große Büro und der repräsentative Dienstwagen.

Der einzige Kredit, den ich persönlich jemals aufgenommen habe, ist der für die Finanzierung meines Hauses gewesen. Es war eine schwere Entscheidung, weil auch dieser Kredit eben ein Kredit ist, für den ich Zinsen zahlen muss, und der mich ein Stück weit einschränkt. Aber nachdem ich mir angeschaut habe,

101

ob mein Geld besser im Kauf der Immobilie aufgehoben wäre, oder ob es in der Zwischenzeit nicht besser in einer anderen Investition aufgehoben wäre, habe ich mich entschieden, diese Form von Schulden auf mich zu nehmen. Ich habe allerdings einen kompletten Finanzplan erstellt und habe parallel weitere Investitionen getätigt, die sicherstellen, dass die Immobilie baldmöglichst abbezahlt sein wird. Weiterhin habe ich die Lage meines Hauses auch sehr sorgfältig ausgewählt und in einer Gegend gebaut, in der in den nächsten Jahren mit einer hohen Wertsteigerung zu rechnen ist. Daher ist es mehr eine Investition als ein reiner Kredit. Denn in der Zeit nach der kompletten Kredittilgung spare ich mir entweder die monatliche Miete und kann dieses Geld dafür nutzen, mein Vermögen weiter wachsen zu lassen. Oder ich vermiete das Haus weiter und verdiene an den Mieteinnahmen. Wichtig war mir bei dieser Entscheidung vor allem, bereits jetzt in meine Zukunft zu investieren und rechtzeitig die Weichen zu stellen. Trotzdem bleibt eine Immobilie weiterhin ein gewisses Risiko, welches einige Einschränkungen nach sich zieht.

Aber wie auch immer. Ob Sie einen Firmenkredit aufnehmen oder mit einem Darlehen den Kauf Ihres Eigenheims finanzieren, obliegt ganz Ihrer persönlichen Einschätzung. Es sind mit Sicherheit keine guten Schulden – denn so etwas gibt es nicht – aber je nach Konditionen und Intention ist es mindestens eine akzeptable Form.

Die wirkliche Gefahr lauert ganz woanders. Es sind die Konsumschulden, die eine Kette um unseren Hals legen und uns das Atmen schwer machen. Wenn Sie also reich werden und ein Vermögen aufbauen wollen, dann müssen Sie diese Kette sprengen und die mentalen Strategien des Jägers durch die des Bauern ersetzen. Denn Reichtum ist nicht der von Bedürfnissen getriebene Konsum auf Kosten der Zukunft, sondern sowohl die Freiheit, das zu tun und zu lassen, was man tun möchte, als auch das Akkumulieren von Werten und Vermögen. Je eher man in der Lage ist, diese Kette zu durchtrennen, desto näher kommt man einem Leben voller finanzieller Freiheit und einem permanent wachsenden Reichtum.

Hierzu ist es notwendig, seinen mentalen Fokus neu auszurichten. Haben Sie Schulden? Dann überlegen Sie sich bitte einmal, wie es wäre, wenn diese auf einen Schlag verschwunden wären. Wie viel näher wären Sie dann Ihrer finanziellen Freiheit?

Es gibt einen einfachen und doch in bestimmten Fällen harten Prozess, wie man sich seiner unsichtbaren Kette entledigen kann, um wieder frei und selbstbestimmt durchs Leben gehen zu können. Folgende sechs Schritte versetzen Sie in die Lage, finanziell endlich wieder atmen zu können.

Raus aus den Schulden – die unsichtbare Kette durchtrennen

1. Den Kopf nicht in den Sand stecken. Die Schulden offen analysieren und angehen. Es nützt überhaupt nichts, sich selbst zu belügen, oder sich einzureden, dass schon alles gut gehen wird. So ein Wunder gibt es nicht. Schulden reduzieren sich nur, wenn man sie abbezahlt. Und Peter Zwegat kommt eben auch nicht wie der Prinz auf dem weißen Pferd dahergeritten.

2. Drastische Reduzierung der Ausgaben. Fragen Sie sich bei jeder Ausgabe: Brauche ich das wirklich oder will ich es nur haben?

3. Alle freien Ressourcen (Gehalt und sämtliche anderen Einnahmen) in den Abbau der Schulden lenken. Dabei die Kredite mit den höchsten Zinssätzen zuerst angehen.

4. Wenn der erste Kredit abgelöst ist, stehen neue finanzielle Ressourcen zur Verfügung, die nun ebenfalls in den Abbau der restlichen Schulden fließen können.

5. Auf diese Art und Weise einen Kredit nach dem anderen ablösen, bis man schuldenfrei ist.

6. Keine neuen Konsumschulden machen und damit beginnen, Vermögen aufzubauen.

Auf diese Weise ist es möglich, sich aller Schulden zu entledigen, die einen davon abhalten, Reichtum und Wohlstand aufzubauen. Je nachdem, wie hoch die Zinsen und Kreditsummen sind, kann es durchaus ein harter Prozess werden.

Aber es lohnt sich. Schon nach dem ersten Tag, an dem man anfängt, die Ausgaben zu reduzieren und alle Kräfte für den Schuldenabbau zu bündeln, fängt man an reicher zu werden. Denn man ist dabei, die Mentalität des Jägers gegen die des Bauern auszutauschen. Lassen Sie sich nicht mehr von den Verführungen der Medien und der Industrie täuschen und konsumieren Sie nur noch die Dinge, die Sie wirklich brauchen. Wie man dies auch mit viel Lust und Spaß machen kann, zeige ich Ihnen in einem späteren Kapitel.

Zuerst aber wollen wir diese wichtigen Gedanken in zwei weiteren »Denk-dich-reich-Leitsätzen« zusammenfassen. Gerade der erste erscheint so banal und einfach, und so mancher meiner Klienten hat schon darüber geschmunzelt und ihn als vollkommen selbstverständlich abgetan. Aber Sie werden nicht glauben, wie viele Menschen genau über die folgenden Grundregeln im Umgang mit Geld stolpern. Ich habe schon einige sogenannte Top-Manager kennengelernt, die diese einfachen Regeln nicht nur mit Füßen getreten, sondern sie so was von schamlos missachtet haben, dass es schlussendlich in einem finanziellen Desaster und einer starken und stabilen Kette geendet ist. Denn beide Leitsätze sind eng miteinander verknüpft, und wenn man die Regeln des ersten nicht beachtet, dann folgt über kurz oder lang die Konsequenz des zweiten.

> **Denk-dich-reich-Leitsatz Nr. 8:**
> Ich kann nur das ausgeben, was ich vorher einnehme. Ich kann jeden Euro nur einmal ausgeben!

> **Denk-dich-reich-Leitsatz Nr. 9:**
> Konsumschulden sind wie eine Kette, die mich von Reichtum und Wohlstand abhält. Um reich zu werden, muss ich wie der Bauer denken und nicht wie der Jäger!

Die Kraft des Zinseszinses macht die Kette der Verschuldung so verdammt gefährlich. Aber genauso, wie sie in die eine Richtung wirkt, tut sie es auch in die andere. Das heißt, wenn man erst einmal alle Schulden getilgt hat, dann kann man anfangen, sich ein persönliches Vermögen aufzubauen und dabei zusehen, wie es wächst. Anfangs etwas langsam, aber später immer schneller. Doch man muss natürlich aufpassen, dass einem mit steigendem Einkommen Parkinsons Gesetz nicht wieder einen Strich durch die Rechnung macht.

So leid es mir tut, hier hilft nur ein sehr bewusster Umgang mit den eigenen Finanzen sowie eine Menge Disziplin. Denn wenn man nicht in der Lage ist, die volle Kontrolle über sein Geld zu haben, dann bedeutet dies nichts anderes, als dass das Geld die Kontrolle übernommen hat.

Vor allem aber hilft es, den mentalen Fokus neu auszurichten und die Armuts-Blaupause durch eine reiche Variante zu ersetzen. Denn dort liegt der Schlüssel zu allem. Unsere innere Welt manifestiert sich in der äußeren Welt. Je öfter wir reich denken, desto öfter handeln wir auch reich und bilden damit reiche Gewohnheiten. Oder wie der Titel dieses Buches es auf den Punkt bringt: »Denk dich reich!«

Der persönliche Reichtumsanker

»I swear, by my life and my love of it, that I will never live for the sake of another man, nor ask another man to live for mine.«

Ayn Rand, Atlas Shrugged

Es war zu Pfingsten im Jahr 1960. Der achtjährige Uli war völlig verzweifelt. Obwohl am Wochenende das entscheidende Spiel um die Bezirksmeisterschaft zwischen seinem Verein, dem VFB Ulm, gegen den Lokalrivalen TSV 1846 Ulm anstand, musste er auf Anweisung seiner Eltern mit ins Kirchenzeltlager in die Nähe von Memmingen fahren. Er war zwar der beste Spieler und der Toptorjäger der Mannschaft, aber schließlich war er als Ministrant und Mitglied der Jugendgruppe dazu verpflichtet, diese Fahrt mitzumachen. Also fuhr er widerwillig mit. Vor Ort angekommen, versuchte er es mit allem. Er argumentierte, er flehte und er bockte. Aber der Jugendleiter blieb hart und ließ Uli einfach nicht gehen. Also blieb am Ende nur noch eine Möglichkeit übrig. Er musste ausbüxen.

Heimlich schnappte er sich früh am Tag des Spiels sein Fahrrad und radelte die 60 Kilometer lange Strecke von Memmingen nach Ulm. Nach einer langen und anstrengenden Fahrt kam er erst zur Halbzeit an. Da stand es bereits 0:4 für den Gegner. Obwohl er noch ganz verschwitzt und zittrig war, lieh sich Uli von einem Mitspieler ein paar Fußballschuhe und griff zur zweiten Hälfte ins Geschehen ein. Er schoss vier Tore, und der VFB Ulm gewann die Partie noch mit 6:4.

Nachdem der erste Ärger überwunden war, grinste sogar seine Mutter voller Stolz auf ihren Sohn und servierte ihm zur Belohnung seinen so geliebten Erdbeerkuchen.

Von diesem Erlebnis und dem Gefühl von Entschlossenheit und Siegesmentalität erzählt Uli Hoeneß noch heute sehr gerne. Längst ist er der berühmteste Präsident eines Fußballklubs in Deutschland und nebenbei erfolgreicher Unternehmer.[19] Vor allem ist er bekannt für sein Näschen beim Aufspüren von guten Gelegenheiten und möglichen Investitionen. Den Erdbeerkuchen isst er heute noch. »Und jedes Mal, wenn ich diesen einzigartigen Geschmack im Mund habe«, berichtet Hoeneß, »dann bin ich sofort wieder auf dem Platz in Ulm und spüre dieses Gefühl, alles erreichen zu können, wenn man es sich wirklich vorgenommen hat!«

Nachdem wir uns nun sehr ausführlich mit dem größten Hindernis auf dem Weg zum Reichtum beschäftigt haben, wird es Zeit, dass wir den Schalter umlegen und von nun an nur noch nach vorne blicken. Auf Ihre Ziele und Ihre Träume.

Allerdings macht es Sinn, sich auch mit solchen Dingen wie Schulden oder anderen Fallstricken zu beschäftigen, denn die Motivation, die sich aus ihnen ergibt, ist oftmals wesentlich stärker als das reine Ausrichten an einem neuen Ziel.

Dies lässt sich an einem sehr einfachen Beispiel verdeutlichen. Überlegen Sie sich einfach Folgendes: Ihr Chef kommt zu Ihnen und verspricht Ihnen eine Gehaltserhöhung von 50 Prozent, wenn Sie pro Tag zwei Stunden länger bleiben und pro Monat drei zusätzliche Projekte erfolgreich abschließen. Klingt ganz gut, oder?

Nun stellen Sie sich als Gegensatz hierzu Folgendes vor: Ihr Chef kommt wieder zu Ihnen und fordert von Ihnen, dass Sie von nun an zwei Stunden länger pro Tag bleiben müssen und pro Monat drei zusätzliche Projekte erfolgreich abschließen. Sollten Sie nicht einwilligen, dann wird er Sie fristlos kündigen und rausschmeißen.

Welches der beiden »Angebote« wirkt nun motivierender? Gerade wenn es sich um Veränderung handelt, reagieren viele Menschen immer erst dann, wenn der Druck kaum noch auszuhalten ist. Oftmals bedarf es sogar eines Anstoßes von außen, um ins Handeln zu kommen. Dies kann eine Kündigung sein, die Tatsache, dass die Ersparnisse alle sind und man die Miete nicht mehr zahlen kann, oder dass man ein deutliches Signal seines Körper erhält. Bevor es jedoch zu einer solchen Situation kommt, findet man immer wieder Gründe und Ausreden, warum die jetzige Situation eigentlich doch ganz okay ist. Natürlich, sie ist überhaupt nicht zufriedenstellend, aber man weiß ja auch nicht genau, wie die Alternative aussieht. Man hat es sich in der eigenen Komfortzone extrem bequem gemacht und passt sein eigenes Leben immer mehr den äußeren Gegebenheiten an.

Die beiden Formen der Motivation werden auch als »*weg von*« und »*hin zu*« bezeichnet. Man spricht auch von einem sogenannten *Metaprogramm*, also einem übergeordneten Programm, das auf unbewusster Ebene abläuft und unsere Entscheidungsstrategien steuert und beeinflusst, ohne dass wir auf bewusster Ebene eingreifen würden.[20] Von diesen Programmen gibt es eine große Anzahl, und die Ausprägung ist bei jedem Menschen individuell und verschieden.

Im Falle der Motivation gibt es Menschen, die ausschließlich eine negative Sache vermeiden wollen. Die sich mächtig ins Zeug legen, nur um etwas nicht zu bekommen. Dieses negative Etwas ist so emotional aufgeladen, dass der Antrieb riesengroß ist. Auf der anderen Seite gibt es auch solche, die von einem Ziel oder dem möglichen Ausgang eines Plans so magnetisch angezogen werden, dass sie gar nicht anders können, als voller Motivation loszulegen.

Wie man sich nun genau verhält, ist, wie erwähnt, sehr individuell und auch immer kontextabhängig. Es gibt allerdings tatsächlich Menschen, bei denen das Metaprogramm exakt wie ein Uhrwerk arbeitet, und die entweder nur »*weg von*«- oder ausschließlich »*hin zu*«-Entscheidungsstrategien verwenden. Dadurch wird man natürlich extrem unflexibel und das eigene Verhalten sehr voraussehbar. Denn erst, wenn man beide Seiten eines Metaprogramms – in diesem Fall die Motivationsstrategie – elegant anwenden kann, dann ist man in Balance und somit flexibel genug, um auf jede denkbare Situation im Leben gut vorbereitet zu sein. Es ist also wichtig, bei einem Ziel, sowohl die

»hin zu«- als auch die *»weg von«*-Motivation ausreichend bedacht und genutzt zu haben, denn dadurch wird nicht nur das Erreichen des Ziels wesentlich einfacher, sondern es geht meist auch schneller und eleganter.

Im ersten Teil des Buches haben wir uns daher auch sehr ausführlich damit beschäftigt, wichtige Dinge zu durchdenken und in vielen Bereichen des Lebens loszulassen, um die innere Blaupause auf Reichtum und Wohlstand umzuprogrammieren. Doch wenn man loslässt, dann entsteht natürlich zu allererst ein Vakuum. Wenn man nicht selbst bestimmt, womit die entstandene Lücke aufgefüllt werden soll, dann kehren sehr schnell wieder die alten Glaubenssätze, Verhaltensweisen und Konditionierungen zurück und nehmen ihren alten Platz ein. Ich habe Ihnen in den einzelnen Abschnitten bereits viele Hinweise und Impulse gegeben, wie Sie reiche mentale Strategien entwickeln und umsetzen können. Im folgenden zweiten Teil des Buches werden wir den Fokus komplett auf die Zukunft richten. Auf das Erreichen Ihrer Träume und Visionen. Auf ein Leben voller Reichtum, Wohlstand und finanzieller Freiheit.

Doch bevor wir damit beginnen, möchte ich Ihnen noch ein kleines Geschenk machen. Ich möchte Ihnen eine kleine Mentaltechnik zeigen, die Ihnen den Weg einfacher machen wird, und die Sie in jeder Situation im Alltag nutzen und anwenden können.

Ihr persönlicher Reichtumsanker

Kennen Sie das Gefühl, wenn Sie über den Weihnachtsmarkt schlendern, und Ihnen der Duft von gebrannten Mandeln, Zuckerwatte und Bratäpfeln in die Nase steigt? Sofort kommen einem Bilder aus der Kindheit in den Sinn, an die Geborgenheit und die Aufregung vor dem Weihnachtsfest im Kreise der Familie. Oder Sie hören im Radio den Sommerhit aus dem Jahr 2007 und müssen sofort an den Urlaub auf Ibiza denken, in dem Sie diese nette Urlaubsbekanntschaft hatten, mit der Sie … naja, lassen wir das lieber.

Ich könnte Ihnen als Beispiel auch noch das Anschauen eines Fotoalbums nennen. Denn mit jedem Bild laufen in Ihrem Kopf Filme aus der Vergangenheit ab. Und mit ihnen die entsprechenden Gefühle und Emotionen. Manchmal sind diese so intensiv, dass man denkt, man wäre wieder mitten in der Situation drin, obwohl sie vielleicht schon sehr lange her ist.

In solchen Situationen laufen im Gehirn neuronale Prozesse nach dem Reiz-Reaktions-Schema ab. Es ist wie ein im Hintergrund (im Unterbewusstsein) ablaufendes Computerprogramm, das nach einem sehr einfachen Modus handelt:

Immer wenn X passiert, dann reagiere mit Y.

Wir haben übrigens schon öfter von dieser Art von Abläufen in unserem Unterbewusstsein gesprochen, denn man sagt zu diesem Prozess auch Konditionierung.

Der Entdecker dieses Reiz-Reaktions-Schemas war der amerikanische Psychologe Edwin Twitmyer, der im 19. Jahrhundert den Kniereflex untersuchte.[21] In seinen Experimenten schlug er mit einem kleinen Hämmerchen auf die Patella-Sehne seiner Probanden und löste damit ein unbewusstes Zucken des unteren Beines aus. Können Sie selbst einmal ausprobieren, aber seien Sie dabei bitte sanft zu sich selbst. Nach einigen Hundert Wiederholungen war das Unterbewusstsein in Twitmyers Experiment so konditioniert, dass es ausreichte, wenn er nur so tat, als würde er mit dem Hämmerchen zuschlagen, obwohl er tatsächlich kurz vorher abstoppte. Trotzdem zuckte das Bein wieder in gewohnter Weise.

Seine Ergebnisse veröffentlichte Twitmyer in einem Fachartikel, der allerdings kaum wahrgenommen wurde. Nur ein russischer Mediziner namens Iwan Pawlow saugte alles in sich auf und erkannte, welche Qualität von neuen Informationen er dort vorfand. Er entwickelte Twitmyers Ideen weiter und startete seine berühmten Experimente mit Hunden.[22] Dabei konditionierte er das Verhalten während der Fütterung, indem er am Höhepunkt des Speichelflusses mit einer Glocke läutete. Dies machte er so häufig, bis es reichte, nur noch die Glocke zu läuten, ohne dem Hund etwas zu fressen zu geben. Denn dieser war mittlerweile so stark konditioniert, dass der Speichel auch so floss.

Diese klassische Form vom Reiz-Reaktions-Schema begegnet uns täglich in den unterschiedlichsten Lebenssituationen, nämlich immer genau dann, wenn in unserem Gehirn ein Prozess »wenn X, dann Y« abläuft. Klassische Beispiele sind jede Form von Phobie, die mentale Vorbereitung von Leistungssportlern, bestimmte Musikstücke, die ein Gefühl auslösen und natürlich jede Art von sonstigen Gewohnheiten.

Richard Bandler und John Grinder, die in der 1970er-Jahren das Neurolinguistische Programmieren entwickelten, gingen noch einen Schritt weiter.[23] Sie erkannten das Potenzial dieser unbewusst ablaufenden Prozesse und nutzten ihre Erkenntnisse darin, dass sie den Ablauf im Gehirn auf bewusster Ebene modellierten. Die Technik, mit der es möglich ist, ein Reiz-Reaktions-Schema zu implementieren und für das Erreichen von Zielen zu nutzen, nennt man seitdem *Ankern*.

Genau so einen Anker wollen wir uns jetzt auch zunutze machen. Wir werden einen ganz speziellen Reichtumsanker kreieren, der Sie in die Lage versetzen wird, das Gefühl von Reichtum und finanzieller Freiheit jederzeit erleben zu können, und dadurch Ihre neuen und reichen Gewohnheiten schneller und intensiver zu festigen und auszubauen. Hört sich doch gut an, nicht wahr?

Es ist wirklich ganz einfach, denn wir nutzen dazu Strategien und mentale Prozesse, die Sie sowieso jeden Tag unbewusst anwenden. Nur dass wir diese jetzt in eine reproduzierbare Struktur bringen und somit jederzeit zielgerichtet einsetzen können. Das Beste daran: Man benötigt dafür nichts anderes als ein wenig Vorstellungskraft und Fantasie. Glauben Sie mir, Ihr Unterbewusstsein ist phänomenal gut darin, diese beiden Dinge einzusetzen.

Den Reichtumsanker installieren

Machen Sie es sich zu diesem Zweck bitte so bequem wie möglich, und lassen Sie sich für ein paar Minuten nicht stören. Nun denken Sie zurück an Ihre Überlegungen, was Reichtum für Sie bedeutet, und was genau Sie damit verbinden. Stellen Sie sich eine Situation vor, in der Sie genau diesen Reichtum im Überfluss zur Verfügung hatten oder haben. Schmücken Sie diese Situation ruhig hemmungslos aus. Schließlich ist es Ihre Fantasie, und dem Gehirn ist es vollkommen egal, ob man etwas tatsächlich erlebt hat, oder ob man es sich nur vorstellt. Die Synapsen werden genau gleich gebildet und die Neurotransmitter ebenso vielfältig ausgeschüttet. Lassen Sie die Erfahrung so reich wie möglich werden, indem Sie einen bunten Film vor Ihrem geistigen Auge ablaufen lassen und ihn so detailliert wie möglich kreieren. Schauen Sie genau hin, wo Sie sich befinden. Sind Sie drinnen oder draußen? Ist es Tag oder Nacht? Was tun Sie? Mit wem sind Sie zusammen? Machen Sie die Situation so realistisch wie möglich, und ändern Sie so viele Dinge wie nötig, bis der Film Ihrer perfekten Vorstellung von Reichtum so nahe wie möglich kommt.

Achten Sie nun genau darauf, was Sie in diesem Bild oder Film zu sich selbst und anderen sagen (falls andere Menschen in dieser Situation dabei sein sollten). Achten Sie auf die Geräusche um sich herum. Von wo kommen die Töne? Sind sie laut oder leise? Lassen Sie alles in 7.1. Dolby-Digital-Sound ablaufen. Und probieren Sie doch einmal aus, ob es einen Unterschied macht, wenn Sie ein ganz bestimmtes Musikstück unter den Film legen. Eines, das Ihnen gerade jetzt in den Sinn kommt.

Welcher Geruch bestimmt die Situation? Wie intensiv können Sie ihn wahrnehmen? Achten Sie bitte noch auf etwas anderes. Es gibt Millionen von verschiedenen Geschmäckern auf dieser Welt, aber nur einer davon passt zu dieser ganz bestimmten Situation, in der Sie Ihren ganz persönlichen Reichtum in vollen Zügen genießen. Wo auf der Zunge spüren Sie ihn? Welche Geschmackspartikel können Sie am deutlichsten wahrnehmen, und welche anderen sind wiederum nur sehr vage da?

Nachdem Sie die Situation noch einmal so realistisch wie möglich gemacht haben, die Stimmen und Geräusche in vollen Zügen genießen und auch den Geschmack und den Geruch so intensiv wie möglich wahrnehmen, möchte ich, dass Sie richtig in den Film reingehen. Schauen Sie aus Ihren eigenen Augen heraus und lokalisieren Sie das Gefühl, das mit der Zeit immer intensiver wird. Spüren Sie nach, wo in Ihrem Körper es seinen Ursprung hat und in welche Richtung es sich bewegt. Welche Form hat es? Und welche Farbe?

Nun lassen Sie das Gefühl intensiver werden. Wenn es sich dreht, dann lassen Sie es schneller drehen. Falls es pulsiert, dann erhöhen Sie den Takt. Spüren Sie gleichzeitig, wie das Gefühl von Reichtum und finanzieller Freiheit immer stärker und motivierender wird. Wie es wie eine wohlig warme Welle durch Ihren Körper schwappt. Stärker und stärker. Sie fühlen den Reichtum mit jeder Faser Ihres Körpers und genießen jede Sekunde davon.

Wenn das Gefühl seinen Höhepunkt erreicht hat, dann möchte ich Sie bitten, eine bestimmte Bewegung auszuführen, die Sie an diese Situation erinnert, oder die Sie in Ihrem Film von Reichtum gerade ausführen. Das kann das Ballen einer »Becker-Faust« (oder moderner, die »Jürgen-Klopp-Säge«) sein, das Hochreißen der Arme, das Zählen von Geld, der Sprung in den erfrischenden Pool, oder was für Sie auch immer eine Siegerbewegung ist. Wichtig ist, dass diese Bewegung stellvertretend für diese Situation steht. Wenn Sie eine Passende gefunden haben, dann lassen Sie diese so klein werden, dass Sie die verkleinerte Bewegung in jeder denkbaren Alltagssituation machen können. In einer Besprechung, im Büro, in der S-Bahn, beim Bäcker, einfach überall. So könnte aus der großen Bewegung einer »Becker-Faust« eine viel kleinere werden, in der man nur noch zwei Finger aneinander reibt. Oder aus dem nach oben Reißen beider Hände das leichte Anheben des Zeigefingers. Seien Sie kreativ und spüren Sie nach, wie die kleinere Bewegung das gleiche intensive Gefühl in Ihnen auslöst, wie die große.

Wenn Sie etwas Passendes gefunden haben, dann lösen Sie die Bewegung ein paar Mal aus und lassen Sie dabei gleichzeitig das Gefühl von Reichtum und Wohlstand immer intensiver werden.

Parallel lassen Sie sich jetzt noch ein besonderes Reichtums-Kennwort oder einen ganzen Satz einfallen, der Sie ebenfalls an dieses unbeschreibliche Gefühl erinnern wird. Sie können dieses Wort oder diesen Satz laut aussprechen oder einfach nur denken. Passen Sie Ihre Tonlage und die Lautstärke so lange an, bis es passt. Dann wiederholen Sie Ihr persönliches Reichtums-Kennwort immer und immer wieder, während Sie gleichzeitig Ihre Bewegung machen und sich dem Gefühl des Reichtums hingeben.

Das fühlt sich verdammt gut an, nicht wahr? Wie ich bereits erwähnte, macht unser Gehirn überhaupt keinen Unterschied, ob man eine Situation tatsächlich erlebt, oder ob man sie sich nur vorstellt. Das bedeutet nichts anderes, als dass Sie mit jedem Auslösen Ihres neuen Reichtumsankers Ihrem persönlichen Traum von Reichtum immer näher kommen.

Je häufiger Sie diese Verknüpfung von Bewegung, Kennwort und dem Gefühl von Reichtum und Wohlstand etablieren, desto intensiver und nachhaltiger wird die unbewusste Konditionierung sein. Je intensiver das Gefühl dabei ist, desto wirkungsvoller ist auch der Anker. Dieser wird von nun an wie ein Computerprogramm nach der Formel »Wenn X passiert, dann reagiere mit Y« arbeiten. Oder konkreter formuliert: »Immer, wenn die Bewegung und/oder das Kennwort ausgelöst wird, dann schütte so viele Neurotransmitter aus, dass es zu einem wundervoll intensiven Gefühl von Reichtum und finanzieller Freiheit kommt.«

Das Unterbewusstsein weiß nun, in welche Richtung es arbeiten soll, und wird alles dafür tun, dieser Idealsituation und dem zugehörigen Gefühl näherzukommen. Die Bewegung und ihr Kennwort sind der Auslöser für diese neue Konditionierung. In kurzer Zeit hat Ihr Gehirn neue Synapsen gebildet und ein unbewusstes Programm installiert, das von nun an zuverlässig im Hintergrund läuft. Immer, wenn Sie von nun an Ihre Bewegung machen und Ihr Kennwort sagen, dann werden Sie dieses unbeschreibliche Gefühl spüren und wieder in Ihrer Reichtums-Situation drin sein.

Testen Sie Ihren neuen Reichtumsanker einmal. Denken Sie an ein paar Situationen in Ihrer Zukunft, in denen Sie an unterschiedlichen Orten mit unterschiedlichen Personen zusammen sind. Stellen Sie sich vor, wie Sie in dieser Situation Ihre Bewegung machen und Ihr Kennwort sagen. Achten Sie auf das Gefühl von Reichtum, und was nun anders ist.

Um den Anker so richtig gut und nachhaltig werden zu lassen, empfiehlt es sich, von nun an jeden Tag ein paar Mal die Bewegung zu machen und das Kennwort zu sagen oder zu denken. Denn Wiederholung ist die Mutter allen Lernens und mit jedem Mal Auslösen wird Ihr Reichtumsanker stärker und zuverlässiger werden. Er wird Ihnen eine große Hilfe sein, wenn wir uns nun gemeinsam auf den Weg in Ihre neue Zukunft machen. Eine Zukunft voller Reichtum und finanzieller Freiheit.

Teil 2:
Reich werden. Reich leben.
Reich sein.

Der Reichtums-Kompass

»Du bist der Kompass, wenn ich mich verlier' du legst dich zu mir, wann immer ich frier'. Im tiefen Tal, wenn ich dich rufe' bist du längst da.«

Ich & Ich, Pflaster

Wenn ich entspannen möchte, lege ich mich häufig in meine Hängematte im Garten und lausche dem Plätschern des Wasserfalls, der unseren Teich mit frischem Wasser versorgt. Dabei lese ich meist ein gutes Buch oder denke über neue Geschäftsideen und Projekte nach. Besonders gerne lese ich Biografien erfolgreicher Menschen, egal ob diese aus dem Bereich des Sports, der Musik oder der Wirtschaft kommen. Auch wenn diese Bücher oft mit Skandalen oder großen Lebenskrisen gespickt sind, so sind es alles in allem riesige Erfolgsgeschichten, die erzählt werden. Und eines hat mich bei diesen Geschichten immer besonders fasziniert: Es gibt eine Art Erfolgsformel, die alle diese Menschen unabhängig voneinander angewandt haben. Sie alle haben irgendwann in ihrem Leben einmal die Entscheidung getroffen, aus ihrem Leben etwas Besonderes zu machen und nicht im Mittelmaß zu versinken. Sie wollten alle reich und erfolgreich werden. Diese Entscheidung war von dort an eine Art Fix- und Angelpunkt, an dem sich alles andere ausrichtete und an dem sie sich fortan orientierten.

John Michael Osbourne war ein Arbeiterkind, das in den 1950er-Jahren in sehr armen Verhältnissen in Birmingham, England, aufwuchs. Aber schon seit er denken konnte, nannten ihn alle immer nur Ozzy. Wie es damals so üblich war, musste er schon früh anfangen, Geld zu verdienen, um die Familie zu unterstützen und über die Runden zu bringen. Nach einigen erfolglosen Hilfsjobs (unter anderem im Schlachthof) folgte er dem Rat seiner Eltern, die ihm rieten, einen vernünftigen Beruf zu lernen, damit er es im Leben zu etwas bringen würde. So kam es, dass Ozzy in einer Fabrik zum Facharbeiter ausgebildet werden sollte: zum Autohupenstimmer.

In der Retrospektive beschreibt Osbourne die Motivation seiner Eltern so:

»Damals dachten die, du nimmst das bisschen Bildung mit, das du ergattern kannst, du lernst einen Beruf und bekommst eine Scheißarbeit, auf die du gehörig stolz bist, obwohl es eine Scheißarbeit ist. Und diese Scheißarbeit machst du dann für den Rest deines Lebens. Diese Scheißarbeit bedeutet dir einfach alles.«[24]

So fing er also an, Autohupen zu stimmen, saß am Fließband, nahm sich eine Hupe, stimmte sie mit dem Schraubenzieher und testete sie. Dann kam die nächste Hupe. Der gleiche Handgriff mit dem Schraubenzieher. Wieder das Stimmen. Dann die nächste Hupe. Den ganzen Tag, immer das Gleiche. Die Arbeit war so stupide, laut und eintönig, dass er fürchtete, wahnsinnig zu werden. Nach ein paar Wochen beschloss er, den Arbeiter neben sich ein wenig auszufragen.

»Wie lange bist du schon hier?«, fragte Ozzy.

»Hör auf zu flüstern, mein Junge«, brüllte dieser als Antwort. Denn anscheinend war er vor lauter Hupen mittlerweile taub geworden. Also wiederholte Ozzy die Frage noch einmal, diesmal jedoch wesentlich lauter.

»Wie lange bist du schon hier?«

»29 Jahre und sieben Monate. Und weißt du, was das Beste daran ist? In fünf Monaten krieg ich meine goldene Uhr, dann bin ich genau 30 Jahre hier!«

Der Gedanke, der dem späteren Superstar damals als Erstes in den Sinn kam, war, dass die Russen lieber eine Bombe auf die Fabrik werfen sollten, bevor er 30 Jahre in diesem Raum verbringen müsste. Und dann sagte er zu seinem Kollegen:

»Wenn du unbedingt eine goldene Uhr haben willst, dann hättest du beim Juwelier eine klauen sollen. Selbst wenn sie dich erwischt hätten, hättest du höchstens ein Zehntel der Zeit abgesessen, die du in diesem Loch hier zugebracht hast.«

Dann verließ er wortlos seinen Arbeitsplatz und konzentrierte sich auf die eine Sache, die ihm wirklich Freude bereitete: die Musik. Und die machte ihn zu einem reichen Mann. Gemeinsam mit Tony Iommi und Geezer Butler gründete er die Band Black Sabbath und damit eine Band, welche die gesamte Rockmusik prägen sollte. Auch als Solo-Künstler wurde er zum Weltstar und spätestens in den 1990er-Jahren kannte ihn jedes Kind, als er mit seiner Familie auf MTV in der ersten Realitysoap überhaupt mit Namen »Die Osbournes« mitspielte und einem Millionenpublikum Einblicke in sein Privatleben gab.

Auch wenn er während seiner Karriere viele Tiefschläge und Krisen durchleiden musste, so lebte er doch immer seinen Traum und tat das, was er tun wollte, und was ihm Spaß und Freude bereitete. Wenn man ihn heute fragt, was ihn über einen so langen Zeitraum motiviert hat, dann erzählt Ozzy Osbourne gerne, dass ihn die Geschichte mit der goldenen Uhr in seinem Leben oft gerettet hat.

Denn immer wenn er einmal daran zweifelte, ob er noch auf dem richtigen Weg sei, immer dann, wenn es zu Krisen und Rückschlägen kam, tauchte vor seinem geistigen Auge das riesengroße Bild einer goldenen Uhr auf und erinnerte ihn schlagartig an die Zustände in der Autohupenstimmer-Fabrik und wie sein Leben vielleicht geworden wäre, wenn er dort geblieben wäre.

Jetzt ist die Story aus der Autohupenstimmer-Fabrik mit Sicherheit sehr extrem, aber das Bild der goldenen Uhr erscheint regelmäßig auch vor meinem geistigen Auge, wenn ich mich mit Freunden, Bekannten und vor allem Klienten über ihren Job unterhalte. Oder sollte ich sagen, über ihren ungeliebten Job? Denn tatsächlich ist es doch so, dass die meisten Menschen in ihrem Beruf irgendwie hineinrutschen und dann für eine lange Zeit, meist ihr ganzes Leben, in dem Hamsterrad gefangen sind, das sie täglich immer wieder selbst antreiben.

Robert Kiyosaki erzählt gerne die Geschichte von den zwei Vätern, mit denen er als kleiner Junge auf Hawaii aufgewachsen ist.[25] Der »arme« Vater war sein leiblicher. Er war Lehrer und impfte ihm schon früh die Maxime ein, dass es wichtig sei, hart zu arbeiten, einen Beruf zu lernen und dann in einem guten Unternehmen unterzukommen. Der »reiche« Vater war eigentlich nur ein Freund, gab ihm aber andere, zielführende Ratschläge. Er riet ihm beispielsweise, so viel wie möglich zu lernen, damit er eines Tages ein gutes Unternehmen gründen oder kaufen könne.

Beide Männer waren anständig und rechtschaffend, aber ihr größter Unterschied lag in ihrem Denken, in ihrem mentalen Fokus. Beide zahlten ihre Rechnungen immer pünktlich, aber der eine zahlte seine Rechnungen immer sofort und der andere so spät wie möglich.

Der arme Vater sagte, er sei nicht reich, weil er Kinder habe, und verbat sich das Thema Geld beim Abendessen. Wenn es sich um monetäre Angelegenheiten handelte, ging er immer auf Nummer sicher und scheute das Risiko. Er glaubte fest daran, dass sich seine Firma oder der Staat um ihn kümmern würden, und machte sich permanent Sorgen um Gehaltserhöhungen, Krankenversicherungsbeiträge, seine Rente und freiwillige Leistungen seines Arbeitgebers. Die Vorstellung, einen festen und sicheren Arbeitsplatz zu haben, der ihm diese Leistungen einbrachte, war ihm wichtiger als die eigentliche Arbeit. Einer seiner permanent wiederholten Sätze war der, dass er »nie reich werden würde«. Diese sich selbst erfüllende Prophezeiung sollte auch genau so eintreten.

Der reiche Vater war anders. Er sagte, dass er reich sein müsse, weil er Kinder habe und für sie bestmöglich sorgen wolle. Er redete viel, gerne und bei jeder Gelegenheit über Geld und lernte, mit den Risiken umzugehen, die Investitionen mit sich brachten. Vor allem aber glaubte er an seine vollkommene finanzielle Selbstständigkeit und gab die Verantwortung für sein Leben und für seinen Reichtum nicht an andere ab. Er bezeichnete sich selbst als reich und stolperte immer wieder über die besten Gelegenheiten für neue Geschäfte.

Kiyosaki entschied mit neun Jahren, dass er lieber auf seinen reichen Vater hören würde und sich von ihm den Umgang mit Geld beibringen lassen wollte. Das war eine gute Wahl. Denn wenn man reich werden möchte, dann sollte man sich als Mentor immer solche Menschen suchen, die es selbst schon geschafft haben. Oder würden Sie sich von jemandem das Kochen beibringen lassen, der zwar schon ein paar Kochbücher gelesen hat, aber bisher eine Küche noch nie betreten hat, sondern sie nur aus dem IKEA-Katalog kennt? Sehen Sie, und so ist es auch beim Thema Reichtum.

Raus aus dem Hamsterrad

Nicht jeder hat das Glück, schon in jungen Jahren einen solchen Mentor zu haben, der einem früh die Weichen auf Reichtum und eine entsprechende innere Blaupause stellt. So kommt es eben, dass die meisten Menschen hart für ihr Geld arbeiten, während die Reichen ihr Geld für sich arbeiten lassen, während sie Dinge tun, die ihnen wirklich Spaß machen, und die ihr Herz mit Freude erfüllen. Wenn Sie jetzt gerade darüber nachdenken, was dies bei Ihnen wäre, dann legen Sie diesen Gedanken bitte noch für einen Moment beiseite, denn wir werden ihn in einem späteren Kapitel noch einmal intensiv aufgreifen.

Wenn ich morgens meine Tochter zur Schule bringe, dann sehe ich schon zu dieser frühen Zeit eine ganze Schar von hektischen Menschen, die in moderner Uniform – also Anzug, Schlips und Kragen – durch die Straßen hetzen, um die S-Bahn oder den Bus noch zu erwischen, der sie dann mehr oder weniger schnell zur Arbeit bringt. Meist eher weniger schnell, denn zumindest in Berlin ist zur Rushhour so gut wie kein Durchkommen im Verkehr. In der Firma verbringt der moderne Arbeitsmensch dann seinen Tag und häufig auch noch einen Teil des Abends. Denn wenn man es zu etwas bringen möchte, dann wird heute natürlich auch ein überdurchschnittlicher Einsatz erwartet. Das heißt in der Sprache der Vorgesetzten leider nicht mehr Qualität, sondern vor allem längere Anwesenheit. Bei vielen erfolgreichen Arbeitnehmern sind daher 10 bis 14-Stunden-Tage keine Seltenheit. Abends dauert der Heimweg dann auch noch mal bis zu einer Stunde, und wenn man denn endlich zu Hause ist, fühlt man sich so kaputt und erschöpft, dass es meist nur noch zu einem kurzen Abendessen reicht, bevor man müde ins Bett fällt.

Am nächsten Tag geht es wieder von vorne los. Am übernächsten wieder. Man funktioniert einfach, und das meist ohne großen Sinn. Es ist einfach so, wie es ist. Weil man schon längst vergessen hat, wann es angefangen hat. Es ist auch längst zur Normalität geworden, die man nicht groß hinterfragt. Der gleiche, frustrierende Trott tagein, tagaus. Man besitzt zwar ein tolles Haus und hat eine wundervolle Familie, merkt aber wenig davon, weil man ja so viel arbeitet. Ein richtiges Sozialleben findet aus naheliegenden Zeitgründen meist auch nur in der Firma statt. Von Hobbys oder anderen Dingen, die Spaß machen, will ich erst gar nicht sprechen. Wenn überhaupt, dann ist das Wochenende für diese kostbaren Momente der Lebensfreude reserviert. Man verbringt also von

Montag bis Freitag seine Zeit in der Firma, um dann am Samstag und Sonntag endlich leben zu können. Deshalb hofft man natürlich bereits am Montag, dass die Woche möglichst schnell zu Ende geht, damit das eigentliche Leben am Wochenende gelebt werden kann. Allerdings kann man es auch nicht so wirklich genießen, weil man bereits am Samstagmittag wieder daran denkt, dass der Montag ja schon vor der Tür steht.

Aber macht das überhaupt Sinn? Fünf Tage in der Woche zu »verschwenden«, nur um an zwei Tagen am Wochenende ein wenig »richtig leben« zu können? Schalten Sie mal das Radio ein. Ich verspreche Ihnen, egal welchen Sender Sie wählen, Sie werden genau diese Programmierungen Woche für Woche immer und immer wieder hören: »Mist, schon wieder Montag. Also lieber Hörer, auf geht's, nur noch fünf Tage, dann haben wir diese Woche auch wieder geschafft, und es ist endlich Wochenende!«

Wäre es da nicht viel sinnvoller, man würde einen Job haben, der einem so viel Spaß macht, dass man ihn sieben Tage in der Woche gerne macht? Der jeden Tag zum Wochenende werden lässt? Ich zeige Ihnen später, wie Sie für sich herausfinden können, wie genau ein Beruf für Sie aussehen muss, damit jeder Tag zu einem ausgefüllten Tag voller Freude und Zufriedenheit wird. Es ist einfacher, als Sie vielleicht glauben.

Wahrscheinlich fragen Sie sich auch schon die ganze Zeit, warum ich über diese Dinge so gut Bescheid weiß? Die Antwort ist ganz einfach, ich kenne das Leben in einem solchen Hamsterrad vor allem von mir selbst und habe Jahre damit verbracht, mir mein persönliches Rad und meine Komfortzone so gemütlich und schön herzurichten, während ich immer schneller und schneller gelaufen bin. Ich hatte eine klassische Karriere hinter mir. BWL-Studium, Trainee-Programm in einem großen Unternehmen und schneller Aufstieg in jungen Jahren. Schon früh bekam ich ein hohes Gehalt und konnte mir erste Annehmlichkeiten leisten. Ich hatte eine schicke Wohnung, trug teure Klamotten, fuhr einen repräsentativen Dienstwagen mit viel PS und nutzte meinen knappen Urlaub, um an die schönsten Orte dieser Welt zu reisen. Aber so richtig glücklich war ich nie. Aber ich redete mir damals ein, dass es erst einmal Zeit für meine Karriere sei. Das Leben genießen konnte ich ja später auch noch. Und so war ich drin in meinem persönlichen Hamsterrad. Gefangen in einem goldenen Käfig, den ich mir selbst gebaut und eingerichtet hatte. Ich arbeitete meist sechs Tage die Woche und war in der Firma morgens der Erste, der kam, und abends der Letzte, der ging. Erstaunlich war jedoch, dass meine Unzufriedenheit mit der Situation in dem Maß wuchs, in dem ich die Karriereleiter emporstieg. Denn während meine wenigen Freunde zum Strand fuhren, einen Ausflug machten, oder sich zum Grillen im Garten trafen, war ich immer arbeiten und beruflich unterwegs. Wenn ich nicht auf Dienstreise war, verbrachte ich bis zu 15 Stunden im Büro. Hinzu kam noch die Hin- und Rückfahrt, die auch meist mehr als eine Stunde dauerten. Irgendwann war es so weit, dass ich mehr Zeit mit meiner Sekretärin verbrachte als mit meiner Freundin (und ja, ich meine das natürlich rein beruflich). Das Schlimmste an dieser Situation war jedoch, dass diese Art von Leben für mich zur Normalität geworden war.

Nur ganz langsam bekam ich mit, dass etwas nicht stimmte. Es war ein ganz bestimmtes Gefühl in der Bauchgegend. Denn wirklich glücklich war ich nicht. Ich hatte zwar eine anspruchsvolle Position, viel Verantwortung, reiste viel und konnte auch vom süßen Saft der Macht kosten, aber tief in meinem Inneren spürte ich auch, dass da noch mehr sein müsste. Aber da mein Hamsterrad, meine persönliche Komfortzone so ungemein bequem eingerichtet war, verdrängte ich diesen Gedanken immer wieder.

Gerade, wenn ich wieder einmal darüber nachdachte, endlich mein Leben zu ändern, wurde ich wieder befördert, bekam eine Gehaltserhöhung oder einen neuen, schnelleren Dienstwagen. Im Nachhinein ist mir völlig klar, dass diese Dinge nur eine Art Schmerzensgeld waren, und dass ich mir meine Träume und Ziele habe abkaufen lassen. Also rannte ich eben weiter im Hamsterrad. Zwar auf einer höheren Stufe, aber ich rannte. Mit noch schnellerem Tempo und noch mehr Ehrgeiz. Bis zu besagtem Freitag, als ich auf der Autobahn zwischen Hamburg und Berlin die Entscheidung traf, die mein Leben auf den Kopf stellen sollte. Denn wie das mit starken Sehnsüchten und Träumen so ist, sie kehren immer wieder.

Auf einmal wurde alles ganz einfach. Ich hatte ein entscheidendes Puzzleteil gefunden, was mir bisher fehlte und mich davon abgehalten hatte, ein reiches Leben zu führen. Mich von Chancen und Möglichkeiten leiten zu lassen, anstatt mich von Ausreden und Gründen aufhalten zu lassen. Ich hatte das »Warum« meines Weges gefunden. Den entscheidenden Grund, weshalb ich überhaupt reich sein und mein Leben ändern wollte.

Doch wie war ich dahin gekommen? Ich hatte irgendwo auf einem Seminar von der sogenannten Work-Life-Balance gehört. Als ich dieses Konzept auf mein eigenes Leben angewandt habe, stellte ich schnell fest, dass ich von einer Balance so weit entfernt war, wie es nur ging. Denn für mich gab es in erster Linie nur die Arbeit – mein schönes, gemütliches Hamsterrad. Dabei hatte ich so viele Interessen und Hobbys, die ich alle im Laufe der Jahre entweder zurückgeschraubt oder ganz aufgegeben hatte, einfach weil mir die Zeit dazu fehlte. Außerdem hatte ich so viele Ideen und Projekte im Kopf, die bisher nur als Pläne in der Schublade existierten, und darauf warteten, endlich in die Tat umgesetzt zu werden.

Vor allem aber war ich gerade Vater geworden. In dem Moment, in dem ich meine kleine Tochter zum ersten Mal in den Armen hielt, wurde mir bewusst, was wirklich wichtig ist im Leben. Es war wie ein heftiger Schlag mit dem »Baseballschläger der Liebe«. Aber der saß. Und er traf nicht meinen Intellekt, sondern meine Intuition, ging also über mein Herz direkt ins Unterbewusstsein. Seitdem schwirrte mir ein Gedanke im Kopf herum: Wofür arbeite ich so viel, wofür verdiene ich all das Geld, wenn ich keine Zeit habe, das Leben mit den Menschen zu verbringen, die mir am meisten bedeuten? Wie im Film *Inception* mit Leonardo DiCaprio hatte sich dieser Gedanke in mir eingenistet. Anfänglich nur ganz zaghaft. Aber mit der Zeit wurde er immer intensiver. Bis er irgendwann so groß wurde, dass ich zu meinem Chef ging und meine Kündigung einreichte.

Dieser Moment war unbeschreiblich befreiend. Wenn auch viele meiner Kollegen und Bekannten nicht verstehen konnten, wie man ein vermeintlich so schönes und erfolgreiches Leben aufgeben konnte, fühlte ich mich frei. Ich war auf einmal ausschließlich auf mein Können, meine Talente und meine Fähigkeiten angewiesen. Vor allem aber hatte ich mit dieser Entscheidung mich selbst gezwungen, sie endlich auch einzusetzen. Ich gründete mein eigenes Unternehmen und machte das, was ich gut konnte. Ich holte meine Träume und Visionen endlich aus der Schublade heraus und begann, sie umzusetzen. Ich machte meine Berufung zum Beruf. Ich hätte nie gedacht, wie einfach es sein kann. Erst im Rückblick wurde mir klar, warum alles so kommen musste.

Ich hatte diesen Schritt so lange hinausgezögert, weil ich es mir in meiner Komfortzone so richtig bequem gemacht hatte. Ich fühlte mich zwar, als ob ich goldene Handschellen tragen würde, aber mein pseudo-reicher Lebensstil wollte ja auch irgendwie finanziert werden. Gemäß meiner damaligen armen Blaupause suchte ich also nach Gründen, warum die Zeit einfach noch nicht gekommen war, und warum mein Job eigentlich doch ganz gut war. Natürlich muss es nicht erwähnt werden, dass ich reichlich Beweise fand. Vor allem aber hatte ich zu lange das Problem, dass ich zwar ziemlich unzufrieden war, aber überhaupt nicht wusste, was ich denn stattdessen machen sollte. Bis mir klar wurde, dass ich überhaupt nicht wusste, warum und wofür ich etwas ändern sollte, um als Ergebnis daraus ein Leben voller Reichtum und finanzieller Freiheit zu führen.

Aus dieser Erfahrung folgt der vielleicht wichtigste »Denk-dich-reich-Leitsatz« dieses Buches.

Denk-dich-reich-Leitsatz Nr. 10
Wenn ich das »Warum« auf meinem Weg zum Reichtum kenne, dann folgt das »Wie« ganz automatisch!

Statt *Warum* können Sie auch *Wofür* einsetzen. Aber stellen Sie sich bitte genau diese Frage:

Warum will ich reich werden?

Nehmen Sie sich wieder ausreichend Zeit für die Beantwortung, und schreiben Sie alles in Ihr Erfolgsjournal. Die Antworten werden der Schlüssel für Ihren zukünftigen Reichtum sein. Wenn Sie damit fertig sind, dann möchte ich Sie zu einer Übung einladen, die nicht nur mein eigenes, sondern auch schon Hunderte anderer Leben nicht nur beeinflusst, sondern oftmals auch entscheidend verändert hat. Ich mache sie regelmäßig mit meinen Klienten und Seminarteilnehmern und bin immer wieder begeistert, welche Resultate aus diesem kleinen Gedankenexperiment entstehen. Das Ergebnis dieser Übung wird gemeinsam mit Ihren Notizen von eben das Fundament für Ihre finanzielle Freiheit und ein Leben voller Reichtum und Wohlstand sein. Das Ganze erfordert ein wenig Zeit und Aufwand, aber ich kann Ihnen versprechen, dass es sich mehr als lohnen wird.

Übung – der Reichtums-Kompass

Ein Kompass ist das wichtigste Werkzeug eines Seefahrers. Denn wenn man nicht weiß, in welche Richtung man segeln will, dann ist jeder Hafen der richtige – oder der falsche. Mit Reichtum ist es sehr ähnlich. Wir werden daher mit dieser Übung einen Kompass installieren, der auf unbewusster Ebene seinen Dienst tut und sämtliche Handlungen auf Ihre ganz persönliche Vision von Wohlstand ausrichten wird. Dabei geht es vor allem darum, Vertrauen zu sich selbst auf- und auszubauen. Denn nicht umsonst sind die Worte *Selbstvertrauen* und *Selbstbewusstsein* aus folgenden Silben zusammengesetzt:

(Sich) – Selbst – Vertrauen

(Sich) – Selbst – Bewusst – Sein

Genau davon werden Sie mehr bekommen. Wenn Sie die Übung gründlich und mit einer hohen Motivation durchführen, dann werden noch weitere erstaunliche Dinge geschehen. Sie werden Kontakt zu Ihrem inneren Kern bekommen. Dabei werden Werte und Überzeugungen an die Oberfläche gelangen, die als tiefe Sehnsüchte und ideale Vorstellungen von Reichtum und einem freien Leben tief in Ihrem Unterbewusstsein geschlummert haben. Je detaillierter Sie die Aufgabe angehen, desto emotionaler wird sie werden. Aber auch wirkungsvoller. Denken Sie also an den Marshmallow. Ein wenig mehr investierte Zeit wird sich schlussendlich vielfach auszahlen.

Und hier ist die Aufgabe:

Kreieren und beschreiben Sie ihren typischen, perfekten Tag!

Kennen Sie den Film *Täglich grüßt das Murmeltier* mit Bill Murray, in dem er den gleichen Tag immer und immer wieder erlebt? Stellen Sie sich bitte vor, dass auch Sie von nun an immer wieder den gleichen Tag erleben würden. Wie würde ein solcher Tag für Sie aussehen, wenn alles vollkommen perfekt wäre, und Sie ganz genau bestimmen könnten, was Sie von früh bis spät tun, mit wem Sie zusammenleben und an welchem Ort Sie sich aufhalten würden?

Entscheidend dabei ist, dass es sich um einen perfekten Alltag handeln muss, also nicht um ein besonderes Highlight-Erlebnis, sondern um einen typischen

Tag, den Sie immer und immer wieder leben wollten, einfach weil er so perfekt und schön ist.

Machen Sie sich ein paar Gedanken, und dann beginnen Sie zu schreiben. Benutzen Sie aber unbedingt einen hochwertigen Stift und Ihr Erfolgsjournal. Auch wenn es heutzutage sehr bequem ist, mit einem Laptop oder einem Computer zu arbeiten, so ist die Wirkung doch wesentlich höher, wenn Sie Ihren perfekten Tag per Hand sauber zu Papier bringen.

Nehmen Sie Kontakt zu Ihrem inneren Kern auf und überlegen Sie sich, wie ein perfekter Tag aussehen könnte, wenn Sie von nun an nur noch diesen einen Tag leben könnten. Immer wieder. Genau wie im Film *Täglich grüßt das Murmeltier.*

Nun kommt etwas sehr Wichtiges. Fangen Sie so richtig an zu träumen. Tun Sie so, als ob Sie bereits reich wären. Denn beim Design Ihres perfekten Tages gibt es keine Einschränkungen bezüglich Geld, Gesundheit oder dem Ort, an dem Sie sich befinden. Wenn Sie gerne in einer Villa auf den Malediven leben würden, dann schreiben Sie dies auf. Wenn Sie davon träumen, Husky-Touren in Lappland anzubieten, dann ist dies in dieser Übung möglich. Träumen Sie groß und ohne irgendwelche Barrieren. Denn schließlich wäre dies ein Tag, den Sie jeden Tag aufs Neue leben würden, weil er so verdammt schön und lebenswert ist.

Achten Sie auch genau darauf, mit welchen Menschen Sie Ihren perfekten Tag gemeinsam verbringen wollen. Allerdings darf nichts, was Sie an diesem Tag tun, andere physisch oder emotional verletzen.

Ebenso sollten Sie auf außergewöhnliche, einmalige Ereignisse verzichten. Denn es soll ein typischer Alltag sein. Erlebnisse wie die Besteigung des Mount Everest, eine Reise in einem Space Shuttle oder die Liebesnacht mit Heidi Klum und 20 weiteren Topmodels gehören nicht dazu.

Nehmen Sie sich Ihren Lieblingsstift und beginnen Sie, Ihren persönlichen perfekten Tag zu kreieren. Lassen Sie sich Zeit, denn je detaillierter und spezifischer Sie die einzelnen Elemente des Tages beschreiben, desto eher werden Sie mit Ihrem wahren Kern in Berührung kommen. Achten Sie auf jedes noch so kleine Teil und vor allem auf Ihre damit verbundenen Gefühle.

Als kleine Unterstützung werde ich Ihnen noch einen Leitfaden geben, an dem Sie sich orientieren können:

Schritt 1: Das WO

Beschreiben Sie Ihren typischen, perfekten Tag so detailliert wie möglich. Versuchen Sie dabei, alle Beschreibungen so spezifisch wie möglich zu gestalten. Ihre Umgebung muss nicht die sein, in der Sie gerade leben. Es ist die perfekte, die idealtypische Umgebung, auf die sich Ihr Unterbewusstsein ausrichten und bewegen soll.

Beispiel: »Ich befinde mich in meinem Strandhaus in Malibu, Kalifornien. Mein großes Schlafzimmer mit Meerblick hat eine große Fensterfront. Draußen stehen zwei große Palmen, deren Grün sich in der aufgehenden Sonne spiegelt.«

Schritt 2: Das WAS

Beschreiben Sie genau und Schritt für Schritt, was Sie an diesem Tag tun. Benutzen Sie dazu die Ist-Form. Schreiben Sie also nicht auf, was Sie tun könnten oder möchten, sondern formulieren Sie es so, als ob Sie es gerade in dem Moment tun. Machen Sie dies wiederum so detailliert wie möglich. Ein kleiner Tipp: Es ist hilfreich, die einzelnen Handlungen und Tätigkeiten des Tages an die jeweiligen Uhrzeiten zu koppeln.

Beispiel: »Es ist 7 Uhr. Ich stehe auf und putze meine Zähne. Ich mache einen ausgedehnten Spaziergang mit meinem Hund. Um 7.30 Uhr erwartet mich meine wundervolle Frau/mein wundervoller Mann bereits am reich gedeckten Frühstückstisch. Ich genieße den ersten Schluck Kaffee des Tages.«

Schritt 3: Das WARUM

Beschreiben Sie genau, warum Sie das tun, was Sie tun, denn es gibt für jede Handlung eine bestimmte Motivation. Vielleicht macht ein Verhalten Sie oder andere Menschen glücklich, möglicherweise erfüllt es Sie mit Stolz. Oder es ist etwas, was Sie einem bestimmten Ziel näher bringt. Nehmen Sie sich Zeit, über das Warum Ihrer Handlungen nachzudenken und nehmen Sie es in Ihre Beschreibung mit auf.

Beispiel: »Ich bastele mit meinem Sohn einen Drachen. Er ist so glücklich, und das Strahlen in seinen Augen lässt mich das Leben mit allen Sinnen genießen und eine tiefe Liebe zu ihm empfinden.«

Schritt 4: Das ERGEBNIS

Beschreiben Sie so oft wie möglich, wie Sie sich während Ihres perfekten Tages fühlen.

Beispiel: »Ich fühle mich motiviert/sicher/erfüllt/entspannt/etc., wenn ich XYZ tue ...«

Schritt 5: Schlafen Sie drüber

Legen Sie Ihre Notizen nach der Fertigstellung zur Seite und schlafen Sie eine Nacht drüber. Analysieren und bewerten Sie nichts, sondern beschäftigen Sie Ihr Bewusstsein mit anderen schönen Dingen. Während Sie schlafen, hat Ihr Unterbewusstsein die Gelegenheit, Ihren perfekten Tag und die damit verbundenen Emotionen, Werte und Gefühle zu integrieren und in Ihre innere Blaupause aufzunehmen.

Wenn Sie die fünf Schritte einhalten und sich für jeden Punkt genug Zeit nehmen, dann kann es schon mal bis zu drei Stunden dauern, bis man die Übung *Der Reichtums-Kompass* fertiggestellt hat. Aber glauben Sie mir, mit jeder einzelnen Minute, die Sie sich mit Ihren persönlichen Werten und Emotionen des Reichtums beschäftigen, werden diese Informationen umso intensiver in Ihre innere Blaupause einfließen.

Auch wenn die Aufgabe auf bewusster Ebene durchgeführt wird, so sind es doch vor allem die unbewussten Wünsche und Sehnsüchte, die zutage treten, wenn man offen und ehrlich an die Sache herangeht. Immer wieder berichten mir Seminarteilnehmer, wie sich ihr Leben nach dieser Übung positiv verändert hat, und wie sie auf einmal ganz anders mit sich selbst umgehen. Entscheidend aber ist, dass Sie auf diese Art und Weise ausschließlich positive und förderliche Gründe für Ihren persönlichen Reichtum finden. Denn die Motivation für Glück und Wohlstand ist wie das Fundament eines großen Hauses. Je stabiler es ist, desto sicherer und haltbarer werden alle Stockwerke, die darauf aufbauen. Wenn Sie hingegen eine Motivation haben, die nicht förderlich ist, und sogar den Fokus auf Mangel legen, dann wird genau das Gegenteil passieren. Wenn Sie aus Angst, Furcht, Neid oder dem Drang, es sich selbst beweisen zu müssen, reich werden wollen, dann wird das Fundament brüchig und nicht in der Lage sein, das Haus lange zu tragen. Wenn Sie tagaus und tagein Ihre innere Blaupause auf eine Welt des Mangels ausrichten, dann wird kein Vermögen dieser Welt diese Ängste beseitigen können.

Denken Sie dabei noch einmal an die Unterschiede zwischen dem Unterlasser und dem Unternehmer. Denn wirklicher Reichtum basiert immer auf einer Welt des Überflusses. Und die beginnt mit den passenden Gedanken und manifestiert sich schlussendlich auch immer in den entsprechenden Ergebnissen.

Es ist genug für alle da!

Ihr perfekter, typischer Tag ist eine exakte Beschreibung einer Welt des Überflusses. Das Unterbewusstsein besitzt dadurch einen Kompass, mit dem es durchs Leben navigieren kann. Mit den detaillierten Beschreibungen und den daraus resultierenden Werten und Gefühlen haben Sie den Kurs gesetzt. Von nun an kann Ihr Schiff mit Vollgas auf Ihr Ziel zusteuern. Sollten Sie einmal in einen Sturm geraten oder gerade keinen Wind haben, so wird Ihr Reichtums-Kompass dafür sorgen, dass Sie jederzeit wieder in der Lage sind, fokussiert Ihren Wohlstand und Ihre finanzielle Freiheit zu erreichen und auszubauen. Denn Sie haben jetzt Ihren Antrieb und Ihre Motivation gefunden, warum Sie überhaupt reich sein wollen. Wofür Sie Ihre Leidenschaft und Ihr Herzblut einsetzen. Und je größer und intensiver dieses *Warum* ist, desto leichter wird Ihnen das *Wie* fallen.

Reich wie? Reichtum ist nicht gleich Reichtum

»Es ist Unsinn, sagt die Vernunft. Es ist, was es ist, sagt die Liebe.«

Erich Fried, Was es ist

Ich wohne in einem wundervollen Haus. Wir haben eine Solaranlage auf dem Dach, die dafür sorgt, dass meine Familie mit warmem Wasser versorgt wird und als primäre Energiequelle für unsere Heizungsanlage dient. Diese ist wie ein kleiner Computer, den ich programmieren kann, und der dann jedes Zimmer im Haus automatisch mit Wärme über die Fußbodenheizung versorgt. Es ist recht faszinierend, zu beobachten, wie genau die Regulierung der Temperatur funktioniert. Denn wenn ich am Display der Anlage 21 Grad Celsius für das Wohnzimmer und 18 Grad Celsius für das Schlafzimmer eingebe, dann pegelt sich die Temperatur in den beiden Räumen exakt auf diesen Wert ein. Ist es zu kalt, dann wird warmes Wasser nachgeschossen, bis der Zielwert erreicht ist. Umgekehrt ist es genauso. Wenn es zu warm ist, dann regelt die Anlage die Temperatur so lange herunter, bis sie wieder am gewünschten Wert angekommen ist.

Damit der integrierte Thermostat genau dies tun kann, wurde die Heizung vor ihrer Inbetriebnahme von einem Techniker sorgfältig gemessen und dann geeicht. Das Schöne ist, dass wir uns seitdem nicht mehr um die Einstellungen kümmern müssen. Wir müssen uns nur in jeder Jahreszeit neu entscheiden, welche Temperatur wir gerne in welchem Raum hätten. Den Rest erledigt die Anlage von selbst, indem sie auf Autopilot einen permanenten Abgleich zwischen Soll und Ist vornimmt und dann steuernd eingreift, um auf den gewünschten Wert zu kommen. So haben wir es im Sommer kühl und frisch, während es im Winter warm und behaglich ist.

Das Unterbewusstsein funktioniert ähnlich und hat ebenfalls einen solchen Thermostat eingebaut, der dafür sorgt, dass manche Menschen superreich werden und andere wiederum über ein bestimmtes Vermögen nie hinauskommen. Dieser Regulierungs-Mechanismus ist ebenfalls Teil der inneren Blaupause, und er sorgt dafür, dass das unbewusste Programm genau die Ergebnisse liefert, für die es programmiert wurde. Wenn der Reichtums-Thermostat nur auf eine bestimmte Summe, sagen wir einmal 30.000 Euro, eingestellt ist, dann wird das Unterbewusstsein dafür sorgen, dass diese Summe auch auf keinen Fall langfristig überschritten wird.

Erinnern Sie sich noch an die vielen Lotto-Gewinner, die meistens binnen Jahresfrist ihr gesamtes neues Vermögen wieder verloren haben? Durch Glück sind diese Menschen über Nacht zum Millionär geworden und haben auf einmal eine stattliche Summe Geld auf ihrem Konto. Doch ihre innere Blaupause und vor allem ihr Reichtums-Thermostat ist ja immer noch auf den alten Wert geeicht. So läuft auch die arme Blaupause immer noch auf Autopilot. Man kauft sich viele Sachen, die man gar nicht braucht, denn man hat ja auch den Glaubenssatz, dass reiche Menschen viel Geld ausgeben. So schmilzt das finanzielle Polster immer weiter, bis der auf unbewusster Ebene gespeicherte Wert für Reichtum (wieder) erreicht ist.

Es ist wie ein roter Faden, der sich durch dieses Buch zieht: Unsere Gedanken (innere Welt) manifestieren sich in den Ergebnissen (äußere Welt), die wir erzielen. Ich kann mich an eine sympathische Frau aus meiner Zeit als Geschäftsführer im Einzelhandel erinnern. Sie arbeitete gemeinsam mit fünf anderen Kolleginnen in der Schmuck-Abteilung eines großen Kaufhauses. Sie hatte die gleiche Ausbildung wie die anderen Damen genossen, und sie war auch nicht weniger intelligent. Ganz im Gegenteil, eigentlich war sie recht pfiffig und patent. Trotzdem waren ihre Umsätze regelmäßig deutlich unter dem Abteilungsschnitt. Wir versuchten alles. Sie arbeitete an ihrer Kommunikation, lernte jedes noch so kleine Detail über ihre Produkte kennen und durfte Verkaufsschulungen besuchen, in denen sie die neuesten Tricks und Kniffe der Profis lernte. Nichts half. Ihre Umsätze blieben im Keller.

Bis ich sie eines Tages bei einem Verkaufsgespräch beobachtete. Sie war gerade dabei, einem russischen Geschäftsmann eine Halskette zu verkaufen, die dieser seiner jungen Begleiterin im Nerzmantel schenken wollte. Während der Russe mehr oder weniger interessiert ihren Ausführungen lauschte, spielte er leicht ungeduldig mit einer großen Rolle Hunderter, die er mit einem Gummiband zusammenhielt. Immer, wenn das Gespräch auf das teuerste Collier im Wert von 7.000 Euro kam, leuchteten seine Augen auf und er zeigte deutliche Kaufsignale. Trotzdem kam es zu keinem Kauf, da die Verkäuferin ihm nachdrücklich dazu riet, sich für ein günstiges Exemplar für 350 Euro zu entscheiden, da dieses eindeutig das beste Preis-Leistungs-Verhältnis habe. Nachdem das Paar den Verkaufstresen enttäuscht verlassen hatte, sprach ich sie an und fragte, ob sie die Kaufsignale denn bemerkt habe. Die Antwort war ein klares Ja. Als ich sie daraufhin fragte, warum sie dann trotzdem das andere, billigere Produkt verkaufen wollte, wurde mir schlagartig klar, worin ihre Schwierigkeiten lagen. Ihr Reichtums-Thermostat war einfach nicht auf solche hohen Summen eingestellt. Sie selbst konnte sich im Leben nicht vorstellen, so viel Geld für ein einziges Schmuckstück auszugeben. Also bot sie ihren potenziellen Käufern immer nur solche Dinge zum Kauf an, die innerhalb ihrer eigenen möglichen Vorstellung und ihres eigenen Budgets lagen. Wir fanden schnell heraus, dass dies auf 500 Euro limitiert war. Mehr hatte sie selbst noch nie für Schmuck ausgegeben. Sie konnte sich beim besten Willen nicht vorstellen, dass jemand anderes ohne mit der Wimper zu zucken 7.000 Euro für eine Kette ausgeben würde.

Kennen Sie nicht auch Menschen, die Geld wie ein Magnet anzuziehen scheinen? Kaum haben sie eine mehr oder weniger beträchtliche Summe angehäuft, dann scheint es, als ob sie wie beim Monopoly wieder auf Los zurückgehen müssen. Sie wechseln den Job, ihre Firma geht in die Insolvenz, sie verspekulieren sich an der Börse, eine Scheidung kommt sie teuer zu stehen oder die letzte Investition ging so richtig in die Hose. Klar, jetzt könnte man sagen, dass dies alles Dinge sind, die man kaum beeinflussen kann. Aber wer wählt den entsprechenden Job aus, und wer trifft die Entscheidungen in der eigenen Firma? Wer entscheidet, welche Aktien er sich zu welchem Zeitpunkt kauft? Wer sucht sich die ganz besondere Frau aus, die das Geld mit vollen Händen ausgibt, nur um sich im schlechtesten Moment zu trennen? Wer wählt die Investition aus, die mehr Schein als Sein war? Ganz genau, was auf den ersten Blick wie äußere Einflüsse aussieht, das ist nichts anderes als der Reichtums-Thermostat in Aktion.

Denken Sie immer daran, dass auch diese Vorgänge über die innere Blaupause automatisch ablaufen. Auf bewusster Ebene findet man zwar im Nachhinein immer ein rationales Argument, aber im Endeffekt sind alle Verhaltensweisen nur darauf ausgerichtet, das unbewusste Programm umzusetzen. So wählt man dann eben eine Aktie aus, die zwar von allen Fachzeitschriften über den grünen Klee gelobt wird, kauft aber zum denkbar ungünstigsten Zeitpunkt, weil der Kurs kurze Zeit später wie ein Erdrutsch in den Keller geht. Genauso sucht man sich genau den Lebenspartner, der dem persönlichen Reichtums-Thermostat entspricht. Ob wir es wollen oder nicht. Wie reich oder wie arm man ist, ist keine Frage der Fähigkeiten und Talente, sondern der inneren Blaupause und des eigenen Limits, das man bezüglich Reichtum hat. Dieses ist auch in der Regel in Euro messbar (oder, wenn Sie in einem anderen Land leben, natürlich auch in Dollar, Kronen, Pfund oder jeder anderen Währung). Bei dem einen liegt die Grenze des vorstellbaren Vermögens bei 30.000 Euro. Bei anderen bei 100.000 Euro. Und bei wiederum anderen bei einer Million oder gar bei einer Milliarde. Auf welche Summe aber der persönliche Reichtums-Thermostat auch geeicht ist, Sie können sicher sein, dass über kurz oder lang genau dieser Wert erreicht wird. Für uns Grund genug, einen weiteren »Denk-dich-reich-Leitsatz« zu formulieren:

Denk-dich-reich-Leitsatz Nr. 11
Mein Reichtum wächst in dem gleichen Maße wie meine Persönlichkeit. Möchte ich meinen Wohlstand vermehren, so muss ich meinen persönlichen Reichtums-Thermostat neu ausrichten!

Okay, ich bin mir ziemlich sicher, dass Sie beim Lesen der letzten Abschnitte schon ein paar Mal überlegt haben, wie denn nun Ihr persönlicher Reichtums-Thermostat eingestellt ist. Habe ich recht? Das ist gut. Denn wenn es um die innere Blaupause geht, dann ist das Sich-bewusst-werden über die eigenen Handlungen und Ergebnisse der erste Schritt für eine reichere Zukunft und für die sukzessive Veränderung der unbewussten Programmierungen.

Die Antwort auf Ihre Überlegungen finden Sie, wenn Sie einen Blick auf Ihr Bankkonto und Ihre Vermögenswerte werfen. Denn das sind genau die Ergebnisse, die Sie mit Ihrer aktuellen inneren Blaupause erzielt haben. Ihr jährliches Einkommen, Ihr Aktiendepot, Ihre Edelmetalle, Ihr Immobilienbesitz und alle weiteren Posten Ihres Nettovermögens spiegeln genau die aktuelle Einstellung Ihres Reichtums-Thermostats wider.

Was, Sie kennen Ihr Nettovermögen überhaupt nicht? Das sollten Sie schleunigst ändern. Wir greifen diesen Punkt aber später noch einmal auf.

Wichtig ist für den Moment, ein Gefühl für Ihre persönliche Obergrenze zu bekommen. Wie hoch ist Ihr jährliches Einkommen? Stellen Sie sich doch zum Zwecke des Experimentes einmal vor, dass es von nun an doppelt so hoch wäre. Fühlen Sie sich bei dem Gedanken noch gut? Dann verdoppeln Sie die Summe noch einmal. Und noch einmal. Ab wann fängt es bei Ihnen an, sich nicht mehr rund anzufühlen? Wann hätten Sie ein schlechtes Gewissen, für Ihre Arbeitsleistung so viel Geld zu erhalten?

Je höher diese Zahl ist, desto besser. Denn sie sagt auch etwas über den Wert aus, den Sie sich selbst und Ihrer Arbeit geben. In meinen Coachings habe ich viele Klienten, die als Coach oder Therapeut tätig sind und daher keine Produkte anbieten, sondern eine Dienstleistung. So mancher von ihnen hat enorme Schwierigkeiten, einen entsprechenden Preis für eine Stunde Coaching zu verlangen. Denn ähnlich wie die Verkäuferin aus der Schmuckabteilung haben sie ein schlechtes Gewissen, wenn sie eine Summe verlangen, die über ihrem vom Thermostat eingestellten Limit liegt. Natürlich spielt auch das Thema Werte hierbei eine große Rolle. Doch dazu später ebenfalls noch mehr.

Machen wir das gleiche Experiment noch einmal mit Ihrem gesamten Vermögen. Wenn Sie es nicht beziffern können, dann schätzen Sie für den Moment, so gut es geht. Dann beginnen Sie wieder, diesen Wert zu verdoppeln. Bis Sie in eine Region vordringen, in der Sie sich nicht mehr wohlfühlen.

Durch diese beiden Gedankenspiele haben Sie nun eine ungefähre Vorstellung, wie Ihr Reichtums-Thermostat zurzeit geeicht ist. Weiterhin kennen Sie auch die momentan maximale Leistungsfähigkeit Ihrer inneren »Anlage«. Vor allem haben Sie aber nun eine bewusste Sicht auf Ihren Reichtum und wissen, warum Sie so vermögend sind, wie Sie es nun mal sind. Egal, ob Sie sich für eine jährliche Einkommensbetrachtung entscheiden, oder die Variante mit dem Nettovermögen entscheiden. Aber wie schon im Kapitel mit den Glaubenssätzen ist die bewusste Analyse der erste Schritt für eine Entwicklung.

Nehmen Sie sich also ein weiteres Mal Ihr Erfolgsjournal und betrachten Sie Ihre Verhaltensweisen, Überzeugungen, Ängste, Hoffnungen und Ergebnisse im Umgang mit Geld. Seien Sie so ehrlich wie möglich zu sich selbst, und notieren Sie alles genau. Dann treffen Sie die Entscheidung, Ihren Reichtums-Thermostat neu zu eichen und damit das Limit Ihres Wohlstands und Ihres

Vermögens nach oben zu setzen. Wie hoch das ist, kann Ihnen weder ich noch jemand anders sagen. Diese Grenze ist auch nicht statisch. Allerdings sollte man mit der Zeit eine solche Analyse regelmäßig wiederholen. Dies stellt ganz einfach sicher, dass man permanent sein volles finanzielles Potenzial ausschöpft und sich nicht aus Bequemlichkeit mit weniger zufriedengibt, als man eigentlich haben könnte. Denn eines ist sicher, gut ist niemals gut genug. Setzen Sie sich ein persönliches Limit. Dann passen Sie Ihre Handlungen und Glaubenssätze diesem Limit an.

Vor ein paar Wochen rief ich bei meiner Bank an, um ein paar Details wegen meines Kontos zu klären. Der Service-Mitarbeiter am anderen Ende der Leitung hörte von Anfang an wenig zu und schaltete schnell in seinen Verkaufs-Modus um. Obwohl mein Anliegen noch gar nicht richtig beantwortet war, bot er mir eine »spitzenmäßige Versicherung« an, die mich schützen sollte, falls meine Bankkarten einmal gestohlen werden sollten. Obwohl ich ihm mitteilte, dass ich ja eigentlich wegen etwas ganz anderem angerufen hätte, ratterte er seine Liste der Verkaufsargumente herunter. Als Trumpfkarte hielt er noch ein ganz besonderes Pfund im Ärmel. Denn zusätzlich zu der problemlosen Sperrung meiner Karten wäre in der Versicherung auch noch der Verlust von 150 Euro Bargeld enthalten. Und, so erklärte er mir voller Inbrunst, »mehr als 100 Euro trägt man ja heutzutage sowieso nicht in bar mit sich herum«. Als ich ihm dann mitteilte, dass ich im Normalfall immer so ein- bis zweitausend Euro in meinem Portemonnaie dabei hätte, schien er das erste Mal zuzuhören. Denn danach war er zuerst still und gab dann zu, dass dieses Produkt wohl doch nicht das richtige für mich sei.

Aber warum habe ich denn immer so viel Geld dabei? Zuerst: Sind zweitausend Euro viel für Sie? Wenn dem so ist, dann sollten Sie Ihre Analyse umso bewusster durchführen. Der Grund, warum ich immer so (relativ) viel Bargeld dabei habe, hat aber einen ganz praktischen Hintergrund. Denn ich benötige für die Einkäufe, die ich am Tag so tätige, nicht mal einen Bruchteil von dieser Summe, und wenn es nach dem reinen praktischen Nutzen gehen würde, so käme ich wahrscheinlich mit 50 Euro aus. Die Lösung liegt einmal wieder in der Verbindung zwischen dem Unterbewusstsein und dem Universum. Denn erstens gewöhnt man sich auf unbewusster Ebene auf diese Art und Weise an den Umgang mit Geld. Je mehr dies ist, desto deutlicher ist die Botschaft: Der Umgang mit Geld ist für mich vollkommen natürlich. Ich habe es gerne in der

Hand, und ich gebe es gerne aus. Nun kommt das Gesetz der Anziehung ins Spiel. Denn worauf man seinen Fokus richtet, davon bekommt man mehr. Je normaler und unbewusster der Umgang mit den vielen Geldscheinen ist, desto mehr wird man davon auch zurückbekommen. Denn Geld ist zwar auf der einen Seite reine Materie, andererseits aber auch fließende Energie. Manchmal muss man eben auch ein wenig zum Fenster rausschmeißen, damit es zur Tür wieder reinkommt.

Um das Unterbewusstsein zu konditionieren, ist es also eine gute Idee, immer eine gewisse Summe Geld mit sich herumzutragen. Je nach Ausgangslage sollte man mit Hundert Euro beginnen, und sich dann Woche für Woche steigern. Bis das Unterbewusstsein irgendwann gelernt hat, dass viel Geld zu haben eine ganz normale Sache ist, und diese Information in der inneren Blaupause abspeichert. Wenn Sie jetzt Bedenken haben, wie gefährlich es doch heutzutage ist, mit so viel Bargeld in die Öffentlichkeit zu gehen, dann sollten Sie noch einmal ein paar Schritte zurückmachen und über Ihren Fokus nachdenken. Denn wenn ich mich darauf konzentriere, dass die Welt voller Räuber und Gauner ist, dann werde ich genau diese Menschen in mein Leben ziehen. Fokussieren Sie sich stattdessen lieber auf den entspannten und gewohnheitsmäßigen Umgang mit Ihrem Geld und erfreuen sich daran, wie es wächst und sich vermehrt.

Eine weitere gute Methode, den eigenen Reichtums-Thermostat nach oben zu eichen, spielt sich wiederum auf der gedanklichen Ebene ab. Stellen Sie sich bitte vor, Sie hätten 100 Euro zur freien Verfügung. Was würden Sie sich davon kaufen? Einen Tag später stellen Sie sich bitte vor, Sie hätten 200 Euro. Wofür würden Sie diese ausgeben? Diese Frage stellen Sie sich von nun an für ein bis drei Wochen jeden Tag. Dabei verdoppeln Sie die Summe, die es auszugeben gilt, täglich. Was anfänglich noch einfach erschien, wird mit der Zeit recht anspruchsvoll, denn die zur Verfügung stehende Summe wird schnell beträchtlich hoch.

Durch dieses Gedankenexperiment stretchen Sie ebenfalls Ihre Komfortzone im Umgang mit Geld und erlangen dadurch einen vollkommen natürlichen Umgang mit höheren Summen und senden deutliche Signale ans Universum: Ich mag Geld, verdiene gerne viel davon und erfreue mich an meinem Reichtum. Das Universum wird im Gegenzug das machen, was es besonders gut kann, es wird Ihnen mehr davon schicken, wohin man seine Energie richtet. Oder anders ausgedrückt: Geld zieht mehr Geld an. Und steigert damit Ihren Wohlstand. Hört sich gut an, oder? Dann richten Sie jetzt Ihren persönlichen Reichtums-Thermostat neu aus und legen Sie los. Denken Sie sich reich!

The Road to Success: Visionen, Richtungen und Ziele

»To dream the impossible dream. To fight the unbeatable foe. To bear the unbearable sorrow. To run, where the brave dare not go.«

Elvis Presley, The Impossible Dream

Wer als Kind in der zweiten Hälfte des 20. Jahrhunderts aufgewachsen ist, dessen Kindheit ist wohl unweigerlich mit dem Namen Walt Disney verbunden. Der ist mit Micky Maus, Kater Karlo, Goofy, Donald Duck, Mary Poppins oder dem Dschungelbuch groß geworden. Auch heute vergeht nicht ein Jahr, in dem nicht eine Neuauflage eines alten Disneyklassikers in 3D in die Kinos kommt.

Noch beeindruckender als die Disneyfilme selbst, ist jedoch die Lebensgeschichte des Gründers Walt, der aus dem Nichts ein Weltimperium schuf und sich dabei auch von den größten Niederlagen nicht aufhalten ließ. Nachdem er trotz vieler Pleiten, Rückschläge und reichlich Lehrgeld die Welt mit seinen Zeichentrickfilmen revolutionierte, hatte er eine große Vision. Walt Disney träumte von einer Art Familienpark, wo Eltern zusammen mit ihren Kindern Spaß haben könnten. Nicht zum ersten Mal riskierte er sein gesamtes Vermögen und sprach bei über 300 Banken vor, um die Finanzierung des Projekts zu sichern. Im Jahr 1955 war es dann soweit, in Anaheim in der Nähe von Los Angeles eröffnete das erste Disneyland der Welt und zog von da an Jahr für Jahr Millionen von Besuchern an.

Doch er gab sich mit dem Erfolg nicht zufrieden und kaufte ein Gelände in Orlando, Florida, wo er ein zweites, noch größeres und erfolgreicheres Disneyland plante. Leider starb Walt Disney fünf Jahre vor der Eröffnung von »Walt Disney World« in Florida, welches mit großem Presse-Bahnhof im Jahr 1971 eröffnet wurde. Die Legende sagt, dass sein Bruder Roy am Tag der Eröffnung von einem Reporter interviewt und ihm die Frage gestellt wurde, ob es nicht tragisch sei, dass sein Bruder Walt sein großes Lebenswerk nicht mehr live und in Aktion sehen könne. Roy Disney blickte kurz verträumt gen Himmel und antwortete dann: »Aber das hat er doch. All das, was wir heute hier sehen und erleben, war schon vor Jahren in Walts Kopf. Dort hat er jedes Detail geplant und entworfen. Er hat den Park schon Jahre vor uns in Aktion gesehen.«

Ich erinnere mich noch gut daran, als wir in der 6. Klasse von unserer Lehrerin gefragt wurden, was wir denn später einmal werden wollen, wenn wir groß und erwachsen sind. Dass sie bei einigen von uns große Zweifel hatte, ob dieser Entwicklungssprung jemals eintreten würde, versuchte sie dabei so gut es ging zu überspielen. Die Antworten waren bunt gemischt. Viele Kinder eiferten einfach ihren Eltern nach, und so war vom Tierarzt über den Rechtsanwalt bis hin zum Lehrer alles dabei. Mit diesen Antworten konnte man sich des Wohlwollens unserer Pädagogin gewiss sein.

Es gab allerdings auch ein paar Schüler, die aus dieser Reihe ausscherten und ihren Träumen freien Lauf ließen. Sie wollten Erfinder, Popstar, Profi-Fußballer, Musiker, Astronaut, Maler oder Zauberer werden. Als sie so von ihren Luftschlössern berichteten, leuchteten ihre Gesichter und vor ihrem geistigen Auge sahen sie schon ihre strahlende Zukunft vor sich. Doch der Dämpfer kam prompt, denn statt des erwarteten Lobes gab es nur Kritik von der Lehrerin: »Schlag dir das bloß schnell aus dem Kopf! Du wirst schon sehen, wohin dich solche Hirngespinste im Leben führen!« oder auch »Werd' endlich vernünftig und such dir lieber einen ordentlichen Beruf!«

So manche Seifenblase zerplatzte an diesem Vormittag, als wir kleinen Pennäler unsanft auf den Boden der Realität zurückgeholt wurden. Es ging natürlich auch so weiter, denn je älter wir wurden, desto öfter mischten auch unsere Eltern und Verwandten in diesem »Träume-zerplatzen-lassen-Spiel« mit und erinnerten uns daran, wie wichtig die Schule und ein »ordentlicher« Beruf doch seien. Sie mahnten uns immer wieder an, fleißig zu lernen, gute Noten zu schreiben, um dann gleich nach der Schule entweder auf die Uni zu gehen oder, wie es sich eben gehört, eine Ausbildung zu machen.

So schoben wir unsere Träume von der Musik, vom Sport und vom Erfinden eben anfangs ein wenig und später immer mehr zur Seite, waren fleißig, schrie-

The Road to Success: Visionen, Richtungen und Ziele

ben gute Noten (naja, die einen mehr, die anderen weniger) und machten dann eine Ausbildung oder gingen zur Uni. Ehe wir uns versahen, waren wir alle irgendwie doch erwachsen geworden und hatten einen Beruf. Wir waren Beamte, Verwaltungsangestellte, Lehrer, Ärzte, Rechtsanwälte, Verkäufer, Industriekaufleute oder Manager. Aber glücklich waren wir nicht wirklich. Denn tief in uns flammten noch immer die Träume von früher. Die Flamme war zwar mittlerweile klein geworden, doch sie war immer noch da und wartete nur darauf, neu entfacht zu werden.

So geht es heutzutage vielen Menschen. Sie arbeiten in einem Beruf, der sie nicht ausfüllt, und funktionieren tagein und tagaus, um ihre Konsumschulden bedienen zu können und sich einen Lebensstil leisten zu können, der ihnen auf RTL 2, VOX und SAT1 in jeder Werbepause aufs Neue schmackhaft gemacht wird.

Wie kommt es nun aber, dass es mehr und mehr Leute gibt, die entweder aus ihrem persönlichen Hamsterrad ausbrechen, oder von vorneherein gar nicht erst den Weg der Masse gegangen sind, sondern von klein auf ihrem Herzen gefolgt sind? Die es geschafft haben, erfolgreich *und* glücklich zu sein? Die Antwort wird Sie nicht verblüffen, lieber Leser. Diese Menschen haben keinen Beruf, sondern sie folgen einer Berufung. Denn fast jeder reiche Mensch, jeder Unternehmer hat eine klare Vision, der er folgt. Er setzt sich magnetische Ziele im Leben, sodass er gar nicht anders kann, als diese auch zu erreichen.

Eine starke Vision gibt dabei die Richtung vor, in die man automatisch und voller Motivation geht, weil man weiß, dass es sich lohnt und wofür man es tut. Die kurz-, mittel- und langfristigen Ziele sorgen dann dafür, dass auf einmal feste Wege aus der groben Richtung eine sichtbare Strecke machen, die man dann nur noch gehen muss. Natürlich liegen auch gerade auf den Wegen der erfolgreichen Menschen viele Steine und Hindernisse. Auch sind diese Wege nicht immer gerade, und so manche Abzweigung entpuppt sich als eine Sackgasse. Doch die Vision und die Träume sorgen immer wieder dafür, dass man die Steine aus dem Weg räumt und auch mal einen Umweg in Kauf nimmt, um seine Ziele zu erreichen.

Mit der Übung des perfekten Tages haben Sie Ihrem Unterbewusstsein bereits einen idealen Kompass gegeben, mit dem er Sie von nun an durch Ihr Leben

141

navigieren wird. Etwas später werde ich Ihnen auch noch zeigen, wie Sie aus Ihrem Beruf ganz einfach eine Berufung machen können. Doch zuerst wollen wir uns noch mit einem ganz entscheidenden Thema beschäftigen, nämlich dem Setzen und Erreichen von Zielen.

> **Denk-dich-reich-Leitsatz Nr. 12**
> Visionen geben den Weg zu meinem persönlichen Reichtum vor. Ziele sorgen dafür, dass ich auch gut und sicher ankomme!

Über Ziele wurde so ziemlich alles schon geschrieben. Jeder ist der Meinung, alles darüber zu wissen und sich bestens auszukennen. Wenn ich früher ein Kaufhaus an einem neuen Standort übernommen habe, dann habe ich zum Start immer einen Workshop mit meinen Führungskräften durchgeführt, in dem es grob um die Fragen ging: Wo stehen wir? Wo wollen wir hin? Wie kommen wir da hin?

Wenn das Gespräch dann auf das Setzen und Erreichen von Zielen ging, hörte ich oft solche oder ähnliche Aussagen: »Ach Ziele, das ist doch ein alter Hut, das nutzen wir schon seit Jahren. Hat aber nichts gebracht.« Doch zum Glück sind Ergebnisse immer noch die besten Argumente, und schon nach ein wenig Arbeit mit wohlgeformten und magnetischen Zielen stiegen nicht nur die Umsätze, sondern auch die Mitarbeiter waren motivierter und gingen wohlgelaunter zur Arbeit.

Ich finde es nach wie vor erstaunlich, wieso im Beruf und auch im Privatleben so wenig mit Zielen gearbeitet wird und diese so einen schlechten Ruf haben. Denn gerade die großen Gegner von Zielen nutzen diese in einem anderen Bereich wie selbstverständlich, nämlich im Sport. Kein Sportler geht in einen Wettkampf oder ein Training, ohne sich Ziele zu setzen. Da werden Zeiten gemessen, Tabellenplätze ausgerufen, Kraftsteigerungen verfolgt oder Schrittfolgen geübt. Alles mit dem Ziel, besser, schneller und erfolgreicher zu werden.

Aber was für einen Bereich des Lebens gilt, hat natürlich auch für alle anderen eine große Bedeutung.

Für Ihren Reichtum und Ihre finanzielle Freiheit. Deshalb werden wir uns jetzt eine einfache, aber sehr wirkungsvolle Methode anschauen, mit der Sie sich nicht nur kraftvolle Ziele setzen, sondern auch wissen, wie Sie diese erreichen können. Wollen wir loslegen?

Gut, dann schauen Sie sich doch einmal gedanklich bitte in Ihrem Freundes- und Bekanntenkreis ein wenig um, und beobachten Sie, worauf der Fokus in den Gesprächen am Tresen, im Büro oder beim Sport so liegt. Fällt Ihnen etwas auf? Richtig, die meisten Menschen wissen ganz genau, was sie *nicht* wollen. Sie möchten diesen langweiligen und öden Job nicht mehr ausüben, sie wollen nicht mehr so viel rauchen, ihr Gewicht stört sie ebenfalls, das notorisch klamme Konto müsste auch ausgeglichen werden, und die aktuelle Partnerschaft hält auch schon lange nicht mehr das, was sie einst versprochen hatte. Die Liste der Dinge, die man nicht (oder nicht mehr) will, ist meist sehr lang. Doch wenn man die gleichen Leute fragt, was sie denn stattdessen wollen und welche Dinge sie in ihrem Leben erreichen möchten, erhält man häufig als Antwort nur ein Schweigen. Dies ist nicht mal unhöflich gemeint, sondern liegt vor allem daran, dass viele Menschen einfach keine, oder wenn, dann nur ganz wenige Ziele haben. Diese wenigen sind dann auch noch schlecht formuliert und damit von vorneherein zum Scheitern verurteilt. In meiner Coaching-Praxis ist eine meiner ersten Handlungen immer wieder, dass ich gemeinsam mit meinen Klienten eine klare und wohlgeformte Zielformulierung erarbeite, an denen sie sich orientieren können, und die ihnen von dann an als zuverlässiger und magnetischer Wegweiser dient. Denn der Sinn unseres Lebens wird nun mal maßgeblich von den Zielen bestimmt, die wir uns setzen.

In meiner Trainee-Zeit direkt nach dem Studium hatte ich das Glück, einen Coach zu haben, der mit mir und meinen Kollegen an der Persönlichkeitsentwicklung arbeitete. Wir verbrachten viele spannende Workshops zusammen, aber ein Satz von ihm ist mir bis heute prägnant im Gedächtnis geblieben.

>>Wer kein Ziel hat, hat das Ziel unzufrieden zu sein!<<

Was hatten wir damals über diese Aussage diskutiert, und in meiner rebellischen Art und Weise war ich besonders engagiert darin, diese These irgendwie widerlegen zu können. Doch mit zunehmender Lebenserfahrung begriff ich, wie viel Wahrheit in diesem Satz steckt. Ich bin bis heute dankbar, dass er mich so lange begleitet und weitergebracht hat.

Ebenfalls in einem dieser Workshops hörte ich zum ersten Mal vom Mythos der Harvard-Ziele-Studie (Mythos deswegen, weil es bis heute nicht ganz geklärt ist, ob es diese Studie jemals wirklich gegeben hat). In dieser Langzeitstudie an der Universität Harvard wurde die Wichtigkeit von Zielen und ihre Auswirkungen auf den Erfolg im Leben erforscht. Dabei wurden die Absolventen des Jahrgangs 1979 befragt, ob sie sich Ziele für ihre Karriere gesetzt hatten, und ob sie diese aufschreiben würden. Nach 20 Jahren traf man die Probanden dann wieder und überprüfte ihren Erfolg in den unterschiedlichsten Lebensbereichen.

Das Ergebnis erstaunt nicht: 83 Prozent der Abgänger hatten sich keine Ziele gesetzt. Ihr Einkommen wurde als Vergleichsgrundlage herangezogen. 14 Prozent hatten sich zwar Ziele gesetzt, diese aber nicht aufgeschrieben. Ihr Einkommen lag im Schnitt drei Mal so hoch wie das der ersten Gruppe. Nur drei Prozent der Absolventen hatten sich sowohl klare Ziele gesetzt als auch diese aufgeschrieben. Diese Gruppe war nicht nur in allen Lebensbereichen signifikant erfolgreicher, sie verdiente im Schnitt auch zehn Mal so viel wie die erste Gruppe.

Die Kraft magnetischer und wohlgeformter Ziele

Wohlgeformte Ziele scheinen also einen direkten Einfluss auf Reichtum und finanzielle Freiheit zu haben. Oder anders formuliert, wer ohne Ziele lebt, hat lediglich eine gewisse Hoffnung, dass sein Leben ihm schöne Dinge und Erlebnisse bringen wird. Wer sich hingegen kraftvolle und magnetische Ziele setzt, hat diese in jeder Faser seines Körpers und vor allem im Unterbewusstsein verankert, sodass jede noch so kleine Handlung auf die Erreichung dieser Ziele ausgerichtet ist. Aber wenn es doch so eine einfache Formel gibt, warum leben dann so wenige Menschen ein selbstbestimmtes und glückliches Leben? Es liegt vor allem daran, dass die meisten vergessen haben, wie man kraftvolle und magnetische Ziele formuliert und diese danach vor allem auch umsetzt und erreicht.

Doch bevor wir zu einer einfachen und genialen Methode kommen, wie wir unsere Ziele schnell und einfach formulieren können, ist es wichtig zu verstehen, wie wir die richtigen Ziele finden. Denn was die meisten Menschen als ihre Ziele definieren, ist oftmals nur ein Hilfsmittel oder ein Zwischenschritt auf dem Weg zum wahren Ziel: dem Meta-Ziel oder dem großen Ziel hinter dem Ziel.

Auch wenn Sie in Ihrem perfekten Tag schon viele Ihrer eigenen Meta-Ziele formuliert haben, möchte ich Ihnen noch ein Beispiel geben. Nehmen wir eine Frau, die eine erfolgreiche Schauspielerin werden möchte. Oder einen Mann, der einen Vorstandsposten in einem großen Dax-Konzern anstrebt. Welches sind die Bedürfnisse, die befriedigt werden, wenn diese Dinge erreicht sind? Was ist durch das Erreichen dieser Ziele noch viel Wichtigeres sichergestellt? Ist es das Streben nach Anerkennung und Aufmerksamkeit? Nach Macht und Einfluss? Oder das Bedürfnis, im Mittelpunkt zu stehen und von vielen Leuten bewundert zu werden? Was auch immer es ist, das diese Ziele für den Menschen bewirken sollen, dies ist das eigentliche Ziel, das Meta-Ziel.

Schauen Sie sich Ihre eigenen Ziele doch einmal an und finden Sie Ihr Meta-Ziel. Sie werden wissen, dass Sie es gefunden haben, wenn Sie voller Energie stecken, und wenn jede Minute Ihres Lebens auf die Erreichung dieses Ziels ausgerichtet ist und Ihnen gleichzeitig Spaß und Freude bereitet. Um dieses Meta-Ziel zu finden, ist es wichtig, aus dem Inhalt herauszugehen und sich mehr auf die Form zu konzentrieren. Etwas zu finden, von dem man glaubt, dass es einem alles geben kann, was man sich von dem Ziel verspricht. Vielleicht sogar noch etwas mehr. Konzentrieren Sie sich auf die Energie und die Antriebskraft, die Ihnen ein Ziel gibt, und auf all die anderen Dinge, die noch dahinter stecken. Formulieren Sie daraufhin Ihr Meta-Ziel, und machen Sie sich auf den Weg. Sie werden erstaunt sein, wie einfach manche Dinge auf einmal passieren.

Die S.M.A.R.T.-Formel für kraftvolle und magnetische Ziele

Formeln und Methoden für das Formulieren wohlgeformter Ziele gibt es viele, und nicht nur das NLP ist voll davon. Sie sind alle sehr ähnlich und sorgen dafür, dass aus einer vagen Vorstellung am Ende ein konkretes Ziel wird. Die S.M.A.R.T.-Formel, die wir uns jetzt gemeinsam anschauen wollen, ist meiner

Ansicht nach sehr einfach anzuwenden und umzusetzen. Aber lassen Sie sich bitte von der Einfachheit nicht täuschen, denn richtig angewendet ist die Wirkung richtig stark. S.M.A.R.T. ist dabei ein Akronym und steht für:

S – pezifisch (konkret, präzise und eindeutig formuliert)

M – essbar

A – ttraktiv (positiv und motivierend formuliert)

R – ealistisch (eigenständig initiier- und erreichbar)

T – erminiert (genaue Zeitplanung: bis wann?)

Die S.M.A.R.T.-Formel ist ein sehr effektiver und vor allem praxiserprobter Leitfaden für Ihre Zielformulierungen. Jeder Buchstabe dieser Formel steht dabei für ein notwendiges Wohlgeformtheitskriterium Ihres Ziels. Mit S.M.A.R.T. sind Sie somit schnell und einfach in der Lage, Ihre Ziele, Träume und Pläne auf dem Weg zu Reichtum und finanzieller Freiheit zu bearbeiten und wohlgeformt zu formulieren.

Schritt 1: S – Spezifisch

Ein wohlgeformtes Ziel sollte so einfach, konkret und greifbar wie möglich formuliert werden. Auf diese Art und Weise kann sowohl das Bewusstsein, vor allem aber das Unterbewusstsein das Ziel verinnerlichen und kontinuierlich daran arbeiten. Beachten Sie bei Ihrer Formulierung unbedingt alle fünf Sinne. Was werden Sie sehen, hören, riechen, schmecken und fühlen, wenn Sie Ihr Ziel erreicht haben? In welchem Zustand werden Sie dann sein, und wie unterscheidet sich dieser Zustand von ihrem jetzigen? Vergessen Sie schwammige oder diplomatische Formulierungen und kommen Sie auf den Punkt. Beschreiben Sie konkret und genau, was Sie wie, wo und wann genau tun werden. Formulieren Sie jedoch nicht komplex, sondern so einfach wie möglich, und nehmen Sie sich nicht zu viel auf einmal vor. Wenn Sie Ihr Meta-Ziel erst einmal erreicht haben, haben sich die vielen kleinen anderen Ziele entweder schon von selbst erledigt, oder Sie können sie dann Schritt für Schritt abarbeiten.

Schritt 2: M – Messbar

Der nächste Schritt ist die notwendige Messbarkeit eines Ziels. Dies ist von großer Bedeutung, denn Sie müssen ja erkennen können, wann Sie das Ziel erreicht haben. Vermeiden Sie auf jeden Fall Vergleiche wie glücklicher, reicher, erfolgreicher, mehr, weniger et cetera, denn diese lassen sich nur schwer bis gar nicht messen. Das Ziel »Ich möchte mehr Geld haben« ist bereits erreicht, wenn Sie 10 Cent auf der Straße finden. Oder nehmen Sie das Beispiel: »Ich will reich sein!«. Was genau ist denn reich für Sie? 10 Euro, 100 Euro, 1.000 Euro, 100.000 Euro oder 1.000.000 Euro? Seien Sie hier so konkret wie möglich und stellen Sie sicher, dass Ihr Ziel einfach messbar ist, damit Ihr Gehirn eine Art innere Waage hat, an deren Ergebnissen es sich orientieren und ausrichten kann.

Schritt 3: A – Attraktiv

Wenn ein Ziel eine magnetische und kraftvolle Wirkung entfalten soll, so muss es so attraktiv und motivierend sein, dass wir stark emotional reagieren, wenn wir nur daran denken. Kennen Sie nicht auch Situationen aus Ihrem Leben, wo Sie etwas wirklich haben oder erreichen wollten? Sie waren so voller Energie, Motivation und Willenskraft, dass Sie es letztlich auch bekommen haben.

Gefühle sind das Benzin, damit unser Körper und unser Geist funktionieren, und das unsere Ziele Realität werden lässt. Und so, wie ein Auto ohne Benzin nicht fahren kann, wird auch ein emotionsloses Ziel keine große Wirkung haben. Nehmen wir beispielsweise einen Studenten, der für eine trockene Prüfung lernen und dafür eine Menge langweiligen Stoff auswendig lernen muss. Er hat nicht wirklich Lust dazu und kann sich noch so oft vornehmen, wie wichtig es wäre, jetzt ein paar Seiten im Lehrbuch zu büffeln. Er wird genug andere Beschäftigungen finden, mit denen er sich ablenken kann.

Und nun? Das Ziel muss so attraktiv sein, dass er gar nicht anders kann, als zu lernen. Und die Lösung besteht in diesem Fall wiederum im Meta-Ziel, welches nicht direkt im Zusammenhang mit dem trockenen Lernen stehen muss. Möglicherweise ist es nicht einmal das Bestehen der Prüfung, sondern die Anerkennung, die der Student von seinen Freunden erhält, wenn er diese Prüfung besteht. Oder es ist der neue Status, den er erhält, wenn er mit bestandenem Studium einen neuen Job beginnt. Was auch immer es ist, jede Seite, die er von nun an liest, bringt ihn einen Schritt näher zu dieser Anerkennung oder zu dem neuen Traumjob, den er mit diesem Abschluss erhalten kann. Das Benzin schießt durch seine Adern und treibt den Motor an. Nur durch das Hinzufügen einer emotionalen Komponente wird somit auch dieses Ziel auf einmal kraftvoll und magnetisch.

Schritt 4: R – Realistisch

Im vierten Schritt klären Sie realistisch, was von Ihnen selbstständig erreichbar ist, wenn Sie das gesamte Geschehen auf dem Weg zum Ziel unter eigener Kontrolle haben wollen. Wenn Sie also beispielsweise gerne fliegen wollen, wäre es nicht besonders realistisch, sich das Ziel zu setzen, dass Ihnen Flügel wachsen und Sie beginnen, durch die Lüfte zu schweben. Sie könnten sich jedoch Flugstunden nehmen oder sich einen Piloten zum Freund suchen, um das Ziel zu erreichen. Auch das beliebte Ziel einer Beförderung fällt unter die Kategorie »nicht realistisch«, da Sie hier andere Menschen benötigen, um es zu erreichen, in diesem Fall den Chef. Denn wichtig ist genau das, nämlich dass Sie alle zur Zielerreichung notwendigen Schritte selbst- und eigenständig initiieren und kontrollieren können. So ist das Ziel »Meine Freunde sollen mich öfter besuchen« zum einen nicht genau messbar, zum anderen liegt das Verhalten Ihrer Freunde nicht in Ihrem Einflussbereich. Was Sie hingegen kontrollieren können, ist Ihr eigenes Verhalten. Wenn Sie dieses positiv gestalten, werden die Besuche Ihrer Freunde ganz automatisch und von alleine zunehmen.

Und noch ein wichtiger Hinweis: Wenn Ihre Ziele auch realistisch sein sollen, träumen Sie bitte so groß wie möglich. Der Rest kommt von alleine, vor allem, wenn Sie immer an Ihr wirkliches Ziel, Ihr Meta-Ziel, denken.

Schritt 5: T – Terminiert

Der letzte Schritt Ihrer wohlgeformten Zielformulierung ist die zeitliche Komponente. Diese stellt sicher, dass Sie bereits bei der Planung einen Zeitpunkt festsetzen, wann Sie Ihr Ziel erreicht haben wollen. Dadurch haben Sie sich selbst ein Versprechen gegeben, und Ihr Unterbewusstsein hat eine zeitliche Dimension, mit der es arbeiten kann. Achten Sie aber darauf, dass Sie mit Ihrem Ziel gemeinsam wachsen. Träumen Sie groß und lassen Sie sich von Ihren Träumen tragen.

Mit der S.M.A.R.T.-Formel sind Sie in der Lage, Ihr Ziel wohlgeformt zu formulieren, und somit die Chancen dramatisch zu erhöhen, dass Sie es auch wirklich erreichen. Trotzdem habe ich in meinen Coachings manchmal Klienten sitzen, die trotz »smarter« Formulierung an einem Ziel nach dem anderen scheitern. Liegt das nun an der Formel?

Nein. Im Laufe der Zeit habe ich drei Hauptgründe festgestellt, warum Menschen trotz guter und intensiver Vorarbeit ihre Ziele nicht erreichen:

Grund 1: Sie verrennen sich im Inhalt

Dies kommt häufig vor, wenn Menschen ihr wirkliches Ziel aus den Augen verlieren. Dann fokussieren sie sich so stark auf den Inhalt und darauf, wie das Ziel vermeintlich sein sollte, dass sie ihre Bestimmung oder das wirkliche Ziel aus den Augen verlieren.

Die Lösung: Vergegenwärtigen Sie sich Ihr Meta-Ziel. Möchten Sie ein erfolgreicher Manager werden, oder möchten Sie Macht, Geld, Einfluss und Aufmerksamkeit? Was steckt alles noch hinter Ihrem Ziel? Ein Leben in Einklang, Frieden sowie Reichtum und Glück? Mit Sicherheit lohnt es sich mehr, nach diesen Dingen zu streben, als ein Unternehmen zu führen und vielleicht trotzdem unglücklich zu sein.

Grund 2: Sie investieren zu wenig Energie

Wenn Ihre Ziele Sie nicht motivieren und Sie nicht voller Energie und Motivation an die Erledigung der notwendigen Aufgaben und Schritte gehen, dann ist Ihr Ziel höchstwahrscheinlich noch nicht ganz stimmig.

Die Lösung: Wir kommen wieder zu unseren guten alten Modaloperatoren. Denn wenn Sie das Gefühl haben, zur Erreichung Ihres Ziels etwas tun zu müssen oder nicht die notwendige Energie aufbringen zu können, sollten Sie zurück zum Meta-Ziel gehen. Denken Sie immer daran, es geht nicht darum, langweilige Aufgaben für eine Prüfung zu lernen, es geht um ein Leben voller Reichtum, Glück und Erfolg.

Grund 3: Sie bekommen Zweifel

Dies kommt häufig vor, wenn Ihr Bewusstsein und Ihr Unterbewusstsein in entgegengesetzte Richtungen steuern. Dann schaltet sich auch noch Ihr innerer Dialog ein. Sie beginnen die typischen Selbstgespräche, und das Teufelchen auf Ihrer Schulter fängt an, seinen Dienst zu tun.

Die Lösung: Lassen Sie die negative Energie los! Kennen Sie die folgende Situation? Sie machen eine Diät, und in Ihrem Kühlschrank befindet sich ein leckerer Schokoladenkuchen. Sie sagen sich immer wieder: »Ich werde diesen Kuchen nicht essen!« Aber in Ihrem Kopf wird das Bild dieses Kuchens immer realistischer und anziehender. Mit der Zeit können Sie sogar seinen Geruch und diesen leckeren Geschmack wahrnehmen. Je mehr Sie sich sagen »Ich werde diesen Kuchen nicht essen!«, desto stärker wird das Verlangen danach. Denn wenn Ihre Vorstellungskraft und Ihr bewusster Willen miteinander kämpfen, so wird immer die Vorstellungskraft gewinnen. Was können Sie also tun?

Die Antwort wird Sie vielleicht ein wenig verblüffen. Stellen Sie sich den Gefühlen, und dann lassen Sie sie los! Dies kostet am Anfang ein wenig Übung, aber wenn Sie es erst einmal beherrschen, wird sich Ihr Leben sehr rasch in eine positive Richtung entwickeln.

Zehn Schritte, sich nicht nur kraftvolle Ziele zu setzen, sondern diese auch zu erreichen

Diese drei Punkte sollten Sie abklopfen, wenn es auf Ihrem Weg zum Reichtum ein Ziel gibt, was einfach zu schwer oder zu groß scheint. Es gibt jedoch noch einen wesentlich entscheidenderen Punkt, der reiche Menschen von den armen und den Unternehmer vom Unterlasser unterscheidet. Denn erfolgreiche Menschen *tun* etwas. Sie setzen Ihre Ziele in die Tat um und beginnen mit der konkreten Umsetzung. Machen auch Sie einen Unterschied, und belassen Sie es nicht nur bei einer wohlgeformten Formulierung Ihrer Ziele. Packen Sie es an und handeln Sie.

Ich werde ihnen dazu zehn Schritte zeigen, mit denen es noch einfacher wird. Aber auch hier gilt: Wenn Sie diese Schritte und Übungen nur lesen, wird sich sehr wenig und vielleicht auch gar nichts tun. Erst wenn Sie diese Übungen auch wirklich praktizieren, werden sich Ergebnisse in Ihrem Leben einstellen, von denen Sie vielleicht heute noch nicht einmal zu träumen gewagt haben. Sind Sie bereit? Dann schnappen Sie sich Ihr Erfolgsjournal und lassen Sie uns loslegen.

1.) Erstellen Sie eine Liste Ihrer Träume

Ich weiß, ich piesacke Sie schon wieder, aber tun Sie dies wirklich! Schnappen Sie sich Ihr Erfolgsjournal und einen Stift und fangen Sie an. Schreiben Sie all das auf, wovon Sie schon lange träumen. All das, was Sie tun wollen, was Sie haben oder was Sie sein wollen. Denken Sie am besten gar nicht lange nach, sondern schreiben Sie einfach drauf los. Notieren Sie alles, was Ihnen einfällt, so verrückt es auch klingen mag. Idealerweise schreiben Sie nahtlos für 10 bis 15 Minuten am Stück. Lassen Sie Ihrer Kreativität freien Lauf, und decken Sie bitte auch hier wieder alle Lebensbereiche ab. Schreiben Sie in Stichpunkten, damit Sie so viel wie möglich zu Papier bringen können. Träumen Sie groß, und lassen Sie sich von Ihrem Unterbewusstsein leiten. Erinnern Sie sich immer wieder daran, dass so manche Erfolgsstory irgendwann mit einer verrückten Idee oder einem Traum begonnen hat. Oder wie es der legendäre Walt Disney formulierte: »If you can dream it, you can do it!«

2.) Sortieren Sie Ihre Träume

Haben Sie Ihre Liste fertig? Dann nehmen Sie diese jetzt zur Hand und ordnen Ihre Träume. Bringen Sie Struktur in Ihr Brainstorming, indem Sie neben jeden Stichpunkt eine zeitliche Komponente schreiben, bis wann Sie dieses Ziel erreicht haben wollen. In einem Monat, einem halben oder vielleicht sogar in zehn Jahren. Während Ihr Blick so über die Liste schweift, werden Sie möglicherweise sogar feststellen, dass Sie den einen oder anderen Traum sogar loslassen möchten.

Halten Sie kurz inne, und denken Sie einmal darüber nach. Manchmal klammern wir uns an Ideen und Träume, die längst nicht mehr aktuell sind und schon längst nicht mehr unserer derzeitigen Lebenssituation entsprechen. Wenn Ihre Träume kurzfristig terminiert sind, dann suchen Sie nach einer langfristigen Perspektive. Sind sie dagegen sehr langfristig ausgerichtet, dann überlegen Sie sich einen ersten Schritt, den Sie schon heute tun können, um dem Ziel ein Stück näherzukommen.

3.) Priorisieren Sie Ihre Ziele

Nachdem Sie Ihre Träume, Wünsche und Ziele mit einer zeitlichen Komponente versehen haben, wollen wir nun aus den vielen Ergebnissen Ihres Brainstormings eine gestraffte Liste erarbeiten. Suchen Sie deshalb bitte aus Ihrer Traumsammlung die für Sie in diesem Moment fünf wichtigsten Träume heraus, an deren Erfüllung Ihnen am meisten liegt, und von denen Sie möchten, dass sie unbedingt wahr werden.

Schreiben Sie diese fünf Träume oder Ziele auf eine leere Seite in Ihrem Erfolgsjournal, und schreiben Sie daneben bitte auch, *warum* Sie diese Ziele auf jeden Fall erreichen wollen. Denn wie wir mittlerweile wissen, ist die Motivation für ein Ziel oftmals um ein Vielfaches stärker als der eigentliche Inhalt. Denken Sie bei diesem Schritt daher immer an Ihr Meta-Ziel. Suchen Sie bei jedem der fünf Träume nach dem Warum, dann wird sich das Wie von ganz alleine einstellen.

4.) Überprüfen Sie Ihre Ziele auf Wohlgeformtheit

Fällt Ihnen beim Betrachten ihrer TOP-5-Ziele etwas auf? Sind diese S.M.A.R.T. formuliert? Lassen Sie in diesem Schritt jedes Ziel durch die einzelnen Kriterien der Wohlgeformtheits-Formel laufen, sodass Sie am Ende des Prozesses fünf kraftvolle und magnetische Ziele formuliert haben. Eines kann ich Ihnen versprechen, nicht nur wird Ihnen dieser Prozess ungemein bei der Erreichung Ihrer Ziele helfen, sondern Sie lernen ganz nebenbei auch noch auf eine sehr motivierende Art und Weise mit der S.M.A.R.T.-Formel umzugehen.

5.) Erstellen Sie eine Liste Ihrer Stärken

Ich denke, mittlerweile muss ich wohl nicht mehr darauf hinweisen, dass Sie dies wirklich tun sollten, nicht wahr? Bestimmt haben Sie längst gemerkt, wie viel positive Energie diese einzelnen Aufgaben in Ihnen freizusetzen imstande sind. Nehmen Sie sich daher einige Momente Zeit, um darüber nachzudenken, welche Ressourcen und Fähigkeiten Ihnen bereits zur Verfügung stehen. Sie werden erstaunt sein, auf welchen großen Pool Sie hier zurückgreifen können. Listen Sie hier alles auf, von dem Sie glauben, dass es Ihnen bei der Erreichung Ihrer Ziele und Träume helfen kann: Familie, Freunde, Charakterzüge, Talente, Fähigkeiten, Werte, Glaubenssätze, Verhaltensweisen, finanzielle Mittel, Zeit und all Ihre sonstigen Ressourcen. Genießen Sie diese Aufgabe, ich wünsche Ihnen viel Vergnügen dabei!

6.) Erstellen Sie eine Liste Ihrer Erfolge

Nehmen Sie sich nun Ihre Liste mit Ihren Stärken und Ressourcen und schwelgen Sie ein wenig in Erinnerungen. Lassen Sie sich treiben zu Erlebnissen in Ihrem Leben, wo Sie absolut erfolgreich waren, und bei denen Sie diese Fähigkeiten und Ressourcen wirksam eingesetzt haben. Dabei ist es ganz gleich, worum es sich handelt, um eine Situation aus Ihrem Berufsleben, in der Familie oder in Ihrem Hobby. Schreiben Sie alles auf, was Ihnen einfällt, sei es ein erfolgreicher Geschäftsabschluss, ein unvergesslicher Urlaub mit Ihrer Familie oder das geniale Tor in der Nachspielzeit im entscheidenden Pokalspiel. Notieren Sie möglichst genau und sinnesspezifisch, also was Sie damals gesehen, gehört, gerochen, geschmeckt und gefühlt haben. Schreiben Sie jeweils noch dazu, welche Ressourcen Ihnen dabei besonders geholfen haben. Gehen Sie in jede Situation noch einmal so hinein, als würden Sie genau jetzt noch einmal an dem speziellen Ort sein und genießen Sie das Gefühl des Erfolges!

7.) Erstellen Sie eine Liste der noch benötigten Fähigkeiten

Überlegen Sie sich nun, welche Fähigkeiten und Ressourcen Ihnen noch fehlen, die Sie aber unbedingt benötigen, um Ihre Ziele zu erreichen. Gehen Sie jedes Ihrer TOP-5-Ziele in Ihrem Erfolgsjournal durch und schauen Sie, wie Sie sein und was Sie können müssen, um das Ziel auf jeden Fall zu erreichen. Durch diese Überlegungen gelangen Sie zu den Bestandteilen, Glaubenssätzen und den Verhaltensweisen des Erfolges. Lassen Sie sich doch einfach mal überraschen, auf welche Dinge Sie dabei so stoßen werden.

8.) Erstellen Sie eine Liste mit den Dingen, die Sie am Erfolg hindern

Hand aufs Herz, was hat Sie bisher davon abgehalten, Ihre Ziele zu erreichen und Ihre Träume in die Tat umzusetzen? Wir Menschen sind sehr kreativ, wenn es darum geht, sich selbst einzuschränken und von erfolgreichem Handeln abzuhalten. Meist sind es limitierende Glaubenssätze à la »Ich werde sowieso scheitern« oder »Ich kann zwar gut planen, aber am Handeln scheitert es dann immer«. Gehen Sie diesen Glaubenssätzen und anderen Gründen also gut auf den Grund und nehmen Sie sich genug Zeit, denn es ist notwendig, dass Sie all die Umstände identifizieren, die Sie daran hindern, erfolgreich zu sein. Denn was man kennt, das kann man auch ändern!

9.) Erstellen Sie einen Erfolgs-Masterplan

Nehmen Sie sich Ihre Liste mit den TOP-5-Zielen und erstellen Sie für jedes einzelne Ziel einen konkreten »Schlachtplan«. Setzen Sie sich Meilensteine und legen Sie ebenfalls fest, zu welchem Termin Sie welche Aufgabe erledigt haben wollen. Die wichtigste Frage aber lautet: Welchen Schritt kann ich gleich heute tun, um dem Ziel ein großes Stück näher zu kommen. Man nennt diesen Schritt auch einen »kurzen Feedbackbogen«. Dieser stellt sicher, dass Sie auch wirklich ins Handeln kommen und nicht Ihr Ziel vor sich herschieben, wie der Esel seine sprichwörtliche Möhre.

10.) Handeln Sie!

Der zehnte und letzte Schritt ist der einfachste von allen, und doch für ganz viele Menschen so ungemein schwer. Aber es nützt alles nichts, Sie müssen ins Handeln kommen, denn noch kein Traum der Welt wurde auf der Couch umgesetzt, und auch nicht das kleinste Ziel durch Nichtstun erreicht.

Machen Sie einen Unterschied, denn es gibt genug Planungsweltmeister, die jedes Detail bis zur kleinsten Nuance durchplanen, nur um dann – wenn es zur Umsetzung kommen soll – festzustellen, dass sie noch nicht gut genug geplant haben. Mit dieser Strategie schaffen sie es, niemals richtig anzufangen und gelangen nie auch nur im Ansatz zur Umsetzung. Die Folge sind dann meist Frustration und Resignation.

An diesem Punkt sollten Sie mittlerweile jedoch keine Schwierigkeiten mehr haben. Machen Sie einfach den ersten Schritt auf dem Weg zu Ihrem Ziel, und starten Sie die Phase der Umsetzung. Dann lassen Sie sich einfach überraschen, wie leicht Ihnen der Weg auf einmal vorkommt. Einfach dadurch, dass Sie losgegangen sind.

Es ist sehr wichtig, zu träumen und sich große Ziele zu setzen. Aber alles hat seine Zeit, und nun ist die Zeit des Handelns gekommen. Nehmen Sie sich Ihre Liste mit den TOP-5-Zielen und handeln Sie. Noch heute. Jetzt! Und glauben Sie mir, das Leben wird Sie reich beschenken und belohnen!

Reich sein! Wie man den Arbeitsplatz gegen seinen Traumjob eintauscht

»Urlaub braucht nur derjenige, der seinen Job nicht liebt.«

Karl Lagerfeld

In den 1970er-Jahren lebte in Kalifornien ein junger Mann, der eines Tages eine mutige Entscheidung traf. Er ging, entgegen allen gut gemeinten Ratschlägen, vom College ab. Denn dieser junge Mann wusste nicht, was er mit seinem Leben anfangen wollte. Was er aber wusste, war, dass ihm das Wissen und die Fähigkeiten, die er auf dem College lernen würde, auf keinen Fall dabei helfen würden.

Voller Urvertrauen in sich und darin, dass schon alles gut werden würde, ging er also von der staatlichen Bildungseinrichtung ab und tat dies, obwohl er kaum finanzielle Rücklagen hatte, und oftmals morgens nicht wusste, wie er den Tag überstehen sollte. Er schlief bei Freunden auf dem Fußboden und sammelte Pfandflaschen, die er dann für fünf Cent beim Getränkemarkt abgab. Auf diese Weise schaffte er es, zumindest einmal in der Woche etwas Vernünftiges auf dem Teller zu haben.

Die Zeit war von großer Unsicherheit und Angst geprägt, aber im Rückblick sollte sich diese Entscheidung als eine der besten seines Lebens herausstellen. Denn von diesem Zeitpunkt an musste der junge Mann sich nicht mehr mit den Dingen beschäftigen, die ihn überhaupt nicht interessierten, sondern kümmerte sich ausschließlich um die Sachen und Themen, die ihm Spaß machten und die sowohl sein Herz als auch seinen Verstand ausfüllten.

Schnell stellte sich heraus, dass diese Dinge vor allem mit Technik und der Entwicklung von damals noch in den Kinderschuhen steckenden Computern zu tun hatten. So kam es schon wenige Jahre später, dass dieser junge Mann namens Steve Jobs gemeinsam mit seinen beiden Freunden Steve Wozniak und Ronald Wayne das heutige Weltimperium Apple in einer Garage in Los Altos gründete.

Für die Entwicklung des ersten Macintosh Personal Computers musste Steve Jobs seinen geliebten VW-Bus für 1.750 Dollar und sein Kumpel Wozniak seinen HP-Taschenrechner verkaufen, was ungefähr dem realen und vor allem ideellen Wert eines heutigen iPads entspricht.

Entgegen allen Zweifeln von sogenannten Experten und Besserwissern lebten die drei Männer ihren Traum und schufen eines der größten und erfolgreichsten Unternehmen der heutigen Zeit. Apple war geboren und sollte unsere Welt nicht nur auf der technischen Seite bereichern und beeinflussen.

Während ich diese Zeilen auf meinem iMac tippe, ist es erst wenige Wochen her, seit Apple-Gründer und CEO Steve Jobs seinem langem Kampf gegen den Krebs erlegen ist. Vielen Menschen galt und gilt er nach wie vor als großes Vorbild für ein wirklich reiches Leben. In den unzähligen Nachrufen wird seitdem immer wieder die berühmte »Stanford-Rede« präsentiert, die wohl exemplarisch für die Ideen und Ideale von Steve Jobs stand und nach wie vor steht.[26]

»Stay Hungry, Stay Foolish!«

Dies sind die Worte, mit denen er seine Rede vor den Absolventen des Jahrgangs 2005 abschließt. Schon damals war er körperlich und seelisch vom Krebs gezeichnet. Aber auch aus diesem Schicksalsschlag lernte er viel. Mehr noch, laut eigener Aussage war diese Diagnose ein bedeutender Wendepunkt in seinem Leben, denn sie zeigte ihm auf sehr deutliche und drastische Weise, dass die Zeit auf der Erde begrenzt ist, und dass man jede Sekunde, die einem geschenkt wird, so intensiv wie möglich nutzen sollte.

So gibt er den Studenten einen Rat mit auf ihren Lebensweg, den er schon seit frühester Jugend beherzigt hat:

>»Deine Zeit auf dieser Erde ist begrenzt. Verschwende sie nicht damit, das Leben von anderen zu leben. Lass' es nicht zu, dass die Meinungen anderer deine innere Stimme ersticken. Am wichtigsten ist es, dass du den Mut hast, deinem Herzen und deiner Intuition zu folgen. Alles andere ist nebensächlich.«

Oft sind es tatsächlich die Schicksalsschläge im Leben, die uns quasi über Nacht dazu zwingen, unsere Gewohnheiten und Routinen zu überdenken und zu ändern. Da ist der Topmanager, der erst nach einem Herzinfarkt beschließt, beruflich kürzerzutreten und sich mehr mit seinen Kindern zu beschäftigen.

Oder der Abteilungsleiter, der sich nach der unerwarteten Kündigung daran erinnert, dass er schon als Teenager gerne Koch geworden wäre und deshalb ein Restaurant eröffnet. Oder die Hausfrau und Mutter, die nach über 20 Jahren zu Hause von ihrem Mann verlassen wird, und noch einmal ganz von vorne anfangen muss.

Ich bin mir sicher, auch Sie kennen in Ihrem Umfeld genügend Beispiele, wie Menschen ihr Leben von heute auf morgen umgekrempelt und auf einmal glücklich gelebt haben.

Ein ganz wichtiger Bestandteil von Reichtum ist es, genau das Leben zu leben, welches man leben möchte. Die Freiheit zu haben, genau die Dinge zu tun und zu lassen, die man tun will, und nicht den Erwartungen anderer zu entsprechen. Doch es muss nicht sein, dass man erst auf einen externen Impuls oder einen großen Stein wartet, den einem das Schicksal in den Weg legt. Es gibt drei Zeitpunkte, die ideal sind, um den großen Schalter umzulegen, aus dem Hamsterrad auszubrechen und seine Träume zu leben und das Leben seiner Wahl und seiner eigenen Vorstellungen zu führen.

Die drei besten Zeitpunkte, um in seinem Leben etwas zu ändern

Zeitpunkt 1: Jetzt

Zeitpunkt 2: Jetzt

Zeitpunkt 3: Jetzt

Leben Sie schon das Leben Ihrer Träume? Wenn ja, meinen herzlichen Glückwunsch. Dann gilt es, dieses Leben noch bunter und noch schöner zu gestalten. Wenn es noch nicht so weit sein sollte, fragen Sie sich doch einmal, was Sie bisher davon abgehalten hat. Welche limitierenden Glaubenssätze sorgen dafür, dass man einen Beruf ausübt, den man eigentlich gar nicht mag, nur um mit dem wenigen und dafür hart verdienten Geld seine Rechnungen und Konsumschulden zu bezahlen?

Doch die noch viel wichtigere Frage lautet: Haben Sie in Ihrem Leben eine strikte Trennung zwischen Beruf und Leben? Zwischen Arbeitszeit und Freizeit? Kämpfen Sie sich die ganze Woche durch und freuen sich bereits am Montag auf das Wochenende, weil dann das wahre Leben beginnt? Haben Sie bereits am Samstagmittag wieder einige sorgenvolle Gedanken, weil Sie an den schrecklichen Montag denken, an dem alles wieder von vorne losgeht? Dieses weitverbreitete Konstrukt einer Zweiteilung von Beruf und Leben ist typisch für Unterlasser, denn es ist höchst einschränkend.

Machen wir uns eines doch einmal klar: Menschen, die auf diese Weise leben, verschwenden fünf Tage in der Woche ihre kostbare Zeit mit Dingen, an denen sie keine Freude haben, oder die sie vielleicht sogar verabscheuen, nur um dann zwei Tage am Wochenende das »richtige« Leben genießen zu können. Dass dieses Leben dann oftmals nur aus Fernsehen oder auf der Couch Rumhängen besteht, lasse ich hier mal außen vor.

Wenn Sie sich also in irgendeiner Weise in diesen Beschreibungen wiederfinden, dann ist es an der Zeit, etwas zu ändern. Vom Unterlasser zum Unternehmer zu werden und aus dem Beruf eine Berufung zu machen. Lassen Sie uns hierzu einen weiteren »Denk-dich-reich-Leitsatz« formulieren:

Denk-dich-reich-Leitsatz Nr. 13
Ich lebe mein Leben nach meinen Träumen und Vorstellungen und nicht nach den Erwartungen anderer. Ich mache meine Berufung zum Beruf und genieße jede Minute meines Lebens!

Wäre es nicht schön, das liebste Hobby zum Beruf zu machen? Den ganzen Tag genau das zu tun, woran man Freude und Spaß hat? Und sich, wenn man dann abends nach Hause kommt, darüber zu freuen, dass man dafür auch noch Geld bekommt? Um dieses Ziel zu erreichen, werden Sie sich höchstwahrscheinlich von einigen alten Glaubenssätzen trennen müssen. Denn eines gleich vorweg, die Vorstellungen der Berufswahl, wie sie heute immer noch unsere Schulen, Universitäten und vor allem Jobcenter vorgeben, sind mindestens schon seit 20 Jahren überholt.

Trotzdem werden sie gebetsmühlenartig wiederholt und als die einzige Möglichkeit suggeriert. Der klassische Weg über die mittlere Reife/Abitur, eine Ausbildung/Studium bis hin zur Festanstellung in einer Firma mit dem Aufstieg ins mittlere oder obere Management ist vielmehr die eigentliche Ursache, die so viele Menschen direkt in ihr Hamsterrad mit allen seinen Konsequenzen führt. Vor allem ist es zwar nicht unmöglich, aber doch sehr schwer, mit einer klassischen Berufswahl reich zu werden. Oder kennen Sie besonders viele reiche Krankenschwestern, Industriekaufleute, Beamte oder Steuerfachgehilfen? Sehen Sie.

Hingegen haben so ziemlich alle reichen Menschen eine Berufung, die man nirgendwo lernen kann. Weder an der Schule noch an der Uni. Denn leider gibt es den Studiengang »Unternehmer« noch an keiner offiziellen Bildungseinrichtung. Sie haben meist eine geniale Idee im Kopf und setzen diese dann mit viel Hartnäckigkeit, Energie und Leidenschaft in die Tat um. Irgendwann ist es dann soweit, dass Sie, während Ihr Geld für Sie arbeitet, Zeit für die Dinge haben, die Ihnen im Leben besonders wichtig sind.

Tja, und es ist keinesfalls überraschend, dass diese Dinge meistens ebenfalls mit der Berufung zu tun haben. Apropos, haben Sie schon eine Berufung? Oder zumindest viele Dinge im Leben, die Ihr Herz schneller und intensiver schlagen lassen?

Wenn Sie sich noch nicht vorstellen können, dass auch Sie ein Leben führen können, das identisch mit dem Ihrer Träume ist, dann sollten Sie noch einmal zum Kapitel über Glaubenssätze zurückkehren und ein paar der alten und einschränkenden Überzeugungen durch neue und förderliche ersetzen. Denn eines ist sicher:

Jeder Mensch hat besondere Talente und Fähigkeiten.

Jeder kann etwas, was andere nicht so gut können. Jeder Mensch ist auf irgendeinem Gebiet der Beste. Der Unterschied zwischen armen und reichen Menschen ist einfach, dass die Reichen diese Dinge den ganzen Tag machen (und dafür auch noch Geld erhalten), während die armen nur ein wenig ihrer sowieso schon kostbaren Zeit dafür abzwacken, weil sie den Großteil der Woche mit Dingen beschäftigt sind, die sie weder mögen noch tun wollen. Der Job ist halt ein Job und wird daher als notwendiges Übel mehr oder weniger schnell akzeptiert.

Doch das muss nicht sein. Es ist einfacher, als Sie denken, sich einen Job oder eine Tätigkeit zu kreieren, in der man nicht nur vollkommen aufgeht, sondern die auch noch genug Geld abwirft, um das Leben zu leben. Lassen Sie uns gemeinsam Ihrer Berufung auf die Spur gehen, okay? Werfen Sie doch hierzu bitte einmal einen Blick auf die folgende Grafik.

Vom Beruf zur Berufung

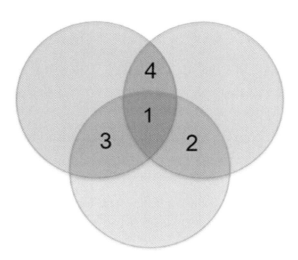

Mithilfe dieses Modells wird es auch Ihnen leicht fallen, das Leben Ihrer Träume zu führen, indem Sie etwas Struktur in Ihre Talente, Leidenschaften und Fähigkeiten bringen, und somit Ihren Beruf zur Berufung machen können. Dies muss auch nicht von heute auf morgen sein, wichtig ist nur, dass Ihr Unterbewusstsein wiederum ein Ziel und eine Vision hat, mit der es arbeiten kann.

Nehmen Sie sich dazu Ihr Erfolgsjournal und überlegen Sie sich sorgfältig die Antworten auf die Fragen neben jedem Kreis. Durch die viele Vorarbeit, vor allem durch Ihren perfekten Tag, sollte Ihnen diese kleine Aufgabe nicht mehr besonders schwer fallen.

Links: Was kann ich besonders gut? (Talente, Fähigkeiten etc.)

Worin sind Sie so richtig gut? Für welche Fähigkeiten werden Sie von Ihren Freunden bewundert? Welche Begabung haben Sie? Und gibt es Interessengebiete, auf denen Sie sich besonders zu Hause fühlen?

Es ist überhaupt nicht entscheidend, was es ist. Bewerten Sie Ihre Aufzeichnungen auch an dieser Stelle noch nicht. Schreiben Sie bitte alles auf, was in diese Kategorie fällt, vom kochen über Geige spielen, Fremdsprachen lernen, emphatisch sein, Expertenwissen über Gartenteiche, Modellbau, englische Literatur aus dem 19. Jahrhundert, Briefmarken, Golf, oder was Sie sonst noch so auszeichnet.

Rechts: Was möchte ich tun bzw. was tue ich besonders gerne? (Träume, Visionen etc.)

Dieser Punkt sollte keine Schwierigkeiten mehr bereiten, denn erstens haben Sie in der Übung Ihres perfekten Tages ausschließlich Dinge aufgeschrieben, die Sie besonders gerne tun, und zweitens hat Ihr Unbewusstes mittlerweile den Fokus neu justiert und auf Träume, Visionen und Ziele ausgerichtet. Um das Ganze noch einmal präsent werden zu lassen, können Sie sich folgende Frage noch einmal stellen:

Wenn Geld keine Rolle spielen würde, was würde ich den ganzen Tag lang tun?

Die Antworten, die Sie hierauf in Ihr Erfolgsjournal schreiben, sind die Dinge, die Sie im Leben mit Herzblut und Freude betreiben, und die Sie wirklich er- und ausfüllen.

Unten: Wofür sind andere Menschen bereit, mir Geld zu zahlen? (Welchen Wert kann ich schaffen)

Wenn wir uns noch einmal an die Definition von Geld erinnern, dann kommt es vor allem darauf an, Werte zu schaffen und im Gegenzug dafür monetär bezahlt zu werden. Man tauscht eine Ware oder Dienstleistung gegen den Gegenwert in Geld. Menschen geben gerne und viel Geld für alles aus, worin sie einen Wert sehen.

Die besten Geschäftsideen sind dadurch entstanden, dass ein kluger Kopf ein bestimmtes Problem erkannt oder antizipiert hat und genau dafür die passende Lösung entwickelte. Generell gilt daher:

Je größer die Problemlösungskompetenz eines Produktes oder einer Dienstleistung, desto höher ist der Wert, der dadurch erbracht wird.

Je höher dieser Wert ist, desto mehr wird sich Ihr Portemonnaie füllen.

Der Austausch von Werten schafft Reichtum

Anfang der 1950er-Jahre gab es in der Blütezeit des Wirtschaftswachstums eine Fabrik in Deutschland, die rasant wuchs und qualitativ hochwertige Industrieprodukte herstellte. Eines Tages jedoch fiel das Steuerelement der gesamten Fabrik aus, und der Direktor hatte große Sorge, denn seine gesamte Produktion und sämtliche anderen Maschinen und vor allem die Fließbänder hingen an diesem Steuerelement. Alles stand still, und nichts ging mehr. Also versuchten die Techniker der Firma dem Problem auf die Spur zu kommen, um die Maschine mit dem so wichtigen Teil zu reparieren. Aber obwohl sie tagelang suchten, schraubten, hämmerten und bohrten, nichts funktionierte, und die Fließbänder der Fabrik standen immer noch still.

Mittlerweile war der Direktor der Verzweiflung nahe, aber er gab nicht auf. Er hatte von einem Experten gehört, der – mittlerweile im Ruhestand – genau auf die Reparatur dieser Maschine mit genau diesem Steuerelement spezialisiert sein sollte. Er machte ihn ausfindig, und schon einen Tag später stand der ältere Mann mit grauen Haaren in einem blauen Overall und einer kleinen Werkzeugkiste vor der defekten Maschine. Auf die Frage, ob er in der Lage sei, das Problem zu beheben, murmelte er nur ein unverständliches »jup«. Dann steckte er sich sein Pfeifchen an und paffte erst einmal ein wenig Rauch in den Raum.

Während er so dastand und rauchte, betrachtete er für ungefähr zehn Minuten die Maschine. Dann nahm er einen Hammer aus seiner Kiste, nahm Maß und schlug mit einem beherzten Schlag auf einen bestimmten Punkt auf der rechten, unteren Seite. Kaum hatte er den Schlag ausgeführt, fing die Maschine bereits an zu rattern, und auch das Steuerelement nahm seinen Dienst wieder auf. Nach wenigen Minuten lief die Produktion der gesamten Fabrik wieder an, und die Arbeiter konnten die Arbeit wieder aufnehmen.

Erleichtert lud der Direktor den Experten mit den grauen Haaren und dem blauen Overall in sein Büro ein und schenkte zum Dank ein Glas seines besten Cognacs ein. Als er jedoch einen Blick auf die Rechnung über 10.000 D-Mark warf, war er doch ein wenig erstaunt.

»Das ist ja wohl ein wenig viel für zehn Minuten Rauchen und einmal kurz mit dem Hammer schlagen, oder?«

»Warten Sie«, entgegnete der Experte, »ich werde die Rechnung für Sie etwas detaillierter aufschreiben.«

Als der Direktor das korrigierte Dokument wieder in den Händen hielt, blieb ihm nichts anderes übrig, als das Geld zu zahlen. Er sah nämlich ein, wie recht der alte Mann hatte. Auf der Rechnung stand Folgendes:

> »Einmal mit dem Hammer schlagen: 1 Mark
> Zu wissen, wo man hämmern muss: 9.999 Mark«

Die Schnittmengen

Jetzt wird es spannend, denn nachdem wir uns Gedanken um die einzelnen Kreise beziehungsweise deren Inhalte gemacht haben, ist es nun Zeit, uns um die vier Schnittmengen zu kümmern. Diese sind in der Grafik mit Nummern versehen und jeweils mit einer bestimmten Lernaufgabe verbunden.

Wenn diese verstanden und erledigt sind, führt der Weg unausweichlich in die Mitte zum Optimalzustand, in dem alle drei Kreise in die gleiche Richtung führen. Haben Sie diese Balance erst einmal erreicht, dann sind Sie im Flow, und die Dinge werden wie durch Zauberhand und scheinbar mühelos in Richtung Reichtum und finanzielle Freiheit laufen.

Das heißt auf keinen Fall, dass es immer einfach sein wird, oder dass es keine Rückschritte geben wird. Aber es wird Ihnen einfach vorkommen, denn Ihr Bewusstsein und Ihr Unterbewusstsein arbeiten in diesem besonderen Zustand namens Flow Hand in Hand und gemeinsam für Ihre Ziele und Träume.

Die 1 – Hurra!!!

Wahrscheinlich trifft es das Wort »Hurra« noch nicht einmal besonders, denn in dieser Schnittmenge hat man es wirklich geschafft. Dieser Zustand ist der absolute reiche Superlativ. Das, was man gut kann, ist identisch mit dem, was man gerne tun möchte. Für den Wert, der mit dieser Tätigkeit geschaffen wird, sind andere Menschen auch noch bereit, Geld zu bezahlen.

Oder anders ausgedrückt, die Trennung von Arbeitszeit und Lebenszeit ist hier nicht vorhanden, denn das, wovon man träumt oder womit man am liebsten seine gesamte Zeit verbringen möchte, ist deckungsgleich mit dem, was man besonders gut kann. Abends kommt man dann nach Hause und denkt sich: »Wow, und dafür bekomme ich auch noch Geld!«

Ich sehe immer wieder gerne Interviews mit Fußballspielern (nein, nicht mit Lukas Podolski und auch nicht diejenigen direkt nach einem Spiel), in denen der Befragte sein Glück kaum fassen kann. Seit Kindesbeinen wollte er nie etwas anderes machen, als Fußball zu spielen. Mittlerweile ist genau das sein Beruf, und er bekommt im Optimalfall mehrere Millionen Euro im Jahr dafür, dass er genau das tut, wovon er schon als kleiner Junge geträumt hat.

In diese Mitte zu kommen, die Fähigkeiten und Talente mit den Träumen und Visionen in Einklang zu bringen und dafür auch noch Geld zu bekommen, das ist das Ziel, das am Ende der einzelnen Lernaufgaben aus den anderen Schnittmengen steht.

Es lohnt sich, denn ein Leben, in dem der Beruf gleichzeitig die Berufung ist, bietet einem eine große Erfüllung. Man verflucht den kommenden Tag nicht schon beim Aufstehen, sondern kann es kaum erwarten, aus den Federn zu kommen und fragt sich bereits im Bett, welche neuen Dinge und Freuden einem die kommenden Stunden so bringen werden. Man schleppt sich nicht mehr durch die Woche, nur um am Wochenende für ein paar Stunden sein vermeintliches Leben zu genießen. Denn in dieser Mitte, wenn die Talente, die Träume und der monetäre Gegenwert in Balance sind, genießt man jede Sekunde von dem, was man tut. Einfach, weil man es gerne tut. So gerne, dass man es auch umsonst tun würde. Aber da der Wert für andere Menschen so hoch ist, sind Reichtum und Freiheit eben auch unweigerliche Folgen eines Lebens in diesem Flow.

Die 2 – Verbessern Sie Ihre Fähigkeiten

Die Grundvoraussetzungen in dieser Schnittmenge sind optimal. Sie haben eine Berufung, für deren Wert andere Menschen bereit sind, Geld auszugeben. Das einzige Hindernis ist allerdings, dass Sie das, was Sie gerne tun würden, noch nicht besonders gut können. Doch die Betonung liegt hier eindeutig auf dem »noch«.

Denn so gut wie alle Fähigkeiten kann man lernen. Nicht alles schnell und über Nacht, aber wer noch immer das Ziel verfolgt, so schnell wie möglich so viel wie möglich Kohle ranzuschaffen, der sollte das Konzept von Reichtum sowieso noch einmal überdenken und ein paar Seiten zurückblättern. Lernen Sie also. Investieren Sie in sich selbst, und werden Sie besser. Dank Internet und Co. ist es heutzutage so einfach nie zuvor, sich in neue Themengebiete einzulesen. Dann besuchen Sie Seminare, Fortbildungen oder Kurse. Gehen Sie an die Abendschule, treten Sie einem Sportverein bei, lernen Sie kochen oder werden Sie Experte für romantische Malerei. Lesen Sie so viele Bücher wie möglich. Sehen Sie sich DVDs an, und hören Sie während langer Autofahrten MP3s oder CDs über spannende Themen. Was auch immer Ihre Traumtätigkeiten sind, Sie können auf diesem Gebiet ein Experte und vielleicht sogar einer der Besten werden.

Sowieso ist eines der größten Geschenke, die ein reiches Leben mit sich bringt, die Möglichkeit, sich auf den unterschiedlichsten Themengebieten weiter- und fortzubilden. Das potenziert sich dann wieder. Denn wie wir schon wissen, ist persönliches Wachstum immer eine notwendige Voraussetzung dafür, dass Ihr Kontostand gleichermaßen wachsen kann.

Die 3 – Lernen Sie, Ihre Talente und Fähigkeiten zu Geld zu machen

Während meiner Jugend in den frühen 1990er-Jahren gab es einen Spruch, der in den Kneipen und Bars kursierte: »Stell dir vor, es ist Krieg, und keiner geht hin!« An diesen Satz fühle ich mich oft erinnert, wenn ich talentierte Menschen bei mir im Coaching sitzen habe, die am Rande des Existenzminimums leben, obwohl Sie ihren Beruf mit Herzblut ausüben und auch noch richtig gut darin sind.

Aber was nützt einem ein geniales Produkt oder eine außergewöhnliche Dienstleistung, wenn diese niemals einem breiten Publikum zugänglich gemacht wird? Ganz nach dem Motto: »Stell dir vor, du hast das beste Produkt der Welt, und keiner kennt es!«

Vor diesem Problem stehen leider viele Menschen. Sie haben ein gutes Produkt oder eine einzigartige Dienstleistung, doch sie schaffen es einfach nicht, dafür Geld zu erhalten. Sollte dies der Fall sein, dann kann das natürlich an einigen einschränkenden Glaubenssätzen zum Thema Geld liegen. Wie man diese auflöst und durch förderliche ersetzt, wissen wir mittlerweile. Aber so gut wie immer liegt es am Wert beziehungsweise der Kommunikation des Wertes an den Markt, also an den potenziellen Kunden.

Dazu sollte man als Unternehmer natürlich zuerst einmal selbst den Wert seines Angebots kennen und akzeptieren. Sie ahnen ja nicht, wie viele Klienten ich schon in einem Coaching hatte, die etwas total Geniales konnten und anboten, aber den hohen Wert selbst nicht sahen und somit auch nicht kommunizieren konnten. Dies kommt natürlich häufiger bei Dienstleistern vor, bei denen das Produkt und der Anbieter eng verknüpft sind. Denn wenn ein Coach ein Coaching oder ein Event-Manager eine Event-Planung anbietet, dann steht er in erster Linie vor der Aufgabe, sich selbst zu vermarkten. Dann stellt sich natürlich schnell die Frage »Was bin ich mir selbst wert?« Wenn ich selbst schon nicht von mir und meinem Angebot überzeugt bin, wie soll ich dann jemand anderen davon überzeugen, dass er etwas davon hat, wenn er meine Dienste in Anspruch nimmt?

Aber nach all den Aufgaben und Übungen in diesem Buch sollten Sie mit dieser Fragestellung hoffentlich keine Schwierigkeiten mehr haben, sodass es hauptsächlich darum geht, das, was Sie tun und gleichzeitig gerne tun wollen, zu monetisieren.

Im ersten Schritt sollte daher der Wert Ihres Angebots so hoch wie möglich sein. Feilen Sie also an Ihren Produkten, und machen Sie alles so attraktiv und kundenfreundlich wie möglich. Suchen Sie aktiv nach möglichen Problemen, und bieten Sie dann eine passende Lösung an.

Es kommt aber auch häufig vor, dass der Wert schon hoch ist, Ihre potenziellen Kunden diesen aber so noch nicht wahrnehmen. Auch hier liegt die Lösung auf der Hand: Kommunizieren Sie so deutlich und klar wie möglich, welche Vorteile jemand hat, der Ihr Angebot kauft. Stellen Sie den Wert bestmöglich heraus. Gehen Sie dabei weg vom eigentlichen Inhalt des Produktes, sondern beschreiben Sie lieber, was am Ende dabei rauskommt und welches Problem damit bestmöglich gelöst wird.

Beispielsweise ist ein Babyfon eine wunderbare Sache. Aber keine Eltern dieser Welt kaufen ein Gerät, mit dem sie Geräusche und Signale ihres Kindes auf eine größere Entfernung wahrnehmen können. Nein, Eltern kaufen mit einem Babyfon vor allem die Freiheit, den Abend genießen zu können, ohne ständig in Sorge sein zu müssen, dass etwas mit ihrem Baby ist.

Auch kauft niemand nur ein Metallgestell mit zwei Glaseinsätzen, um sich vor der Sonne zu schützen. Nein, die Leute kaufen sich eine RayBan-Sonnenbrille, um einen bestmöglichen UV-Schutz zu haben, das Lebensgefühl von Piloten zu erfahren und dabei möglichst cool auszusehen.

Werben Sie also. Für sich und ihr Angebot. Vermarkten Sie den Wert, den andere Menschen davon haben. Auch wenn es am Anfang etwas schwerfallen sollte, in den höchsten Tönen von sich und seinen Produkten zu sprechen. Viele Unternehmer haben dabei immer ein schlechtes Gewissen, weil sie denken, sie seien zu aufdringlich oder sie würden ihre Kunden übers Ohr hauen und ihnen etwas aufschwatzen. Wenn auch Sie manchmal in diesem Dilemma stecken, dann fragen Sie sich einfach Folgendes: Hat der Kunde einen Zuwachs an Wert, wenn er mein Produkt kauft? Wenn die Antwort Ja lautet, dann profitiert er also vom Kauf und wird Ihnen mehr als dankbar sein, wenn Sie ihm dabei behilflich sind, ein Problem zu lösen und gemeinsam reicher zu werden.

Wenn Sie sich also im Feld Nummer 3 befinden, dann arbeiten Sie daran, den Wert Ihres Angebots optimal herauszuarbeiten, ihn so hoch wie möglich zu gestalten und ihn dann an so viele Menschen wie möglich zu kommunizieren.

Die 4 – Lernen Sie, Nein zu sagen

In dieser Schnittmenge habe ich mich sehr lange befunden. Ich war in meinem Job nicht nur sehr gut, sondern lieferte auch überdurchschnittliche Ergebnisse ab. Dafür waren die Unternehmen, für die ich arbeitete, auch bereit, mir ein sehr gutes Gehalt zu zahlen. Doch obwohl ich in dem, was ich tat, sehr gut war, sahen meine Träume und Visionen doch ganz anders aus. Ich fing an, Nein zu sagen und meinen Schwerpunkt mehr und mehr in Richtung der Tätigkeiten zu verlagern, die ich wirklich tun wollte.

Nun gibt es Menschen, denen es schnell gelingt, Nein zu sagen und denen diese Lernaufgabe Richtung Balance dadurch leicht fällt. Allerdings kenne ich auch genügend andere, denen es unendlich schwerfällt, dieses Wort mit den vier Buchstaben auszusprechen.

Wie so oft liegt die Ursache für diese Schwierigkeit vor allem in alten und limitierenden Glaubenssätzen wie »Ich muss es allen recht machen« oder »Wenn ich nicht alles tue, was mein Chef/Kunde/Kollege/Partner von mir verlangt, dann verliere ich meinen Job/Auftrag/Respekt/Liebe«. Es lohnt sich, diesen Dingen einmal auf den Grund zu gehen und dann alte Überzeugungen durch neue zu ersetzen.

Dann ist auch Nein sagen eine Gewohnheit wie jede andere, die man lernen und sich antrainieren kann. Man sollte mit kleinen Dingen anfangen und sich dann langsam steigern. Denn wenn man erst einmal begriffen hat, dass es überhaupt nicht schlimm ist, Nein zu sagen, fällt es auf einmal wesentlich leichter.

Ich coachte einmal einen Unternehmer, der für mehrere große Auftraggeber tätig war. Für diese stand er rund um die Uhr und sieben Tage in der Woche zur Verfügung. Hatte einer von denen eine Frage, so war er da. Und das, obwohl ihn dieser Stress mehr als zermürbte. Er wünschte sich nichts sehnlicher als einen ruhigen Feierabend und mindestens einen freien Tag in der Woche. Aber er hatte Angst, dass ein Nein das Ende der Geschäftsbeziehung bedeuten würde, auf deren Umsätze er nicht verzichten konnte (naja, eigentlich eher wollte, aber das ist wiederum ein anderes Thema).

Nach einer intensiven Glaubenssatzarbeit teilte er seinen Top-Kunden in einem Brief Folgendes mit: »Sehr geehrte Damen und Herren. Sie als meine besten Kunden verdienen meine ungeteilte und volle Aufmerksamkeit. Deshalb stehe ich Ihnen ab sofort von Montag bis Freitag in der Zeit von 08.00 Uhr bis 18.00 Uhr für Anfragen und Ratschläge zur Verfügung.«

Das Ergebnis war verblüffend. Nicht nur akzeptierten seine Geschäftspartner diese Entscheidung sofort, mehrere schrieben ihm auch zurück, dass sie sich freuten, dass er endlich auch an sich gedacht hatte, und sie sich schon immer wunderten, warum er rund um die Uhr erreichbar war. Zwar hätten sie diesen Service gerne in Anspruch genommen, aber auch mit den neuen Zeiten konnten sie mehr als gut leben.

Wer gut und authentisch Nein sagen kann, der tut nicht nur für sich selbst etwas Gutes, sondern steigt auch im Ansehen bei Anderen. Denn Menschen mögen es einfach, wenn jemand in der Lage ist, eine klare Entscheidung zu treffen.

Wenn Sie sich also in ihrer jetzigen Situation im vierten Feld befinden, dann nehmen Sie Ihre Lernaufgabe an und sagen zu mancher Aufgabe oder Anfrage einfach mal Nein.

Die Schnittmengen

Dadurch bewegen Sie sich auf Dauer in Richtung der Balance. Dorthin, wo das, was Sie tun, mit dem identisch ist, was Sie auch tun wollen. Dahin, wo andere Menschen bereit sind, Ihnen für diese Tätigkeiten Geld zu bezahlen.

Es ist gar nicht so schwer, Aufgaben zu finden, die man mit Freude und Leidenschaft angeht. Schon viele Klienten haben in einem Reichtums-Coaching mit diesem Modell ihre Berufung gefunden. Allerdings möchte ich noch einmal daran erinnern, dass der Weg nicht einem Hundertmeterlauf gleicht, sondern eher einem Marathon.

Wichtig ist nur, dass man anfängt zu laufen. Denn auch manch lange Strecke wird mit der richtigen Einstellung kürzer, als man es anfangs dachte. Auch der Weg zum weit entfernten Ziel kann bereits eine Menge Spaß machen und viele Türen öffnen, die weitere Chancen und Möglichkeiten bringen.

Nutzen Sie also dieses Modell und die drei Kreise, um sich eine Berufung zu kreieren, mit der Sie Ihr Leben gerne verbringen wollen. Suchen Sie sich Tätigkeiten und Aufgaben, die Sie gerne tun, und werden Sie darin gut. Suchen Sie sich einen Job, der Sie so ausfüllt, dass Sie den ganzen Tag nichts anderes tun wollen. Freuen Sie sich dann, wenn Sie abends nach Hause kommen:

»Und dafür bekomme ich auch noch Geld!«

Doch damit ist der Weg natürlich noch lange nicht zu Ende. Erinnern Sie sich noch, was die Reichen und die Armen über Reichtum denken? Richtig, ein Unterlasser denkt, man müsse Geld ausgeben. Ein Unternehmer hingegen denkt, er müsse Geld bekommen.

Deshalb geben die einen ihr hart verdientes Einkommen mit vollen Händen aus und vernichten Werte, während die anderen das Geld für sich arbeiten lassen und somit nicht nur ihre Werte, sondern vor allem ihr Vermögen und ihren Wohlstand vermehren.

Wie man dieses Prinzip für sich nutzen kann, aus seiner Berufung Kapital schlägt und das Geld für sich arbeiten lässt, sodass man noch mehr Freiheit hat, die Dinge zu tun, die man tun will, darum werden wir uns im folgenden Kapitel kümmern. Denn es liegt wahrer Reichtum darin, beispielsweise in der Karibik mit einem Cocktail am Strand zu liegen, während man gleichzeitig Geld verdient.

171

Die Kunst, Geld im Schlaf zu verdienen

»Der Sinn des Lebens ist Leben.«

Casper, Das Grizzly Lied

Es ist Juni in Berlin. An einem wundervollen Morgen um 10 Uhr hat das Thermometer bereits die 20-Grad-Marke überwunden. Nicht eine Wolke befindet sich am Himmel, und ein laues Lüftchen lässt einen diesen Sommertag noch eine Spur angenehmer erleben. Ein Blick auf meinen Schreibtisch lässt mich kurz zusammenzucken. Ein Haufen Arbeit, unerledigte Kundenanfragen, offene E-Mails und viele neue Projekte warten auf mich und wollen erledigt werden. Aber der Tag ist für solche Dinge einfach zu schön. Zuerst trinke ich gemeinsam mit meiner Frau auf unserer Terrasse einen wundervollen Espresso. Als sie das Haus verlassen hat, mache ich es mir in meiner Hängematte am Teich bequem und genieße die wärmenden Sonnenstrahlen.

Während ich dort relaxe, beginnt sich in meinem Kopf ein Gedanke zu formen. Ich packe meinen Rucksack, schnappe mir mein Bike und mache mich auf den Weg Richtung Norden. Schon nach wenigen Kilometern bin ich in Wandlitz angekommen. Dort, wo nicht umsonst früher die DDR-Bonzen ihre pompösen Residenzen hatten. Es ist einfach ein herrliches Fleckchen Erde. Rund um Wandlitz gibt es eine Vielzahl wundervoller Seen. Einer ist schöner als der andere. Ich finde eine lauschige Stelle, wo ich ganz für mich alleine bin. Ich lege meine mitgebrachte Decke aus und genieße die atemberaubende Schönheit der Natur. Für ein paar Stunden kann ich hier abschalten und meine Akkus aufladen. Nebenbei habe ich klasse Ideen für neue Seminarkonzepte und genieße die immer stärker werdende Kreativität.

Keine Spur von Hektik, kein Chef, der mich drangsaliert und einfach nur Leben pur. Und das Beste daran: Als ich am Abend dieses Entspannungs-Tages wieder nach Hause komme, habe ich während der Zeit, in der ich am See in der Sonne lag, mehrere Tausend Euro verdient.

Gerade diese Freiheit, mich entscheiden zu können, was ich tun und was ich nicht tun möchte, ist für mich persönlich der wichtigste Teil meines Reichtums. Denn ich kenne eben auch das komplette Gegenteil. Das gehetzte Eilen von Termin zu Termin, die sich stapelnden Anfragen des Chefs, das stundenlange Autofahren und die Sehnsucht auf die wenigen freien Stunden am Wochenende.

Aber statt ein Gefangener meines eigenen Terminkalenders und meiner eigenen beruflichen Verpflichtungen zu sein, kann ich mir heute den Luxus leisten, mich zu entscheiden, ob ich arbeiten will oder ob ich meinen Tag mit anderen schönen Dingen verbringe. Denn auch während ich diese Zeilen schreibe, verdiene ich gleichzeitig Geld. Dieses Geld übernimmt dann für mich die Funktion gedruckter Freiheit.

Für einen Unternehmer bedeutet Geld gedruckte Freiheit.

Eine unserer Vorannahmen bei der Übung »Perfekter Tag« war die Tatsache, dass Geld keine Rolle spielen würde beziehungsweise im Überfluss vorhanden sei. Dies ist auch gut, denn dadurch entstehen beim Träumen keine Einschränkungen, und man ist in der Lage, das gesamte Potenzial des eigenen Unterbewusstseins zu nutzen.

Nun ist das sogenannte wahre Leben aber leider nicht so, dass Geld keine Rolle spielt. Die Miete will gezahlt werden, man muss essen und trinken, Versicherungen arbeiten auch nicht umsonst, und so manche weitere Verpflichtung sorgt dafür, dass wir so ganz ohne Geld eben dann doch nicht auskommen. Für eine gewisse Grundversorgung im Leben benötigen wir ein möglichst stetiges und idealerweise hohes Einkommen. Hoch deswegen, weil ein weiterer Vorteil des Reichtums eben darin besteht, nicht jeden Cent zweimal umdrehen zu müssen, sondern sich auch diverse Luxusartikel, Reisen oder sonstige Annehmlichkeiten leisten zu können, wobei hier die Betonung eindeutig auf dem »Können« liegt.

Nachdem wir uns nun gemeinsam auf die Suche nach einer Berufung gemacht haben, wollen wir nun schauen, wie man aus dieser Berufung am besten so viel

Einkommen wie möglich generieren kann. Hierbei werden wir uns wiederum an unserer Definition von Reichtum orientieren:

> Reich sein bedeutet, sein Leben nach den eigenen Vorstellungen zu leben. Bestimmt von Chancen und Möglichkeiten.

Und genau dies ist gewährleistet, wenn wir mit den Ergebnissen der drei Kreise aus dem Modell des letzten Kapitels arbeiten. Denn wenn das, was wir gut können, mit dem identisch ist, was wir gerne tun wollen, und gleichzeitig auch noch andere Menschen bereit sind, dafür Geld zu bezahlen, dann ist das der beste Weg Richtung Reichtum und finanzieller Freiheit.

Die Gretchenfrage: selbstständig oder angestellt?

Eines sollte klar sein, wenn man andere Ergebnisse haben will als bisher, dann muss man etwas anders machen als bisher. Die Weichen sind längst gestellt, denn in den bisherigen Übungen und Aufgaben haben wir die innere Blaupause längst auf Reichtum und Wohlstand umprogrammiert.

Was ist nun der beste Weg, finanziell frei zu werden? Grundsätzlich stehen einem zwei Möglichkeiten zur Auswahl: selbstständig oder angestellt. Aber muss es unbedingt das eigene Unternehmen sein, oder kann man es auch als Angestellter, als Führungskraft oder als Top-Manager schaffen? Wie bereits mehrfach erwähnt, wird der klassische Weg mit Abitur, Ausbildung, Studium und einem festen Job in einem großen Unternehmen oder einer Behörde mit großer Sicherheit nicht zum gewünschten Ergebnis führen. Denn erstens hat man auf diese Weise kaum eine Chance, ein großes und wachsendes Vermögen aufzubauen, und zweitens ist man als Angestellter fast ausschließlich von den Erwartungen, Zielen und Handlungen anderer Menschen abhängig. Während man durch sein selbst gewähltes Hamsterrad strampelt, bleibt so gut wie keine Zeit für die wirklich wichtigen Dinge im Leben.

Zusätzlich fühlt man sich viel zu oft den Launen und Stimmungen inkompetenter Chefs, unausstehlicher Kollegen und nervender Kunden ausgesetzt und fügt sich irgendwann mehr oder weniger frustriert in sein Schicksal. Man spricht dann auch von der sogenannten *inneren Kündigung*. Man ist zwar körperlich noch anwesend, gedanklich aber schon meilenweit von dieser Firma entfernt.

Wieso ist das so? Warum resignieren so viele ehemals hoffnungsvolle und motivierte Angestellte irgendwann einfach? Neben den durch Parkinsons Gesetz oftmals recht hoch angewachsenen finanziellen Verpflichtungen (ja genau, vergessen Sie bitte die unsichtbare Kette nicht) bietet so ein fester Job ja auch einen riesengroßen Vorteil: die Sicherheit eines festen, regelmäßigen Einkommens und vielen anderen Dingen wie Versicherungen, Pensionen oder sonstige betriebliche Zuwendungen. Aber ist diese Sicherheit es denn wert, sie gegen seine Träume und Wünsche, vor allem aber gegen seine Freiheit einzutauschen? Bevor ich zur eigentlichen Antwort komme, möchte ich noch erwähnen, dass ich auf keinen Fall nur in der Gründung eines eigenen Unternehmens das Allheilmittel sehe. Es gibt viele Menschen, die als Angestellte sehr viel glücklicher sind, als sie es als Selbstständige je sein könnten. Sie gehen in ihrem Job auf und könnten sich nichts Schöneres vorstellen, als jeden Tag genau das zu tun, was sie tun. Und so lange jemand wirklich Spaß an seinem Job hat und jeden Tag mit Freude und Leidenschaft dabei ist, dann sollte er dies bitte auch weiterhin tun. Nur wirklich reich werden ist auf einem solchen Weg eben ziemlich schwierig.

Das ist als Unternehmer schon wesentlich einfacher, wenn auch nicht leichter. Auch als Selbstständiger bekommt man nichts geschenkt, man muss mindestens genau so hart arbeiten wie als Angestellter. Wenn nicht noch härter. Mann steht jeden Tag an der unternehmerischen Front und muss jeden noch so kleinen Rückschlag verarbeiten und meistern. Auch die Politik macht es einem in Deutschland immer schwieriger, als Unternehmer erfolgreich zu sein. Man könnte fast der Meinung sein, es ist zurzeit überhaupt nicht in, Unternehmer zu sein. Es passt ja auch nicht wirklich ins Konzept des allgegenwärtigen »Super-Nanny-Staates«, der am liebsten für alles in unserem Leben Sorge tragen möchte (denn nur dann hat er ja auch eine Berechtigung, die Verwaltung aufzublasen und viel Geld auszugeben).

Niemand sagt einem, was man zu tun und zu lassen hat, und die komplette Verantwortung lastet auf den Schultern des Selbstständigen. Der Preis ist also ziemlich hoch, wenn man sich entscheidet, ein eigenes Unternehmen zu gründen und seine Berufung zum Beruf zu machen. Ist es das wert? Ist man bereit, diesen Preis zu zahlen? Diese Fragen muss sich jeder selbst beantworten.

> Die Entscheidung, Unternehmer zu werden, muss jeder selbst treffen!

Den Beruf des Unternehmers kann man nicht lernen. Es gibt keine Berufsschule dafür, und keine Universität bietet einen solchen Studiengang an. Zu allererst muss man aber eine Entscheidung treffen, von nun an auf eigenen Beinen stehen zu wollen und sich nur noch auf seine eigenen Talente, Fähigkeiten und Qualifikationen zu verlassen. Diese nimmt einem niemand ab. Auch wenn man jahrelang wartet, dass irgendjemand kommen würde, um einem zu sagen: »Na los, jetzt trau dich schon und setz' deine Ideen in die Tat um!« Dieser Jemand wird nicht kommen, und die Entscheidung nimmt einem keiner ab. Dann muss man in die Rolle als Unternehmer hereinwachsen. Viel Lernen, Fehler machen und daraus wieder lernen.

Aber es lohnt sich, wenn man bedenkt, was man dafür alles bekommt. Man bekommt ein Leben voller Chancen und Möglichkeiten und hat jederzeit das Ruder selbst in der Hand. Nur man selbst bestimmt, was man wann und wo tun möchte. Welche Produkte man anbietet. Welche Zielgruppe man auswählt und wie das Marketing-Konzept aussieht. Und vor allem bestimmt man auch, was man nicht tun möchte. Es gibt zwar genügend Risiken, aber aus meiner Sicht überwiegen die Chancen und Möglichkeiten, die man gewinnt, wenn man seine vermeintliche Sicherheit gegen die Freiheit eines eigenen Unternehmens eintauscht.

Der eigentliche Grund, warum ich der Meinung bin, dass man als Selbstständiger wesentlich größere Chancen hat, eine individuelle finanzielle Freiheit zu erlangen, liegt in einem weiteren Geheimnis der Reichen. Beantworten Sie sich doch bitte einmal folgende Frage:

> Arbeiten Sie für Ihr Geld, oder arbeitet Ihr Geld für Sie?

Das Hauptproblem eines Angestellten ist, dass er immer das Gleiche verdient, egal wie gut er ist oder wie viel Einsatz er zeigt. Selbst wenn jemand erheblich mehr leistet, bessere Ideen hat, mit Leib und Seele für die Firma lebt, dann verdient er trotzdem genauso viel wie der Kollege, der nur Dienst nach Vorschrift tut. Mit Glück wird er nach ein paar Jahren befördert, aber wirklich motivierend ist diese Art der Bezahlung nicht. Unternehmen, die ein variables und stark leistungsbezogenes Gehaltsschema anbieten, sind sehr selten. Wahrscheinlich liegt es auch am hohen Sicherheitsdenken der heutigen Arbeitnehmer. Denn lieber hat man ein geringes Einkommen sicher, als möglicherweise noch weniger. Dass man auch die Chance hat, erheblich mehr zu erhalten, spielt im Fokus der inneren Blaupausen meist überhaupt keine Rolle.

Als Unternehmer ist das anders. Jeder Verkauf, jeder Geschäftsabschluss und jedes neue Projekt haben eine direkte Auswirkung auf das persönliche Einkommen. Arbeitet man viel und liefert hohe Qualität ab, dann verdient man auch viel. Entscheidet man sich, für zwei Wochen gar nichts zu tun, dann wird auch das sich in den Einnahmen widerspiegeln. Stellt ein Unternehmer es clever an, dann kann er mit ein wenig Vorarbeit seinen eigenen persönlichen Einsatz an Zeit und Aufwand stark herunterfahren und trotzdem einen permanenten Fluss von Geld auf sein Konto sicherstellen. Doch dazu kommen wir gleich.

Lassen Sie uns vorher noch ein wenig beim Unterschied zwischen einem Angestellten und einem Unternehmer bleiben. Nehmen wir an, jemand ist im mittleren Management bei einem Unternehmen, beispielsweise in der Automobilindustrie tätig. Er bekommt monatlich ein festes Gehalt in Höhe von X. Doch diese Summe X landet ja bei Weitem nicht eins zu eins bei ihm auf dem Konto. Bei den meisten Menschen gehen von dem Bruttolohn X 35 bis 50 Prozent ab (Sozial-, Renten-, Pflegeversicherung etc.), und diese Summe landet dann als Nettogehalt Y auf dem Konto. Von Y bezahlt der Angestellte dann alle notwendigen Ausgaben wie Versicherungen, die Miete, die Altersvorsorge, den Auto-Kredit, Telefon- und Fernsehanschluss und natürlich (sofern vorhanden, und sie sind leider bei den meisten vorhanden) die Konsumschulden. Sollte jetzt noch etwas übrig bleiben (und das ist selten, und wenn, dann nicht sehr viel), dann wird dieser Betrag Z im besten Fall beiseitegelegt, meistens jedoch für ein schickes Essen, einen neuen Anzug oder für den Sommerurlaub ausgegeben. Der Wohlstand dieses Musterangestellten stagniert oder schrumpft also auf lange Sicht. Bestenfalls schafft er es, ein wenig Geld zu sparen. Dass auf diese Weise kein großes Vermögen entstehen oder sogar wachsen kann, liegt auf der Hand. Es spielt auch keine große Rolle, wie hoch das Einkommen ist. Denn mittlerweile wissen wir ja, dass sich die Ausgaben den Einnahmen meist schneller anpassen, als einem recht ist. Unter dem Strich heißt dies nichts anderes, als dass man als Angestellter alle anderen (Staat, Banken, Versicherungen, Vermieter etc.) zuerst bezahlt und erst ganz zum Schluss sich selbst.

Die Reichen bezahlen sich selbst zuerst

Beim Unternehmer ist dies genau andersherum. Er bezahlt zuerst sich selbst, investiert in sein Unternehmen und andere Erfolg versprechende Chancen und zahlt vom Rest seine Rechnungen und Steuern. Dies ist nicht nur ein riesiger Unterschied im Denken und in der daraus resultierenden inneren Blaupause, sondern auch in dem, was einem zum Investieren und Sparen bleibt. Dies soll kein Ausflug in die Welt der Steuern oder der damit zusammenhängenden Sparmöglichkeiten werden, und gerade als Unternehmer zahlt man eine Menge Steuern (und weiß am Anfang des Jahres nie genau, wie viel es am Ende des Jahres sein wird). Aber man hat mit einem eigenen Unternehmen einfach viel bessere Möglichkeiten, ein Vermögen aufzubauen und dieses stetig wachsen zu lassen.

Genau deshalb sind auch fast alle reichen Menschen ihr eigener Chef und besitzen eines oder mehrere Unternehmen. Denn auf diese Weise hängt die Höhe des Einkommens direkt vom eigenen Einsatz ab, und gleichzeitig kann das verdiente Geld sich wesentlich leichter vermehren und wachsen. Aus diesem Gedanken wollen wir daher den nächsten »Denk-dich-reich-Leitsatz« formulieren:

> **Denk-dich-reich-Leitsatz Nr. 14**
> Ich arbeite nicht für mein Geld, sondern lasse mein Geld für mich arbeiten. Ein regelmäßiges passives Einkommen schafft mir die Freiheit, das Leben meiner Träume zu führen.

Passives Einkommen, was will der Grzeskowitz denn nun schon wieder? Da kommen wir gleich sehr ausführlich drauf zu sprechen. Vorher werden wir uns aber noch einmal anschauen, wie man denn sein Geld am besten für sich arbeiten lassen kann. Das Stichwort hier heißt: Investieren.

Denn im Gegensatz zu Schulden, mit denen wir unsere Zukunft verkaufen, ist es bei Investments genau umgekehrt. Wir legen jetzt Geld mit dem Ziel an, dass es im Wert steigt und wir diesen höheren Wert in der Zukunft konsumieren können. Genau wie es der Bauer tut, der einen Teil seines Getreides nicht isst, sondern aussät, um dadurch eine große Ernte im nächsten Jahr einfahren zu können.

Nun ist dies kein Finanzbuch, und ich will Ihnen auch gar keine Investment-Tipps geben. Dafür gibt es andere Bücher und Experten, die dafür mit Sicherheit besser geeignet sind. Aber wenn Sie wirklich reich werden wollen, dann ist es unumgänglich, ein solides finanzielles Fundament zu schaffen und dieses dann sukzessive wachsen zu lassen. Dies geht nun mal nur durch regelmäßiges und vor allem intelligentes Investieren. Erinnern Sie sich noch an den Zinseszins aus dem Schuldenkapitel?

So brutal, wie dieser Mechanismus die Schulden nach oben getrieben hat, so zuverlässig wirkt er beim Aufbau von Wohlstand und Reichtum. Während Sie im Urlaub am Strand unter Palmen relaxen oder beim Essen mit einer schönen Frau im Restaurant sitzen, vermehrt sich Ihr Geld gleichzeitig von selbst. Das Geld arbeitet, während Sie Zeit zum Leben haben. Eine schöne Vorstellung, nicht wahr?

Je größer das Vermögen wird, desto mehr Zinsen und Zinseszinsen verdienen Sie. Haben Sie also bereits früh angefangen, Ihr Geld zu investieren, dann stehen die Chancen gut, dass Sie bereits einen beträchtlichen Vermögensgrundstock aufgebaut haben. Aber auch wenn Sie jetzt erst damit beginnen, sich neue reiche Gewohnheiten anzueignen (und intelligentes Investieren ist eine der wichtigsten davon), wichtig ist, dass Sie anfangen. Es spielt keine Rolle, ob Sie anfänglich nur einen Euro pro Monat investieren oder 10.000 Euro. Entscheidend ist wieder einmal, dass Sie etwas so oft und regelmäßig tun, dass es zu einer Gewohnheit wird, und dass Ihnen dieses Verhalten in Fleisch und Blut übergeht. Wenn Investieren für Sie erst einmal so natürlich geworden ist wie das tägliche Zähneputzen, dann haben Sie einen großen Schritt in Richtung Reichtum und finanzielle Freiheit getan.

Damit Sie möglichst bald damit beginnen können, diese Gewohnheit zu etablieren, möchte ich Ihnen noch ein paar Denkanstöße geben, in welchen Bereichen es sich lohnt zu investieren. Diese Liste ist weder vollständig noch handelt es sich um die für Sie besten Investitionsgelegenheiten. Diese muss sowieso jeder für sich ganz individuell herausfinden. Aber zum Start ist sie optimal. Je reicher Ihr Leben wird, desto mehr werden Sie mit offenen Augen die Möglichkeiten entdecken. Denn Chancen zum Investieren gibt es wie Sand am Meer. Der Unterschied ist nur, dass die Armen sie nicht sehen und ihr Geld lieber für den Konsum ausgeben, und die Reichen mit jeder gelungenen Investition ihr Vermögen noch weiter ausbauen. Nun aber zur angesprochenen Liste.

Reich werden durch intelligente Investitionen

1. Investitionen an der Börse: Aktien, Indizes, ETFs, Puts, Calls, Zertifikate, Fonds etc.

2. Investitionen in Edelmetalle wie Gold, Silber, Platin oder Palladium

3. Investitionen in Ihr Unternehmen: Wachstum, neue Geschäftsfelder, neue Produkte, neue Technik etc.

4. Investitionen in andere Unternehmen: Beteiligungen, Käufe etc.

5. Investition in Grund und Boden: Eigentumswohnungen, Mehrfamilienhäuser zum Vermieten etc.

Diese fünf Bereiche eignen sich alle hervorragend, um sein Geld für sich arbeiten zu lassen. Was am besten zu einem passt, muss allerdings jeder für sich selbst herausfinden. Generell gilt aber eine Regel, die so wichtig ist, dass wir einen weiteren »Denk-dich-reich-Leitsatz« daraus formulieren:

> **Denk-dich-reich-Leitsatz Nr. 15:**
> Investitionen lassen meinen Wohlstand wachsen. Ich investiere nur in Dinge, die ich von A-Z verstanden habe!

Lesen Sie diesen Satz bitte mehrmals. Es ist wichtig, dass Sie ihn verinnerlichen. Ich selbst habe viel Lehrgeld bezahlt, weil ich diesen Leitsatz vor Jahren noch nicht kannte. Vielleicht ist es aber auch umgekehrt, denn ohne die negativen Erfahrungen wäre dieser Satz nicht entstanden und meine heutige Investitionskarriere nicht so erfolgreich.

Die Bücher, Zeitschriften und Zeitungen sind voll von sicheren Anlagetipps und Jahrhundertchancen, an denen im Endeffekt nur die Banker und die Broker verdienen. Ich habe mir an so einigen Investitionen die Finger verbrannt, weil ich weder wusste, in was genau ich mein Geld steckte, noch was genau mit diesem passiert. Doch ich habe schnell gelernt.

Wenn ich heute in etwas investieren möchte, dann lese ich sämtliche Informationen und Hintergründe, die ich zu diesem Thema finden kann, bis ich wirklich alles von vorne bis hinten verstanden habe. Dann, und wirklich erst dann mache ich eine Chancen-Risiken-Analyse und investiere bei den richtigen Rahmenbedingungen mein Geld. Seitdem dieses nur noch in Gelegenheiten fließt, von denen ich etwas verstehe, sind auch die Erträge wieder überdurchschnittlich gestiegen. Und damit mein Vermögen.

Ich kann es gar nicht oft genug betonen. Gelegenheiten zum erfolgreichen Investieren bieten sich überall und zu jeder Zeit. Ich habe zum Beispiel an den Börsen die größten Gewinne gemacht, als diese raketenhaft in den Keller schossen. Wenn man weiß, wie man daraus Kapital schlagen kann, dann lassen sich sowohl in Boom- wie auch in Krisenzeiten hohe und sichere Investitionsgewinne erzielen. Naja, relativ sicher, denn jede Chance birgt natürlich auf der anderen Seite auch wiederum Risiken.

Lesen Sie sich also ein, und werden Sie zum Experten. Aber verlassen Sie sich bitte nicht auf Bild, Focus Money & Co. Diese dienen höchstens als Kontraindikator, und man macht sicherlich nicht viel verkehrt, wenn man immer genau das Gegenteil von dem macht, was einem in diesen Blättern geraten wird. Investieren Sie richtig und intelligent, und Ihr Vermögen wird wachsen. So einfach ist das!

So weit so gut. Es ist jedoch noch eine Frage offen: Woher soll denn das Geld zum Investieren kommen? Erst einmal ist es überhaupt nicht entscheidend, wie viel Sie investieren. Es ist viel wichtiger, sich diese reiche Gewohnheit anzueignen und von dieser langfristig zu profitieren.

Generell gilt aber nun mal: Je mehr ich investieren kann, desto höher sind auch die absoluten möglichen Renditen. Und natürlich die Risiken, aber wenn Sie den letzten »Denk-dich-reich-Leitsatz« beherzigen, dann sollten diese überschau- und kalkulierbar sein.

181

Das Geheimnis eines durch Investitionen wachsenden Vermögens und eines reichen Lebens voller Genuss und Freiheit liegt im passiven Einkommen. Dies ist ein stetiger Fluss von Geld auf Ihr Konto, der automatisch eingeht, ob Sie nun gerade arbeiten, schlafen oder sich auf einer Wanderung durch die Alpen befinden.

Während Sie gerade diese Zeilen lesen, verdiene ich Geld in Form von Tantiemen des Verlages (deshalb natürlich an dieser Stelle noch einmal vielen Dank, dass Sie dieses Buch gekauft haben). Und dies, obwohl ich vielleicht gerade ein Nickerchen mache oder mit meiner Familie im Urlaub bin. Von solchen Einkommensquellen habe ich mittlerweile eine ganze Menge. Einzeln betrachtet wird man davon zwar nicht reich, aber in der Summe läppert es sich ganz schön zusammen. Dieses passive Einkommen gibt mir dann wiederum wesentlich mehr Freiheit bei meinem eigentlichen Job, den Seminaren und Coachings. Hört sich verlockend an, nicht wahr?

Wenn ich es geschafft habe, dann können Sie das auch! Aber ich habe eine gute und eine schlechte Nachricht für Sie. Fangen wir mit der schlechten an. Denn auch in Produkten, Dienstleistungen oder Projekten, die ein passives Einkommen abwerfen, steckt viel Arbeit. Bevor das Einkommen passiv werden kann, erfordert es eine Menge aktiven Input. Auch in diesem Buch steckt eine Menge Herzblut, Zeit, Arbeit und Fleiß. Aber nachdem die Arbeit beendet ist, ist sie auch wirklich vorbei (mal vom Marketing, administrativen Tätigkeiten oder Pflege von Webseiten etc. abgesehen). Ab dann fließt das passive Einkommen, ohne dass man etwas dafür tun muss.

Und nun zur guten Nachricht. Es war noch nie so einfach, aus einer Idee oder einer besonderen Fähigkeit ein passives Einkommen zu generieren wie heute! Denn Geld repräsentiert den Wert im Kopf des Gegenübers. Wenn man mit seinem Talent, seinen Fähigkeiten oder seinem Wissen anderen Menschen einen Wert bieten kann, dann sind diese mehr als bereit, dafür Geld zu bezahlen. Je mehr Menschen ich mit meinem Angebot erreiche, desto besser, denn dadurch steigt die Anzahl potenzieller Kunden und Verkäufe.

Während man noch vor 15 Jahren mehr oder weniger räumlich an eine bestimmte Region gebunden war, macht es das Internet heute möglich, dass wir innerhalb von Sekunden mit der gesamten Welt kommunizieren und Menschen auf allen Kontinenten Produkte und Dienstleistungen anbieten können. Während man früher für den Verkauf von Produkten noch von Haus zu Haus ziehen, einen Stand auf einem Markt oder einer Messe anmieten oder gar ein Ladengeschäft eröffnen musste, kann man exakt das gleiche Produkt ganz bequem von der heimischen Couch oder sogar aus dem Bett verkaufen. Im Optimalfall hat man den Verkaufsprozess dann so automatisiert, dass der gesamte Kaufprozess von alleine abläuft und man sich zeitgleich mit Dingen beschäftigen kann, die einem Freude bereiten.

Timothy Ferriss umreißt in seinem Weltbestseller *Die 4-Stunden-Woche* einen Lebensstil, der genau auf diesem Modell des passiven Einkommens basiert.[27] Darin berichtet er, wie er sich ein automatisches Einkommen geschaffen hat, indem er mithilfe eines Online-Shops Nahrungsergänzungsmittel für Sportler vertreibt. Haben diese einen Wert für andere Menschen? Aber ganz gewiss. Sind diese Menschen bereit, dafür Geld auszugeben? Na klar. Ferriss verkaufte viel, tauschte Werte aus und wurde reich. Nach einer Anlaufphase lief sein Shop vollkommen automatisiert, sodass er sich nur noch vier Stunden in der Woche darum kümmern musste. Dies konnte er von überall auf der Welt tun, da es sich um ein reines Online-Geschäft handelte. Während der restlichen 164 Stunden der Woche reiste er durch die Welt und gab sich seinen Leidenschaften hin. Er tanzte Tango in Argentinien, lernte Chinesisch, wurde Kampfsportmeister in Asien, reiste durch Europa und tat viele spannende Dinge mehr. Wenn auch sehr viel Marketing dabei ist, das Grundkonzept passt optimal in das Leben eines jeden Reichen. Allerdings wird es jemandem wahrscheinlich schwerfallen, nur vier Stunden in der Woche für seine Berufung aufzuwenden.

Aber darum geht es auch gar nicht. Es geht darum, seine Zeit frei einzuteilen und entscheiden zu *können*, ob und wann man arbeiten und wann man sich anderen Dingen im Leben widmen möchte. Wenn man seine Berufung zum Beruf macht, dann kommt es einem sowieso nicht wie Arbeit vor, denn man verdient sein Geld ja mit einer Tätigkeit, die man mit Leidenschaft und Herzblut tut. Wenn man diese Art von Reichtum verinnerlicht hat, dann gibt es keine Trennung mehr zwischen Arbeits- und Privatleben, sondern man genießt jede Minute und freut sich auf jeden einzelnen Tag, der vor einem liegt.

Jetzt ist es aber leider nicht so, dass sich jeder Beruf und jede Arbeit dafür eignet, passives Einkommen zu generieren. Wenn ich beispielsweise ein Seminar gebe, dann dauert dieses zwischen drei und zehn Tagen und fordert natürlich meine volle Aufmerksamkeit beziehungsweise meine persönliche Anwesenheit. Bin ich nicht da, findet auch kein Seminar statt. Je nachdem, wie viel Motivation und Leidenschaft ich in die Tage einbringe, sind die Teilnehmer entweder nur zufrieden oder komplett begeistert. Da ich einen extrem hohen Anspruch habe, gebe ich natürlich immer mehr als 100 Prozent, um sicherzustellen, dass jeder Einzelne einen höchstmöglichen Wert aus dem Seminar mitnimmt. Genauso ist es mit meinen Coachings. Auch diese sind direkt von meiner Zeit und meinem Einsatz abhängig.

Deshalb war es von vornehmein mein großes Ziel, nur noch solche Themen in einem Coaching zu behandeln, die mich wirklich interessieren und mir Spaß machen. Ich habe es geschafft. Mittlerweile kann ich es mir leisten, oft Nein zu sagen und so manchen Klienten nicht anzunehmen, sondern an einen Kollegen zu verweisen. Ein exklusiver und reicher Luxus, den ich mir gerne gönne.

Aber durch diese Exklusivität kann ich auch wieder einen höheren Stundenlohn verlangen. Ein mehr als schöner Dominoeffekt, den ich mir allerdings nur leisten konnte, weil mir die Vielzahl von passivem Einkommen die Freiheit dazu gegeben hat und immer noch gibt.

Zeit für das Wesentliche – ein passives Einkommen aufbauen

Ich kann mich noch gut an ein Seminar erinnern, das ich vor ein paar Jahren in München gab. Wir arbeiteten an einem bestimmten Tag an den Zielen der Teilnehmer. Jeder Einzelne war in seine persönliche Lebensplanung vertieft und voller Motivation, endlich anfangen zu können. Besonders im Gedächtnis ist mir ein junger Mann aus der Schweiz geblieben, der – gerade frisch von der Schule abgegangen – voller Inbrunst sein Ziel formulierte: »Ich will in den nächsten drei Monaten ein passives Einkommen von 7.000 Euro haben!«

Glauben Sie, dass er dieses Ziel jemals erreicht hat? Natürlich nicht. Er hat nicht mal einen Anfang gewagt. Denn leider vergaß dieser durchaus talentierte junge Mann etwas sehr Entscheidendes. Es heißt zwar *passives* Einkommen, jedoch ist es nichts, was einfach vom Himmel fällt und für das man nichts tun müsste. Im Gegenteil, es ist sogar sehr viel aktives Planen, Ausprobieren und vor allem Handeln gefragt. Wie so oft, wenn es um das Thema Reichtum geht, so ist auch der Aufbau eines langfristigen und nachhaltigen passiven Einkommens eher ein Marathon als ein 100-Meter-Lauf. Es lohnt sich auch hier, ein solides Fundament zu errichten, auf dem dann die weiteren Stockwerke sicher und stark aufgebaut werden können.

Kennen Sie noch Dagobert Duck? Der hat auch seinen allerersten Kreuzer in einer Glasvitrine aufgehoben, denn er weiß genau, dass auf diesem Kreuzer sein ganzes Vermögen aufbaute. So ist es auch mit dem passiven Einkommen. Alles beginnt mit dem ersten Euro, den Sie einnehmen. Ich kann Ihnen versprechen, es ist ein erstaunlich schönes Gefühl, wenn Sie das erste Mal Einkommen generieren, obwohl Sie gerade beim Tauchen oder Tennisspielen sind.

Aber, werden Sie jetzt wahrscheinlich einwenden, wie kann man denn nun am besten ein passives Einkommen aufbauen, das langsam, aber stetig wächst. Dies ist grundsätzlich sehr einfach, und Sie können wiederum aus den Ergebnissen der Übung mit den drei Kreisen schöpfen. Fragen Sie sich am Anfang einfach Folgendes:

> Was kann ich anderen Menschen anbieten, was für diese einen hohen Wert hat?

Die Antwort hierauf wird wieder aus dem großen Pool Ihrer Talente, Fähigkeiten, des Wissens oder Ihrer Interessen kommen. Aus so gut wie allem lässt sich passives Einkommen generieren. Machen Sie also ruhig ein Brainstorming und schreiben Sie alle Ideen auf, die Ihnen so in den Sinn kommen. Was können Sie besonders gut, und worin kennen Sie sich extrem gut aus? Welche Probleme können Sie mit diesen Fähigkeiten und diesem Wissen lösen? Insgesamt können Sie sich an folgender Formel orientieren:

> Die »Denk-dich-reich-Erfolgsformel«: $W \times P \times Q \times M = E$

Dabei steht W für den Wert, den Ihr Produkt oder Ihre Dienstleistung für andere Menschen hat. P ist die Problemlösungskompetenz, also die Fähigkeit, wie gut Ihr Angebot eine Lösung für bestehende Probleme darstellt. Schlussendlich ist Q die Qualität und M die mögliche Anzahl an Menschen, die Sie mit Ihrem Angebot erreichen können. Tja, und E steht natürlich auf der einen Seite für Einkommen, viel mehr allerdings noch für Erfolg.

Wenn Sie sich an dieser Formel orientieren, dann haben Sie vier Stellschrauben, an denen Sie drehen können und die Ihr passives Einkommen positiv beeinflussen werden. Es lohnt sich aber immer, mit den ersten beiden Faktoren anzufangen, dem Wert und der Problemlösungskompetenz. Denn wenn Sie hier etwas gefunden haben, dann können Sie beginnen. An der Qualität und der Massenwirkung können Sie dann später noch arbeiten. Wichtig ist, wie so oft, dass Sie tatsächlich anfangen.

Das Tolle ist, dass sich so gut wie jedes Themengebiet eignet, um daraus ein passives Einkommen zu generieren. Überlegen Sie sich doch einfach mal, wofür Sie in letzter Zeit Geld ausgegeben haben, weil Ihnen jemand etwas angeboten hat, was für Sie von Wert war.

Ich habe in diesem Jahr einen Teich in meinem Garten gebaut. Nachdem ich mir anfänglich noch vorstellte, man müsste nur mit der Schaufel ein Loch buddeln, dann die Folie auslegen, um zum Schluss das Wasser und die Fische einzulassen, wurde ich doch schnell eines Besseren belehrt. Ich kann Ihnen sagen, so ein Teichbau ist eine Wissenschaft für sich. Das fängt mit der Planung der Grundfläche an, geht über das Ausmessen der einzelnen Teichebenen weiter und endet mit der Auswahl der Materialien, der möglichen Pflanzen und Fischarten, die einmal in dem Teich leben sollen.

Schnell war ich vollkommen überfordert, da es mir viel zu kompliziert erschien und ich keine Ahnung hatte, was ich alles brauchte, und womit ich anfangen sollte. Zum Glück habe ich einen großen Bekanntenkreis, sodass ich an einen Landschaftsgärtner geriet, der mir im Gegenzug für einen Seminarbesuch bei mir unter die Arme griff. Was dieser Mensch an Wissen hatte! Innerhalb von nur zwei Tagen wusste ich so viel über Teiche, Wasserpflanzen, Pumpen, Wasserfilteranlagen, Koi-Karpfen und die Notwendigkeiten einer vernünftigen Planung, wie ich es mir nie vorher zu träumen gewagt hätte.

Gemeinsam machten wir uns an die Arbeit, und nach wenigen Wochenenden war das Projekt beendet. Der Teich ist heute mit einem schönen Wasserfall ausgestattet und ist als kleines Biotop in unserem Garten eine meiner wichtigsten Energietankstellen geworden. Aber ohne das Wissen und die Unterstützung dieses Experten wäre ich auf verlorenem Posten gewesen. Sowohl im Internet als auch in der Literatur waren die Informationen nicht nur sehr dürftig, sondern eigentlich kaum zu gebrauchen. Auch die wenigen Firmen, die in diesem Bereich tätig sind, glänzten nicht wirklich mit Kundenservice.

Ich fragte also voller Begeisterung und Ehrfurcht meinen treuen Helfer, was er denn aus diesem phänomenalen Wissen und seinen überdurchschnittlichen handwerklichen Fähigkeiten mache. Die Antwort haute mich um: »Nichts!« Denn hauptberuflich war er in einer Landschaftsgärtnerei tätig und dort hauptsächlich für das Einsetzen von Zäunen zuständig. Vor allem aber war er glücklich. Er hatte gar keine Ambitionen, so etwas wie ein passives Einkommen zu generieren. Ihm reichte es, täglich an der frischen Luft zu sein und abends in seiner Laube in Berlin den Feierabend zu genießen. Er führte einfach auf seine eigene Art und Weise ein reiches Leben.

Während des Gesprächs fand ich diese Einstellung sehr schade, denn ich hatte natürlich gleich ein paar gute Ideen, wie er aus seinem Spezialgebiet ohne großen Aufwand Kapital schlagen könne. Denn ich hatte mehrere Probleme am eigenen Leib erfahren und wusste daher, welchen Wert eine Lösung für eines oder mehrere dieser Hindernisse beim Bau meines Teiches bedeutet hätte. Zum Beispiel hätte er ein E-Book mit den wichtigsten Infos und dem Titel »Teichbau leicht gemacht – Von der Planung bis zur Umsetzung« für vielleicht 29,95 Euro im Internet anbieten können. Wäre ich bereit gewesen, so viel Geld für so ein E-Book auszugeben? Mit Sicherheit. Ich hätte damals wahrscheinlich sogar 100 Euro ausgegeben, wenn ich nur etwas Licht ins Dunkel meines Projektes gebracht hätte. Der Markt im deutschsprachigen Raum ist groß, denn jedes Jahr stehen viele Tausend Menschen vor dem gleichen oder ähnlichen Problemen.

So ein E-Book ist schnell geschrieben. Mit dem vorhandenen Wissen benötigt man vielleicht ein Wochenende dafür. Dann muss noch eine passende Internetseite eingerichtet werden, und schon kann der Rubel anfangen zu rollen. Natürlich muss auch diese Seite promotet und beworben werden, aber grundsätzlich ist die Hauptarbeit erledigt. Von da an kann man sich an einem passiven Einkommen erfreuen. Stellen Sie sich einmal vor, am Tag würde man nur zehn E-

Books verkaufen. Das wären dann 300 Euro am Tag, circa 9.000 im Monat und etwas mehr als 100.000 Euro im Jahr. Gar nicht schlecht für ein Wochenende Arbeit, oder? Man könnte natürlich auch ein hochwertiges Ratgeberbuch herausgeben oder eine DVD produzieren, indem man die zukünftigen Teichbesitzer visuell durch die Prozedur begleitet. Oder man eröffnet eine Internetseite, wo man sich nicht nur informieren kann, sondern auch gleichzeitig noch Handwerker in seiner Region finden und buchen kann. Ich bin mir sicher, beim Lesen dieser einfachen Ideen sind Ihnen auch noch ein paar weitere gekommen.

Die Möglichkeiten sind auf jeden Fall groß. Überlegen Sie sich einfach, auf welchem Gebiet Sie Experte sind, und wie Sie daraus verkaufbare Produkte oder Dienstleistungen entwickeln können. Eine Internetseite und ein Online-Shop sind in der heutigen Zeit weder kompliziert einzurichten, noch dauert es lange. Es ist sogar sehr einfach. Nicht umsonst gibt es Hunderte von guten Beispielen, wie pfiffige Unternehmer von zu Hause aus mit einem einfachen Online-Shop und einem guten Produkt ein Vermögen verdient haben. Erstaunlich dabei ist, dass so gut wie keiner dieser erfolgreichen Menschen das Rad neu erfunden hat. Die besten Ideen sind meist die, die mit Herzblut und Leidenschaft vorangetrieben werden.

Ich will an dieser Stelle gar nicht auf die konkrete Umsetzung eingehen. Womit auch immer Sie das Unternehmen »passives Einkommen« starten wollen, einem E-Book, einer DVD, einer Audioproduktion, einem Online-Coaching oder irgendeinem anderen Produkt. Sie werden sich sowieso in das Thema einlesen müssen, damit es erfolgreich wird. Aber ehe Sie sich versehen, werden Sie sich auch in der Welt des Internetverkaufs auskennen und vielleicht schon bald Ihre eigene Webseite oder Ihren exklusiven Online-Shop haben. Ist dies erst mal erledigt, wird es spannend. Denn von diesem Zeitpunkt an ist ein Teil Ihres Einkommens vollkommen unabhängig davon, wo Sie gerade sind oder was Sie gerade tun.

Sie können kochen, tanzen, Urlaub machen, Ihrer Berufung nachgehen oder auch schlafen. Zur selben Zeit wird es Kunden aus der ganzen Welt geben, die vom Wert Ihres Produktes überzeugt sind und es kaufen. Das Geld fließt automatisch auf ihr Konto oder Ihren PayPal-Account. Sie verdienen das erste Mal im Leben Ihr Geld sprichwörtlich im Schlaf. Ein geniales und vor allem reiches Gefühl!

Wenn Sie zu diesem Thema im Internet recherchieren (und das werden Sie müssen, wenn Sie ernsthaft darüber nachdenken, ein passives Einkommen aufzubauen), dann werden Sie schnell feststellen, dass es auch zu diesem Thema unzählige E-Books, DVDs, Ratgeber und Online-Hilfen gibt, die wiederum anderen Menschen ein passives Einkommen ermöglichen. Nachdem Sie die Qualität der unterschiedlichen Angebote verglichen haben, kann ich Ihnen nur dazu raten, sich diese Informationen zunutze zu machen. Denn auf der einen Seite haben Sie einen hohen Wert durch das reine Knowhow, das Sie erwerben. Gleichzeitig können Sie aber auch schon mal lernen, wie so ein Online-Verkauf abläuft. Beobachten Sie, was Ihnen gut gefällt, und was weniger. Lernen Sie von anderen Anbietern und kopieren Sie deren Prozesse und Abläufe. Dies ist keinesfalls verwerflich, denn es ist überhaupt nicht notwendig, dass Sie die gleichen Fehler machen wie alle anderen vor Ihnen.

$$W \times P \times Q \times M = E$$

Entscheidend für den Erfolg ist am Ende des Tages sowieso die Idee und der Wert, den das Angebot für Ihre Kunden hat. Die dafür notwendigen technischen Voraussetzungen und Prozesse gibt es meist vorgefertigt im Netz. Dann bauen Sie ihr Online-Geschäft aus. Bewerben Sie Ihr Angebot, damit Ihre Zielgruppe möglichst groß wird. Und aus einem Produkt werden schnell zwei oder auch drei. Mit jedem Baustein wächst nicht nur das passive Einkommen, sondern vor allem die finanzielle Freiheit. Wenn der automatische Geldfluss erst einmal so hoch ist, dass man frei entscheiden kann, ob man arbeiten möchte oder nicht, dann lebt man ein wirklich reiches Leben.

Schnappen Sie sich also Ihr Erfolgsjournal und werden Sie kreativ. Suchen Sie sich die Idee, von deren Wert Sie am meisten überzeugt sind. Und dann legen Sie los. Lesen Sie sich ein, und saugen Sie alle Infos zum Thema *passives Einkommen* auf, die Sie bekommen können. Sie werden dann schnell vom sogenannten *13.-Krieger-Phänomen* profitieren. Dieses ist nach dem gleichnamigen Film mit Antonio Banderas benannt, in dem dieser als ein arabischer Krieger gemeinsam mit den Normannen in einen scheinbar aussichtslosen Kampf zieht. Obwohl er die Normannen nicht versteht, ist er in der Lage, nach ein paar Wochen des Zuhörens und des Beobachtens ihre Sprache zu sprechen.

So ist es auch, wenn man sich mit einem neuen Thema beschäftigt. Je mehr man versteht, desto klarer wird alles und irgendwann begreift man, dass sich die wichtigen Dinge und Informationen überall gleichen und wiederholen. Man beginnt, das große Bild zu sehen und zu verstehen.

Legen Sie also los, und generieren Sie Ihr persönliches passives Einkommen. Starten Sie mit Ihrem eigenen Online-Shop oder Ihrer eigenen Webseite, auf der Sie Ihre Produkte und Dienstleistungen vertreiben. Dann genießen Sie es, einen Teil oder Ihr komplettes Geld im Schlaf zu verdienen.

Die Früchte vom Reichtums-Baum ernten

»Doch wenn wir leben woll´n, dann muss es jetzt gescheh'n.«

Udo Jürgens, Du und ich gegen den Rest der Welt

Wenn man sich mit Bekannten und Kollegen über das Thema Reichtum unterhält, dann wird man sehr schnell mit einem weitverbreiteten Vorurteil konfrontiert. In den Köpfen der meisten Menschen sind reich und arm nämlich vor allem Unterscheidungen, die sich eins zu eins auf dem Kontostand oder dem Gehaltsstreifen ablesen lassen. Wer viel verdient, ist nach diesem Schubladendenken automatisch reich und derjenige, der wenig verdient, eben arm.

Naja, das hatten wir ja nun schon. Mittlerweile sollte natürlich klar sein, dass Reichtum vor allem im gedanklichen Fokus besteht, welcher sich dann mit der Zeit auch in materiellen Dingen manifestiert. Der Kontostand oder das Einkommen hingegen ist tatsächlich sogar oft der falscheste Indikator, den man nehmen kann, um den Reichtum eines Menschen zu beurteilen. Denn tatsächlich gibt es genügend Beispiele von Menschen, die ein Jahreseinkommen von mehreren Hunderttausend Euro und mehr beziehen, und trotzdem arm sind.

Denn der große Unterschied zwischen Reichen und Armen besteht nun mal im Denken und vor allem in den Gewohnheiten, die am Ende des Tages die Ergebnisse bestimmen. Was nützt einem ein monatliches Einkommen von 50.000 Euro, wenn ich gleichzeitig Ausgaben in Höhe von 60.000 Euro habe? Parkinsons Gesetz lässt an dieser Stelle wieder einmal grüßen. Kennen Sie nicht auch genug Menschen, denen das Geld wie Sand durch die Finger zu rinnen scheint? Sie arbeiten fleißig und hart, haben viele gute Ideen und sind Meister darin, ein Unternehmen oder ein passives Einkommen aufzubauen. Aber sobald es läuft, kommt die innere Blaupause wieder ins Spiel. Solange diese immer noch durch arme Glaubenssätze und Gewohnheiten geprägt ist, scheint es, als würde das verdiente Geld in der Tasche brennen.

Wie gewonnen, so zerronnen, ist dann meist das traurige Ergebnis. Und es ist so verdammt schade. Denn wenn man es geschafft hat, die eigenen Überzeugungen in Bezug auf Geld so zu gestalten, dass man es magnetisch anzieht, dann sollte man es vermehren und für sich arbeiten lassen, anstatt es durch arme Gewohnheiten zu verprassen und für sinnlose Dinge auszugeben.

Wobei es schon kurios ist, denn wenn man einen solchen Menschen fragt, wo genau denn das ganze Geld geblieben ist, das sich vor Kurzem noch auf dem Konto befunden hat, dann erntet man häufig nur ein Schulterzucken und eine ratlose Miene. Diese Leute haben weder einen Überblick über ihre Finanzen noch wissen sie, wie viel Vermögen sie genau besitzen.

Reiche Menschen sind da anders. Sie haben andere Gewohnheiten. Reiche Gewohnheiten. Ihnen wird es niemals passieren, dass sie Geld ausgeben, das sie gar nicht (mehr) haben. Dies geht schon damit los, dass ein reicher Mensch immer genau weiß, wie hoch sein Nettovermögen ist. Damit ist nicht nur die Summe auf dem Konto gemeint, sondern wirklich alles, was man als Vermögenswerte besitzt. Dies können Aktien, Immobilien, Edelmetalle, Beteiligungen, Grundbesitz und vieles mehr sein. Denn nur, wenn man genau weiß, wie viel man besitzt, dann kann man sein Vermögen so steuern, dass es wächst und sich automatisch vermehrt.

Ich tippe mal, dass Sie schon beim Lesen dieser Zeilen den ersten Überschlag über Ihre Vermögensverhältnisse gemacht haben, ist es nicht so? Tja, dann mal Hand aufs Herz, wissen Sie in diesem Moment genau, wie hoch Ihr Nettovermögen ist? Wenn nicht, dann sollten Sie sich dringend einmal hinsetzen und eine Bestandsaufnahme machen. Denn wie wollen Sie wissen, ob Ihr Wohlstand gewachsen ist, wenn Sie nicht einmal wissen, von wo aus Sie starten?

Dabei ist es so einfach, Ordnung und Übersicht in seine Finanzen zu bringen und so die notwendige Grundlage für ein wachsendes Vermögen zu schaffen. Ich werde Ihnen hierzu ein einfaches und geniales System vorstellen, das genau dieses tut und gleichzeitig Ihre reichen Gewohnheiten trainieren wird. In

Kombination mit den anderen mentalen Übungen dieses Buches wird dies Ihren Reichtum nachhaltig auf eine neue Stufe bringen. Egal, von wo aus Sie starten.

Die Idee hinter dem System ist so einfach wie wirkungsvoll. Es handelt sich um unterschiedliche Konten für verschiedene Ausgabenblöcke. Ich werde Ihnen ein Modell mit acht verschiedenen Konten vorstellen, das sich für die meisten Menschen zum Start als optimal erwiesen hat. Sie können es jedoch jederzeit an Ihre eigenen und individuellen Bedürfnisse anpassen. Jedes Konto hat einen bestimmten Zweck und darf auch nur für diesen Zweck genutzt werden. Dadurch ist sichergestellt, dass Struktur in Ihre Ausgaben kommt, und Sie jederzeit einen Überblick haben, was Sie sich in welchem Bereich leisten können, und was nicht.

Das »Denk-dich-reich-Kontenmodell«

Zuerst werde ich Ihnen die acht Konten vorstellen und danach zeige ich Ihnen noch einen idealen Weg, um die Informationen und die damit verbundenen Gewohnheiten in Ihr Unterbewusstsein zu integrieren. Denn über einen längeren Zeitraum angewendet, entsteht eine sich selbst verstärkende Reichtums-Schleife, die Ihre Finanzen und Ihren Wohlstand automatisch und stetig wachsen lassen wird. Hierfür wird jedes Konto mit einem metaphorischen Bild verknüpft, sodass Sie für Ihre anschließende Selbsthypnose auch gleich die passenden Symbole zum Arbeiten haben.

Konto 1: Investitionen

Das Symbol für das Investitionskonto ist ein großer und stattlicher Geldbaum mit vielen funkelnden Früchten daran. Die Früchte sind Geldscheine, Goldstücke, Silbermünzen, Schmuck und Edelsteine.

Sämtliches Geld, das sich auf diesem Konto befindet, ist ausschließlich für Investitionen gedacht. Wann immer Sie eine Gelegenheit sehen, Ihr Geld zu vermehren und mit Rendite wachsen zu lassen, dann greifen Sie hierauf zurück.

Konto 2: Rücklagen für Notfälle

Ich habe bewusst nicht das Wort Sparen gewählt, denn tatsächlich sparen Sie ja nicht wirklich, wenn Sie Geld bei der Bank parken. Denn selbst, wenn Sie eine Möglichkeit finden, das Geld für einen geringen Zinssatz anzulegen, so wird es langfristig doch von der Inflation aufgefressen. Dies ist der große Unterschied zu Investitionen, die das Geld arbeiten lassen und dadurch vermehren. Aber dieses Konto ist sehr wichtig und dient Ihnen als Rücklage für Notfälle und unvorhergesehene Ausgaben. Es wird symbolisiert durch einen großen Sparstrumpf, wie ihn unsere Großmütter in alten Zeiten unter dem Kopfkissen versteckten.

Konto 3: Grundbedürfnisse

Machen Sie sich ein Bild von einem einfachen Tisch. Auf diesem befinden sich Messer und Gabel, ein Glas, eine Kerze sowie eine Decke. Dies ist das Symbol für das Konto, das Ihre Grundbedürfnisse abdeckt. Was genau für Sie Grundbedürfnisse sind, müssen Sie selbst entscheiden. Die Miete, Essen, Trinken, Strom, Wasser und die wichtigsten Versicherungen gehören bei den meisten Menschen in diese Kategorie. Es geht wirklich nur darum, was Sie benötigen, um zu überleben.

Alles, was darüber hinausgeht, fällt in die Kategorie Luxus und wird von einem anderen Konto abgedeckt. Wenn Sie also gerne in schicken Restaurants essen gehen, dann gehört dies nicht zu den Grundbedürfnissen. Die Autoversicherung für den Zweitwagen ebenfalls nicht. Wenn Sie allerdings unbedingt ein Auto brauchen, um zur Arbeit zu kommen, dann kann diese Ausgabe von diesem Konto getätigt werden. Verstehen Sie, worauf ich hinaus will? Nur Sie alleine entscheiden aber im Endeffekt, was für Sie ein Grundbedürfnis ist, und was darüber hinausgeht.

Konto 4: Schuldenabbau

Dieses Konto ist optional und natürlich nur dann notwendig, wenn Sie Schulden haben. Dann ist es aber wahrscheinlich Ihr wichtigstes, denn Verbindlichkeiten sind nun mal die größte Bremse auf dem Weg zu Reichtum und finanzieller Freiheit. Je nachdem, wie hoch Ihre Schulden sind, sollten Sie darüber nachdenken, auf dieses Konto so viel wie möglich einzuzahlen, um den Schulden so schnell und konzentriert wie möglich den Garaus zu machen. Konto Nr. 4 wird daher auch durch eine dicke Kette und einen Bolzenschneider symbolisiert.

Konto 5: Spaß und Luxus

Dieses Konto ist das Salz in der Suppe und schenkt einem sowohl Spaß als auch Luxus im Leben. Es wird symbolisiert durch einen großen Geschenkkarton, in dem sich die verschiedensten Dinge wie Autoschlüssel, Schmuck, Flugtickets, Restaurantbesuche, schicke Klamotten und so weiter befinden. Doch es gibt eine wichtige Regel:

> Auf dieses Konto darf nur dann etwas eingezahlt werden, wenn auch mindestens der gleiche Betrag auf das Investitionskonto Nr. 1 eingezahlt wird.

Durch diesen kleinen Trick kann man sich alles leisten, was man möchte, ohne dass man dabei ein schlechtes Gewissen haben müsste. Die neue S-Klasse, der Tauchurlaub auf den Malediven, das Fünf-Gänge-Menü im besten Restaurant der Stadt, der neue Maßanzug oder die schicke Rolex. Was auch immer für Sie Spaß und Luxus bedeutet, von diesem Konto können Sie es sich leisten.

Während Sie sich diese Dinge gönnen, werden Sie gleichzeitig reicher, da Sie ja nur etwas auf dieses Konto einzahlen dürfen, wenn Sie mindestens die gleiche Summe auf ihrem Investitionskonto deponieren. Je mehr Sie mit Ihren Investments verdienen, desto mehr Geld steht Ihnen natürlich wieder für solche Luxusausgaben zur Verfügung.

Vor allem sind Sie auf der sicheren Seite, da Sie niemals in die Verlegenheit geraten werden, Geld auszugeben, das Sie nicht haben, oder gar Konsumschulden zu machen. Wenn das Konto leer ist, dann ist der Spaß eben erst einmal vorbei, bis Sie es sich wieder leisten können. Es ist für Sie eine Art Sicherheitsgurt, der Sie vor dem Fehler der meisten armen Menschen bewahren wird, nämlich das einzige Konto ausschließlich für Spaß und Luxus zu nutzen, und dieses auf Kosten der Grundbedürfnisse hemmungslos zu überziehen. Wenn Sie allerdings mit dem »Denk-dich-reich-Kontenmodell« Geld für Luxus ausgeben, dann können Sie nicht nur das Leben in vollen Zügen genießen, sondern vergrößern gleichzeitig auch noch Ihren Reichtum. Genial, nicht wahr?

Konto 6: Großzügigkeit

Ein Fotoalbum mit bekannten und unbekannten Gesichtern steht Pate für dieses Konto. Großzügigkeit ist wichtig, wenn man seinen Reichtum auf- und ausbauen will. Denn erstens kommt hier wieder das Gesetz der Anziehung ins Spiel. Wenn ich viel gebe, dann kann ich mir sicher sein, dass ich auch viel zurückbekomme. Nicht unbedingt sofort und auch nicht immer von der gleichen Person, sondern meist zu einem Zeitpunkt und aus einer Richtung, mit der man überhaupt nicht gerechnet hätte. Oder wie es ein kluger Mensch einmal formulierte: Manchmal muss man das Geld zum Fenster rauswerfen, damit es zur Tür wieder hereinkommt.

Es ist genug für alle da!

Zweitens trainiert dieses Konto Ihre reichen Überzeugungen. Denn es ist genug Geld für alle da. Es wartet nur darauf, dass Sie es sich schnappen und es vermehren. Dieses Konto gibt Ihnen die Möglichkeit, nicht nur in einer Welt des Überflusses zu denken, sondern auch so zu handeln. Großzügigkeit steht hier vor allem für freiwilliges Schenken, ohne dass man eine Gegenleistung erwartet. Geben Sie gerne. Seien Sie großzügig. Ihr Reichtum wird es Ihnen danken!

Konto 7: Steuern und Abgaben

Ob man es nun will oder nicht, Steuern zahlen ist eine Pflicht, um die man nicht herumkommt. In keinem Land der Welt ist das Steuerrecht so kompliziert wie in Deutschland. Wir versinken in Paragrafen, Ausnahmen und Regeln, sodass selbst die Steuerberater oftmals überfordert sind. Während man als Angestellter noch einigermaßen kalkulieren kann, wie viel Steuern man zahlen muss, so ist dies als Selbstständiger kaum zu planen und einzuschätzen. So mancher Unternehmer musste schon Konkurs anmelden, weil er eine saftige Steuernachzahlung nicht stemmen konnte. Nutzen Sie also dieses Konto, um sich nicht die Finger zu verbrennen und eventuellen Forderungen des Finanzamtes gelassen entgegensehen zu können. Symbolisiert wird dieses Konto durch einen riesigen Stempel, der das Wort *Finanzamt* auf ein weißes Blatt Papier stempelt.

Konto 8: Persönliche Weiterbildung

Das Symbol für das Konto der persönlichen Weiterbildung ist ein dickes Buch mit dem gesammelten Wissen der Menschheit darin. Das Geld ist vor allem für Sie selbst bestimmt, für die Investition in Ihre Zukunft. Denn wenn Sie es nicht tun, wer sollte es dann tun? Das größte Kapital, das Sie besitzen, sind nun mal Sie selbst. Schöpfen Sie es daher bestmöglich aus. Interessieren Sie sich für neue Dinge. Seien Sie neugierig. Besuchen Sie Seminare, Workshops und Fortbildungen. Lesen Sie, so viel Sie können. Schauen Sie DVDs und hören Sie während langer Autofahrten lieber ein Hörbuch anstatt eine dieser austauschbaren und langweiligen Radiostationen. Die Investitionen in sich selbst werden wahrscheinlich die besten Ihres Lebens sein und sich in der Zukunft doppelt und dreifach auszahlen. Dieses Konto sorgt dafür, dass immer genug Geld für Ihre persönliche Weiterbildung und Ihr individuelles Wachstum vorhanden ist. Denn das größte Gut in Ihrem Leben sind Sie selbst.

Das »Denk-dich-reich-Kontenmodell« ins Unterbewusstsein integrieren

Mit diesen acht Konten lässt sich auf eine sehr einfache Weise ein System installieren, das nicht nur dafür sorgen wird, dass Sie jederzeit einen exakten Überblick über Ihre Finanzen haben, sondern das mit der Zeit automatisch dafür sorgen wird, dass sich Ihr Wohlstand vermehrt und ihre finanzielle Freiheit stetig wächst. Natürlich ist es möglich, auch ein, zwei oder sogar drei Konten wegzulassen sowie ein weiteres hinzuzufügen. Entscheidend ist, dass man das System aktiv pflegt und es dafür nutzt, seine reichen Gewohnheiten zu verstärken.

Um die einzelnen Konten möglichst schnell zu verinnerlichen und die spätere Umsetzung einfacher zu machen, ist es sinnvoll, das Konzept mittels einer kleinen Selbsthypnose-Session direkt im Unterbewusstsein zu verankern. Gehen Sie dabei wie immer vor und versetzen Sie sich in einen entspannten hypnotischen Zustand. Dann stellen Sie sich einen weisen, inneren Finanzberater vor, der Sie in einem großen Raum mit acht Tischen begrüßt. Lassen Sie diesen inneren Berater so realistisch wie möglich erscheinen, und achten Sie einmal darauf, an wen er Sie erinnert.

In der Mitte des Raumes steht ein großes Gefäß mit den verschiedensten Münzen, Geldscheinen und Goldstücken. Von dort können Sie sich jederzeit bedienen, denn es steht im Übermaß zur Verfügung. Gehen Sie nun gemeinsam mit Ihrem inneren Finanzberater nacheinander zu jedem Tisch und lassen sich von ihm das jeweilige Konto so detailreich wie möglich vorstellen. Dabei sollten Sie vor allem auf das dazugehörige Symbol achten. Bilder sind die Sprache des Unterbewusstseins, und auf diese Art und Weise speichert es die einzelnen Informationen direkt und nachhaltig ab. Nachdem Sie alle acht Konten vorgestellt bekommen haben, gehen Sie in die Mitte des Raumes und nehmen sich genügend von den Münzen. Zahlen Sie auf jedes der acht Konten einen Betrag ein, von dem Sie der Meinung sind, es wäre der richtige. Danach geben Sie sich die Suggestion, dass Ihr innerer Finanzberater von nun an jederzeit für Sie da ist und dafür sorgen wird, dass Sie Ihre reichen Gewohnheiten verstärken. Danach können Sie sich wie gehabt treiben lassen und die Bilder und Gefühle genießen, die vor Ihrem geistigen Auge auftauchen.

Ihr Unterbewusstsein lernt schnell, und die neuen Gewohnheiten warten nur darauf, endlich in die Tat umgesetzt zu werden. Aber wie sieht so etwas praktisch aus? Dies ist ebenfalls ganz einfach. Bei so gut wie jeder Bank in Deutschland kann man eines oder mehrere Konten eröffnen. Eventuell bietet Ihnen auch Ihre Hausbank die Möglichkeit an, einige Unterkonten zu eröffnen. Wenn man sich ein wenig mit dem Thema beschäftigt und sich umfassend informiert, dann schafft man es sogar, diese Konten komplett kostenlos zu eröffnen.

Sobald Sie Ihr »Denk-dich-reich-Kontenmodell« installiert haben, können Sie damit beginnen, die einzelnen Unterkonten zu füllen. Nach den Anfangseinzahlungen macht es Sinn, sich jeden Monat einen festgelegten Tag auszuwählen, an dem man sein Gehalt oder sein sonstiges Einkommen auf die acht verschiedenen Konten aufsplittet. Vorher sollte man sich noch einmal in Ruhe hinsetzen, und für sich individuell entscheiden, welche Ausgaben von welchem Konto getätigt werden sollen. Hier gibt es keine klaren Richtlinien, da natürlich jedes Leben ganz anders aussieht. Achten Sie nur darauf, dass Sie regelmäßig einen Betrag auf jedes Konto einzahlen.

Wenn Sie einen Monat nicht so viel Geld zur Verfügung haben, dann zahlen Sie eben nur einen Euro ein. Es kommt weniger auf die absoluten Summen an, als darauf, dass Sie Ihr Unterbewusstsein trainieren, genauso zu handeln, wie es die Reichen tun und entsprechende Gewohnheiten zu entwickeln. Sie fangen auf diese Weise an, sich selbst zuerst zu bezahlen. Als zusätzlichen Effekt haben Sie immer eine genaue Übersicht, wie viel Geld Ihnen für Ihre Investitionen oder für Ihren Spaß und Luxus zur Verfügung steht.

Auch wenn Sie es vielleicht noch nicht ganz glauben, ein solches Kontensystem war schon für viele Menschen der Startschuss für Wohlstand und eine permanent wachsende finanzielle Freiheit. Experimentieren Sie ein bisschen mit diesem Kontensystem, und lassen Sie sich überraschen, wie es Ihr Leben in die richtige Richtung führen und Ihren Reichtum vermehren wird. Auf der Bank genauso wie in Ihrem Herzen. Denn reiche Gewohnheiten ziehen immer inneren wie auch materiellen Reichtum hinter sich her.

Das Tor zum Reichtum steht offen – die fünf Schlüssel zum Erfolg

»Den ersten Schritt zu tun. Das ist es, was die Gewinner von den Verlierern unterscheidet.«

Brian Tracy

Ein Unternehmensberater einer namentlich nicht näher genannten Consulting-Firma verbrachte einst seinen Sommerurlaub auf einer kleinen Insel irgendwo im Mittelmeer. Eines Mittags, als er die Vögel im idyllischen Hafen des einzigen Ortes beobachten wollte, sah er, wie ein einheimischer Fischer an der Mole stand und seine Angel ins Meer warf. In seinem Eimer befanden sich nur wenige Fische sowie ein paar Muscheln. Der Manager war sofort beeindruckt von dieser Szenerie und ging auf den einheimischen Fischer zu. »Ich bewundere ihre Arbeit. Wie lange haben Sie denn gebraucht, diese paar Fische zu fangen?«

Erst schien der Fischer gar nicht antworten zu wollen, doch dann antwortete er wortkarg: »Ein paar Stunden.«

Dies weckte die Instinkte des Consultants. »Sagen Sie, warum haben Sie denn in dieser Zeit nicht noch mehr gefischt? Die Gewässer hier sind doch voller prächtiger Exemplare.«

Der Fischer antwortete: »Ach, es ist mehr als genug. Den halben Eimer verkaufe ich auf dem Markt, und der Rest ist für meine Familie und mich.«

»Und was tun Sie die restliche Zeit, wenn Sie nicht fischen?«, wollte der Manager nun wissen.

»Tja, ich lasse mich von der Sonne wecken und gehe zuerst ein wenig fischen. Dann spiele ich mit meiner kleinen Tochter, kümmere mich um meine Rosen im Garten, und später gehe ich dann ins Café. Dort treffe ich mich mit meinen Freunden und wir trinken Wein und spielen Karten.«

Der Manager war sofort in Hochform. »Wissen Sie, ich arbeite in einer internationalen Unternehmensberatung und habe viele Jahre Wirtschaftswissenschaften studiert. Vielleicht kann ich Ihnen helfen.«

Der Fischer schaute ihn verdutzt an. »Helfen, mir? Wobei denn?«

»Es ist so«, begann der Manager, »wenn Sie ihre Zeit anders einteilen und etwas mehr fischen würden, dann würden Sie mehr Fische fangen. Dies bedeutet größere Einnahmen. Mit diesen könnten Sie sich dann ein Boot leisten. Mit diesem Boot könnten Sie dann noch mehr Fische fangen und ihre Einnahmen würden noch mehr steigen. Mit der Zeit könnten Sie sich dann weitere Boote leisten und hätten dann Ihre eigene Fischfangflotte. Statt ihren Fang auf dem Markt zu verkaufen, könnten Sie direkt an große Fischverarbeitungsbetriebe verkaufen und später sogar einen eigenen Betrieb eröffnen. Damit hätten Sie dann die Kontrolle über das Produkt, die Verarbeitung und den Vertrieb. Dazu müssten Sie natürlich in die Hauptstadt aufs Festland ziehen. Dort könnten Sie ein schmuckes Büro eröffnen und von da aus Ihre einzelnen Produktionszweige steuern.«

Der Fischer hörte sich dies alles emotionslos an. Dann fragte er: »Und wie lange würde das so ungefähr dauern?«

»Ich schätze so fünf bis zehn Jahre«, antwortete der Manager.

»Und was ist dann?«

Der Manager wurde immer euphorischer. »Was dann ist? Tja, dann können Sie ihre Firma verkaufen und sind Millionär!«

Der Fischer überlegte. »Millionär. Und dann?«

»Ja dann«, antwortete der Manager, »dann können Sie endlich das Leben genießen. Sie könnten sich zur Ruhe setzen und in ein kleines Fischerdörfchen auf einer Insel ziehen. Sie könnten sich von der Sonne wecken lassen, ein wenig fischen gehen und mit ihrer kleinen Tochter spielen. Wann immer Sie Lust haben, können Sie sich um Ihre Rosen im Garten kümmern, sich mit Ihren Freunden im Café treffen und dort Wein trinken und Karten spielen. Hört sich das nicht absolut traumhaft an?«

Langsam beginnt sich der Kreis zu schließen. Ihr Erfolgsjournal sollte mittlerweile gut gefüllt sein und vor Impulsen, Ideen und Überlegungen nur so strotzen. Reichtum ist sehr vielschichtig und viel mehr durch eine bestimmte Geisteshaltung und eine spezielle Denkweise gekennzeichnet, als durch ein gut gefülltes Bankkonto oder viele materielle Besitztümer. Keine Frage, auch diese Dinge sind für den einen oder anderen wichtig. Aber während materieller Reichtum dem inneren Reichtum so gut wie immer folgt, ist es umgekehrt nicht der Fall. Das »Denk-dich-reich-Erfolgsmodell« bringt es auf den Punkt. Unsere Gedanken bestimmen unsere Gefühle. Unsere Gefühle bestimmen unsere Zustände und die wiederum unsere Entscheidungen. Davon hängen dann wiederum unsere Handlungen ab, aus denen unsere Gewohnheiten entstehen, die dann schlussendlich zu den Ergebnissen führen, die wir in den unterschiedlichsten Bereichen unseres Lebens erhalten.

Ein Leben voller Reichtum und finanzieller Freiheit ist toll. Es ist von so vielen Chancen und Möglichkeiten geprägt, und jeder Tag bietet so viele neue Erfahrungen, dass es einem niemals langweilig wird. Die Basis des Reichtums sind daher die mentalen Prozesse, die in unserem Gehirn ablaufen und die unsere ganz persönliche Realität bestimmen. Die 15 »Denk-dich-reich-Leitsätze« sind daher so etwas wie ein Fahrplan auf dem Weg zu Reichtum und Wohlstand.

Wer es schafft, diese Überzeugungen in sein Leben zu integrieren und daraus reiche Gewohnheiten abzuleiten, der wird auch über kurz oder lang die entsprechenden Ergebnisse erzielen. Werfen wir daher noch einmal einen zusammenfassenden Blick auf das mentale Fundament und das tragende Glaubenssystem eines reichen Lebens und finanzieller Freiheit:

Die 15 »Denk-dich-reich-Leitsätze« für Reichtum und finanzielle Freiheit

1. Ich bin für mein Leben und für meinen Reichtum selbst verantwortlich. Ich denke und handele wie ein Unternehmer!

2. Was der Denker denkt, wird der Beweisführer beweisen. Meine Glaubenssätze bestimmen meine Gedanken!

3. Meine innere Welt bestimmt meine äußere Welt und umgekehrt. Um neue Dinge anzuziehen, muss ich zuerst alten Ballast loslassen!

4. Wenn das, was ich tue, nicht funktioniert, tue ich so lange etwas anderes, bis es funktioniert. Der einzige Mensch, den ich ändern kann, bin ich selbst!

5. Wohin ich meinen Fokus richte, fließt Energie. Wohin meine Energie fließt, davon bekomme ich mehr!

6. Geld repräsentiert einen Wert im Kopf meines Gegenübers!

7. Konsum vernichtet Werte. Reichtum entsteht und vermehrt sich durch den Austausch von Werten!

8. Ich kann nur das ausgeben, was ich vorher einnehme. Ich kann jeden Euro nur einmal ausgeben!

9. Konsumschulden sind wie eine Kette, die mich von Reichtum und Wohlstand abhalten. Um reich zu werden, muss ich wie der Bauer denken und nicht wie der Jäger!

10. Wenn ich das Warum auf meinem Weg zum Reichtum kenne, dann folgt das Wie ganz automatisch!

11. Mein Reichtum wächst in dem gleichen Maße wie meine Persönlichkeit. Möchte ich meinen Wohlstand vermehren, so muss ich meinen persönlichen Reichtums-Thermostat neu ausrichten!

12. Visionen geben den Weg zu meinem persönlichen Reichtum vor. Ziele sorgen dafür, dass ich auch gut und sicher ankomme!

13. Ich lebe mein Leben nach meinen Träumen und Vorstellungen und nicht nach den Erwartungen anderer. Ich mache meine Berufung zum Beruf und genieße jede Minute meines Lebens!

14. Ich arbeite nicht für mein Geld, sondern lasse mein Geld für mich arbeiten. Ein regelmäßiges passives Einkommen schafft mir die Freiheit, das Leben meiner Träume zu führen!

15. Investitionen lassen meinen Wohlstand wachsen. Ich investiere nur in Dinge, die ich von A-Z verstanden habe!

Erinnern Sie sich:

Where Attention Goes, Energy Flows.

Die Fokussierung auf diese 15 Leitsätze bildet die Grundlage für alle weiteren Schritte auf dem Weg zu Reichtum und Wohlstand. Idealerweise integriert man sie sowohl auf bewusster als auch auf unbewusster Ebene, um den größtmöglichen Nutzen daraus zu ziehen. Das Gehirn lernt dabei besonders gut durch stete Wiederholung.

Viele Menschen haben großen Erfolg damit gehabt, sich die »Denk-dich-reich-Leitsätze« auf ein großes Poster zu drucken, und es dann über dem Schreibtisch aufzuhängen. Oder man nimmt sich einen Leitsatz pro Tag vor und konzentriert sich dann darauf. Wichtig ist nur die stete Wiederholung, sodass die Überzeugungen einem so schnell wie möglich in Fleisch und Blut übergehen.

Wenn Sie zu diesem Zweck noch Selbsthypnose mithilfe der O.P.A.L.-Methode nutzen, dann können Sie sich sicher sein, dass die gedankliche Fokussierung auch von Ihrem Unterbewusstsein schnell erfasst und integriert wird. Schlussendlich arbeiten dann Bewusstsein und Unterbewusstsein Hand in Hand, um Ihre Ziele und Visionen zu erreichen.

Denken Sie aber immer daran, dass es nicht darum geht, schnell reich zu werden und möglichst bald viele Millionen zu scheffeln. Vielmehr geht es darum, ein Leben zu leben, das auch als ein solches bezeichnet werden kann. Ein Leben, auf das Sie sich jeden Tag freuen, und das nur durch Sie bestimmt und gestaltet wird. Denn das ist wirklicher Reichtum und echte Freiheit. Machen Sie sich auf den Weg, und alles andere wird folgen. Auch der materielle Reichtum und Ihr Kontostand.

Die fünf Schlüssel zum Erfolg

Auf diesen Weg möchte ich Ihnen noch die fünf Schlüssel zum Erfolg mitgeben. Mit ihnen in der Hand wird er nicht nur klarer und breiter werden, sondern es wird Ihnen auch leichter fallen, die Steine wegzuräumen und Umwege elegant und sicher zu bewältigen. Vieles wird Ihnen schon bekannt vorkommen, denn Ihr gesamtes Denken ist ja mittlerweile schon auf Erfolg und Reichtum ausgerichtet und auch Ihr gesamtes Glaubenssystem und Ihre inneren Blaupausen sind entsprechend programmiert.

Schlüssel Nr. 1: Kennen Sie Ihr Ziel

Wie sagte schon der große römische Philosoph Seneca: »Wer nicht weiß, in welchen Hafen er segeln will, für den ist kein Wind der richtige.« Genauso ist es mit dem Reichtum. Wenn Sie nicht wissen, was Sie wollen, werden Sie irgendetwas bekommen. Allerdings wird dies oft von anderen Menschen bestimmt werden und ist auch nicht immer das, was Ihnen vorschwebt. Nehmen Sie also das Ruder selbst in die Hand, setzen Sie das Segel und werden Sie zum Schmied Ihres eigenen Glücks. Formulieren Sie klare und magnetische Ziele. Wie dies geht, wissen Sie ja mittlerweile sehr genau.

Schlüssel Nr. 2: Kommen Sie ins Handeln

Ein Mann sitzt auf der Couch und starrt an die Decke. Nach ein paar Minuten kommt seine Frau vorbei und fragt ihn, was er denn da mache. »Ich denke darüber nach, wann ich den Rasen mähen soll.«

»Und wann fängst du damit an?«, fragt ihn darauf seine Frau. »Gleich nachdem ich darüber nachgedacht habe, wann ich den Zaun streichen soll!«

Werden Sie nicht zum Planungsweltmeister, der seinen Reichtum nur theoretisch in seiner Vorstellung erlebt. Wenn Sie reich werden wollen, dann müssen Sie handeln. Oder noch kürzer ausgedrückt. Erfolg schreibt sich mit drei Buchstaben: T – U – N.

Schlüssel Nr. 3: Eine scharfe Wahrnehmung

Gehen Sie mit offenen Augen durchs Leben und schärfen Sie Ihre Sinne. Ist das, was Sie als Ergebnisse erzielen, genau das, was Sie wollten? Je genauer Sie hinschauen und je mehr Sie mitbekommen, desto schneller können Sie etwas ändern und gegensteuern, wenn es in die falsche Richtung geht.

Schlüssel Nr. 4: Flexibilität im Verhalten

Wenn das, was Sie tun, nicht funktioniert, dann tun Sie etwas anderes. Was so einfach klingt, ist manchmal sehr schwer. Denn nur wenn man Wahlmöglichkeiten hat, dann kann man in jeder Situation flexibel reagieren. Ersetzen Sie also in Ihrem Leben so viele »Müssen« wie möglich durch ein »Wollen« und ermöglichen sich dadurch eine große Palette von »Können«.

Schlüssel Nr. 5: Handeln aus einem Zustand physiologischer und gedanklicher Exzellenz

Dies ist vielleicht der wichtigste Schlüssel von allen: Sorgen Sie dafür, dass es Ihnen gut geht. Seelisch genauso wie körperlich. Denn Körper und Geist sind nun mal Teile ein und desselben Systems und beeinflussen sich gegenseitig. Achten Sie also auf Ihre Gedanken und tun Sie auch Ihrem Körper regelmäßig etwas Gutes. Treiben Sie Sport. Gehen Sie in die Sauna oder gönnen Sie sich eine Massage. Ihr Reichtum wird es Ihnen danken.

Als ich im Jahr 2008 die wohl wichtigste Entscheidung meines Lebens traf, wusste ich von all den Übungen, Leitsätzen und Schlussfolgerungen dieses Buches noch nichts. Nur von meiner inneren Motivation und einem bestimmten Gefühl in der Bauchgegend angetrieben machte ich mich einfach auf den Weg und ließ mich von der Dynamik mitreißen. Auch wenn ich viele Steine aus dem Weg räumen musste, in manche Sackgasse geriet und so manchen Umweg gegangen bin, so war ich mir doch immer sicher, dass es der richtige Weg ist. Denn ich hatte sowohl einen großen Traum als auch eine Vision und viele kleinere Ziele. Ein großes Warum trieb mich an und ließ mich immer wieder aufstehen, wenn ich hinfiel und immer wieder Anlauf nehmen, wenn mich ein etwas größerer Stein auf dem Weg wieder zurückwarf.

Auch heute bin ich noch lange nicht am Ende dieses Weges angekommen. Zu viele Dinge gibt es noch zu lernen, zu viele wundervolle Erfahrungen noch zu machen. Doch eines kann ich heute mit Sicherheit feststellen. Ich bin reich. Ich lebe ein Leben, welches von Chancen und Möglichkeiten bestimmt wird, und nur ich entscheide, was ich tue und was nicht. Mein Vermögen wächst stetig und gibt mir die finanzielle Freiheit, mich noch mehr zu verwirklichen und meiner Berufung nachzugehen.

An so manchem Meilenstein verweile ich gerne und schaue auf meinen Weg zurück. Dann erfreue ich mich daran, was ich schon alles geschafft habe. Doch gleich darauf richte ich den Blick schon wieder in Richtung Zukunft und auf die Dinge, die ich noch erreichen und erschaffen will. Und glauben Sie mir, das sind sehr viele. Je mehr man erreicht hat, desto mehr weiß man, was es noch alles zu tun und zu entdecken gibt.

Eines steht fest. Reich werden ist keine Glückssache. Seit Jahrhunderten sind es immer wieder die gleichen Dinge, die reiche Menschen anders machen als arme. Der Trick bei der Sache ist, genau zu wissen, welche es sind, und welche nicht.

Auch auf meinem Weg gab es viele Schritte, die nicht zu dem gewünschten Ergebnis geführt haben. Und dann gab es wiederum welche, die einen Quantensprung für mich und meinen Reichtum bedeuteten. Aber ich habe immer die wichtigste Eigenschaft eines Unternehmers beherzigt, nämlich einmal mehr aufzustehen, als hinzufallen.

Dieses Buch ist daher eine Art »*Best of*« der wirkungsvollsten und effektivsten mentalen Strategien, die es so gut wie jedem ermöglichen, den gleichen Weg wie ich und viele andere vor mir zu gehen, ohne allerdings die vielen Stolpersteine und Umwege mitnehmen zu müssen.

Wenn Sie für sich also die Entscheidung getroffen haben, endlich das Leben zu führen, von dem Sie schon lange träumen, und beginnen wollen, reich zu denken, reich zu handeln und reich zu sein, dann hoffe ich, dass die Werkzeuge und Methoden aus diesem Buch Ihnen eine große Hilfe dabei sind. Ich kann es gar nicht oft genug betonen, wie wichtig es dabei ist, die einzelnen Übungen und Aufgaben durchzuführen und nicht nur zu überfliegen. Je öfter man seinen Fokus auf Wohlstand und ein reiches Leben ausrichtet, je öfter man seine mentalen Prozesse reich gestaltet, desto schneller lernt das Unterbewusstsein. Trotzdem ist Reichtum nichts, was man auf Knopfdruck über Nacht erschaffen und erreichen kann. Reichtum erfordert neben einem großen Commitment auch eine große Portion Durchhaltevermögen und Ausdauer.

Und alles beginnt im Kopf. Unsere Gedanken sind der Ursprung all dessen, was uns im Leben passiert. Ich würde mich daher freuen, wenn Sie aus den einzelnen Kapiteln so viele Impulse wie möglich mitgenommen haben. Natürlich würde ich mich noch mehr freuen, wenn Sie davon möglichst alle auch in die Tat umsetzen. Möglicherweise haben Sie damit bereits begonnen, eventuell fangen Sie auch erst nach der Lektüre des Buches an. Wie auch immer, ich wünsche Ihnen bei all Ihren Entscheidungen und Handlungen ein gutes Näschen, eine gute Hand und manchmal auch das alles entscheidende Quäntchen Glück. Na klar, auch Glück gehört dazu. Es gibt Situationen im Leben, wo man einfach zur richtigen Zeit am richtigen Ort auf die richtigen Menschen treffen muss. Aber nicht nur hat das Glück vor allem der Tüchtige, nicht nur kann man Glück auch ein Stück weit erzwingen; vor allem schafft man sich durch reiche Denkweisen so viele unterschiedliche Chancen und Möglichkeiten, dass einen die Statistik eine gehörige Portion dabei unterstützt, zu den reichen Sonnenkindern des Lebens zu gehören.

Wenn Sie zu den Methoden und Übungen dieses Buches noch weiterführende Unterstützung benötigen, dann haben Sie sowohl die Möglichkeit, in eines meiner Personal Coachings zu kommen, als auch eines meiner Seminare zu besuchen.

Besonders der gleichnamige Workshop »Denk dich reich« befasst sich an drei intensiven Tagen mit der individuellen Arbeit an und mit dem Reichtum der Teilnehmer und ist eine ideale Weiterführung der Ideen und Konzepte dieses Buches. Dort haben wir auch immer die Gelegenheit, auf die individuellen Verhältnisse eines jeden Teilnehmers einzugehen und einen ganz persönlichen Schlachtplan für den Weg zum Reichtum zu entwerfen. Besuchen Sie meine Webseite www.wege-academy.de oder schreiben Sie mir einfach eine E-Mail. Und vielleicht sehen wir uns dann ja schon bald bei uns an der Wege Academy in Berlin zu einem Personal Coaching oder zu einem Seminar in NLP, Hypnose oder Mentaltraining. Da wir uns zwar am Ende dieses Buches, jedoch am Anfang Ihres reichen Lebens befinden, möchte ich Ihnen noch ein kleines Geschenk machen. Mit dem Gutschein-Code *DENKDICHREICHLESER* erhalten Sie auf Ihre erste Seminar- oder Workshop-Buchung bei uns 20 Prozent Rabatt. Einfach so. Denn ich bin mir sicher, dass die verschiedenen Inhalte unseres Angebots Ihnen einen hohen Wert bieten und Sie für Ihre Karriere oder Ihr Privatleben sehr profitieren können. Außerdem würde ich mich einfach freuen, Sie als meinen Leser persönlich kennenzulernen und Sie noch ein weiteres Stück auf Ihrem Weg zu Ihren Zielen und Träumen begleiten zu können.

Ich wünsche Ihnen alles Gute auf Ihrem persönlichen Weg. Egal, von wo Sie kommen und von welchem Level Sie starten. Es ist nie zu spät, eine Entscheidung zu treffen und wichtige Dinge im Leben zu ändern. Denn an eines sollten wir uns immer wieder selbst erinnern. Das Leben ist so wunderschön und facettenreich, und wir sollten jeden Tag so intensiv leben wie möglich. Denken Sie sich reich. Leben Sie reich. Und genießen Sie es!

Herzlichst,

Ihr Ilja Grzeskowitz

Danksagung

Lieber Leser, ich hoffe, Sie hatten bei der Lektüre dieses Buches genauso viel Freude, wie ich beim Schreiben. Es war mir jedoch nur möglich, meine volle Kreativität, Disziplin und Leidenschaft in die Entstehung von *Denk dich reich* einzubringen, weil ich von vielen wundervollen Menschen unterstützt wurde, denen an dieser Stelle mein ganz besonderer Dank gilt.

Da sind zum einen die engagierten Menschen bei Redline, mit denen es sehr viel Spaß gemacht hat, dieses Projekt zu dem fertigen Buch werden zu lassen, das Sie nun in der Hand halten. Ich danke vor allem Oliver Kuhn für die inspirierenden Gespräche, Michael Wurster für freundliche und kompetente Umsetzung und Julia Loschelder für ihre engagierte Pressearbeit.

Mein besonderer Dank gilt meinem Freund und Kollegen Axel Wehner, mit dem ich viele Stunden über das Thema Reichtum philosophiert und diskutiert habe. Er verkörpert wohl wie kein anderer den »Denk-dich-reich-Lebensstil« und hat mich beim Schreiben immer wieder inspiriert und motiviert.

Ich danke den Hunderten von Teilnehmern, die ich im letzten Jahr in meinen Vorträgen und Seminaren persönlich kennenlernen durfte. Jede Begegnung ist mir eine große Inspiration, die ich sehr zu schätzen weiß. Ihr wisst, wer gemeint ist.

Last, but not least bedanke ich mich bei meiner Familie. Bei meinen Eltern Karin und Joachim für den Glauben an mich, auch wenn ich manchmal verschlungene Wege gegangen bin. Bei meiner Schwester Alexa für ihren Mut und ihren Erfolgswillen. Bei meiner Tochter Emma, die mir jeden Tag aufs Neue beibringt, was im Leben wirklich wichtig ist. Und ganz besonders danke ich meiner Frau Silke. Nicht nur für den Freiraum, den sie mir beim Schreiben dieses Buches gegeben hat, sondern für die permanente Unterstützung und den Zuspruch für meine Ideen und Visionen. Ohne dich wäre dieses Buch nicht zu dem geworden, was es ist. Ich knutsch dich!

Danksagung

Und natürlich danke ich auch Ihnen, lieber Leser. Für die Zeit, die wir miteinander verbracht haben, und das Vertrauen, das Sie mir durch den Kauf des Buches ausgesprochen haben. Ich würde mich freuen, von Ihren Erfolgsgeschichten zu hören und davon zu lesen, wie Ihr Leben nach der Lektüre von *Denk dich reich* verlaufen ist. Schreiben Sie mir einfach eine E-Mail an reichdenken@grzeskowitz.de.

Ich wünsche Ihnen ein reiches Leben!

Herzlichst,

Ihr Ilja Grzeskowitz

Über den Autor

Ilja Grzeskowitz gehört zu Deutschlands Top-Speakern und ist Trainer, Autor und Personal Coach. Bereits während seines BWL-Studiums sammelte er Erfahrungen als Consultant für Start-up-Unternehmen, Dolmetscher und Businessplanschreiber für Gründer. Der Diplom-Kaufmann blickt auf eine erfolgreiche Karriere als Geschäftsführer im Einzelhandel zurück, unter anderem bei Karstadt, Wertheim und IKEA. Er leitete deutschlandweit diverse Kaufhäuser in der Größe mittelständischer Unternehmer mit teilweise über 500 Mitarbeitern und einem Jahresumsatz im hohen zweistelligen Millionenbereich.

Als jüngster Geschäftsführer Deutschlands gestartet, wurde Führung zu seinem Spezialgebiet, die innere Haltung sein Expertenthema. Die große Erfahrung als Spitzenmanager in internationalen Handelsunternehmen mündete in der Gründung seines Trainingsinstitut Wege Academy in Berlin. Dort ist er als Corporate Business Trainer und Personal Coach tätig und unterstützt vor allem Führungskräfte und Verkäufer, aber auch erfolgsorientierte Privatpersonen auf ihrem Weg zu Spitzenleistungen und Erfolg.

Besuchen Sie Ilja Grzeskowitz im Internet:

www.grzeskowitz.de
www.facebook.com/igrzeskowitz
www.wege-academy.de

Anmerkungen

1. Johnson, Spencer: *Die Mäuse-Strategie für Manager – Veränderungen erfolgreich begegnen*, Ariston Verlag, 1. Auflage, 2000

2. http://www.paperblanks.com/de/de

3. Robbins, Anthony: *Das Robbins Power Prinzip*, Ullstein Taschenbuch, 1. Auflage, 2004

4. Grzeskowitz, Ilja / Wehner, Axel: *Träume Leben – Die Veränderungsfibel*, BOD, 2009

5. Krause, Michael: *Wie Nikola Tesla das 20. Jahrhundert erfand*, Wiley-VCH Verlag, 1. Auflage, 2010

6. Grzeskowitz, Ilja: *Impromptu Hypnose – Die Kunst, jederzeit und überall hypnotisieren zu können*, mvg Verlag, 2011

7. Mihaly Csikszentmihalyi: *Flow – Das Geheimnis des Glücks*, Klett-Cotta, 15. Auflage, 2010

8. Wilson, Robert Anton: *Der neue Prometheus – Die Evolution unserer Intelligenz*, Kailash, Neuauflage, 2003

9. Für eine detaillierte und umfangreiche Definition des Begriffes Hypnose empfehle ich wiederum mein Buch „*Impromptu Hypnose*", in dem Sie auch eine Menge praktischer Anleitungen sowie weiterführende Literaturhinweise erhalten.

10. Kingston, Karen: *Feng Shui gegen das Gerümpel des Alltags*, rororo, 3. Auflage, 2009

Anmerkungen

[11] http://www.marksdailyapple.com Dort finden Sie umfangreiche Infos rund um das Thema Ernährung sowie auch die Möglichkeit, das Buch „The Primal Blueprint" zu bestellen.

[12] Mehr Infos zur Huna-Tradition unter: http://de.wikipedia.org/wiki/Huna

[13] Mohr, Bärbel: *Bestellungen beim Universum. Ein Handbuch zur Wunscherfüllung,* Omega Verlag, 14. Auflage, 2004

[14] Hicks, Esther: *Ask and It Is Given: Learning to Manifest Your Desires,* Hay House, 2005

[15] Hill, Napoleon: *Think And Grow Rich,* Wilder Publications, 2008

[16] Für einen umfassenden Einblick in die Theorie und Geschichte des Geldes empfehle ich: Baader, Roland: *Geld, Gold und Gottspieler,* Resch Verlag, 2. Auflage, 2005 und vor allem: Deutsch, Reinhard: *Das Silberkomplott,* Kopp Verlag, 2006

[17] Siehe hierzu auch: http://en.wikipedia.org/wiki/Stanford_marshmallow_experiment und den Vortrag von Joachim de Posada: http://www.ted.com/talks/lang/eng/joachim_de_posada_says_don_t_eat_the_marshmallow_yet.html

[18] http://de.wikipedia.org/wiki/Parkinsonsche_Gesetze

[19] Bausenwein, Christoph: *Das Prinzip Uli Hoeneß – Ein Leben für den FC Bayern,* Verlag Die Werkstatt, 2009

[20] Rose Charvet, Shelle: *Wort sei Dank – Von der Anwendung und Wirkung effektiver Sprachmuster,* Junfermann Verlag, 5. Auflage, 1998

[21] http://en.wikipedia.org/wiki/Edwin_B._Twitmyer

[22] http://de.wikipedia.org/wiki/Iwan_Petrowitsch_Pawlow

23 Zum Thema »Was ist NLP?« siehe auch: http://www.wege-academy.de/was-ist-nlp-versuch-einer-definition-des-neuro-linguistischen-programmierens/

24 Osbourne, Ozzy, u. a.: *Ozzy – Die Autobiografie,* Heyne Verlag, 2009

25 Kiyosaki, Robert: *Rich Dad, Poor Dad – Was die Reichen ihren Kindern über Geld beibringen,* Goldmann Verlag, 2. Auflage, 2007

26 http://www.youtube.com/watch?v=UF8uR6Z6KLc&feature=relmfu

27 http://www.amazon.de/Die-4-Stunden-Woche-Mehr-Zeit-Leben/dp/3430200512/ref=sr_1_1?s=books&ie=UTF8&qid=1323359514&sr=1-1

Stichwortverzeichnis

13.-Krieger-Phänomen 189
80/20-Regel 51

A
Affirmationen 44
Ankern 110
Anziehung, Gesetz der 72 f.
Apple 157
Arm sein (Definition) 27
Arm und Reich 21, 89
Ausgaben 99

B
Banderas, Antonio 189
Bandler, Richard 76, 110
Bauchgefühl 33
Bauer 89 f.
Beweisführer 35-38, 61, 63, 95, 203
Beziehungen 10, 50, 54-57, 69
Bild (Zeitung) 181
Bismarck, Kanzler 48
Black Sabbath 119
Butler, Geezer 119

C
Casper 172
Coaching 9, 16, 34, 40, 53 f., 69, 86, 100, 135, 143, 149, 167 f., 171, 182, 184, 188, 208 f.
Csikszentmihalyi, Mihaly 33

D
Denk-dich-reich-
-Erfolgsformel 185
-Erfolgsmodell 67
-Leitsatz Nr. 1 18
-Leitsatz Nr. 2 36
-Leitsatz Nr. 3 49
-Leitsatz Nr. 4 69
-Leitsatz Nr. 5 73
-Leitsatz Nr. 6 83
-Leitsatz Nr. 7 90
-Leitsatz Nr. 8 104
-Leitsatz Nr. 9 104
-Leitsatz Nr. 10 125
-Leitsatz Nr. 11 134
-Leitsatz Nr. 12 142
-Leitsatz Nr. 13 159
-Leitsatz Nr. 14 178
-Leitsatz Nr. 15 180
-Leitsätze, die 15 203 ff.
Denke nach und werde reich (Buch) 74
Denker 37
DiCaprio, Leonardo 124
Disney, Roy 139
Disney, Walt 139, 151

E
Edison 34
Edison, Thomas Alva 31
Einkommen 99
Emerson, Ralph Waldo 29
Erfindungen der Menschheit 30
Erfolgsjournal 19, 58 f., 125, 135, 151 f., 154, 162 f., 189, 202
Ernährung 53

F
Federal Reserve Bank (FED) 80 f.

Ferris, Timothy 183
Fiat Money 81
Fight Club (Film) 51, 100
Flow 33
Focus Money 181
Fried, Erich 131

G

Gandhi, Mahatma 71
Gedankenspirale, positive 69
Gesundheit 10, 52 f.
Glaubenssatz 47
Glaubenssätze 36, 56 ff., 60
-, bewusste 62
-, einschränkende 167
-, limitierende 61
Golf 39 f.
Grinder, John 110
Grizzly Lied 172
Großzügigkeit 196
Grundbedürfnisse 194

H

Hartz IV 65
Harvard-Ziele-Studie 144
Hicks, Esther 71 f.
Hill, Napoleon 74
Hoeneß, Uli 105 f.
Hypnose 41, 209

I

Ich & Ich 117
Inception (Film) 124
Intuition 33
Investieren 89, 91 f., 101 f., 149, 166, 178-181
Investitionen 89, 101 f., 106, 120, 180 ff., 193 f., 197, 199, 204
Iommi, Tony 119

J

Jäger 89 f.
James, William 35
Jobs, Steve 157
Jürgens, Udo 65, 191

K

Kingston, Karen 51
Kiyosaki, Robert 119 f.
Konditionierung, unbewusste 113
Konsumschulden 97, 101-104, 141, 159, 177, 195, 203

L

Lagerfeld, Karl 156
Lebensstil 28, 53, 100
Loslassen 45, 47, 50 f.
Lotto-Millionäre 91
Luxus 11, 173, 184, 194 ff., 199

M

Mann, Thomas 47
Mäusestrategie für Manager, Die (Buch) 15
Mentaltraining 209
Metaprogramm 107
Meta-Ziel 149 f.
Midas, König 79
Modaloperatoren 150
Mohr, Bärbel 71 f.
Murray, Bill 126
Mutter Theresa 28

N

Napoleon, Kaiser 26

Nein sagen 169 f.
Neurolinguistisches Programmieren (NLP) 31, 48, 76, 110, 209
Notenbanken 81

O
Online-Shop 188, 190
Osbourne, John Michael (Ozzy) 117 ff.

P
Pareto, Vilfredo 51
Paretoprinzip 51
Pawlow, Iwan 109
Perfekter Tag 126-130, 173
Pitt, Brad 51, 100
Presley, Elvis 139
Prophezeiung, sich selbst erfüllende 68
Pseudo-Unternehmer 18

R
Rand, Ayn 105
Reframing 31
Reich sein (Definition) 27
Reichtum, Definition von 26
Reichtums-
-Blaupause, innere 30 f.
-Gen 30
-Mechanismus 66
-Thermostat 131-138
Reiz-Reaktions-Schema 109
Robbins, Tony 19
Rücklagen 194

S
Saint-Exupéry, Antoine de 93
Schicksalsschläge 158
Schulden(-) 95, 103
-abbau 194
Schwarzenegger, Arnold 76
Seneca 15
Siegermentalität 74
Sisson, Mark 54
Stanford-Rede (Steve Jobs) 157
Steuern 196
Suggestion(en) 36 f., 43

T
Täglich grüßt das Murmeltier (Film) 126 f.
Talmud 66, 69
Tesla, Nikola 31, 34
Theresa, Mutter 28
Theudebart, Frankenkönig 80
Tracy, Brian 200
Twitmyer, Edwin 109

U
Unterlasser 66, 73, 89
-, typische 29
Unternehmer 66, 73, 89
-, typische 29

V
Visionen 162
Visualisierungen 44

W
Wayne, Ronald 157
Weiterbildung 197
Wilson, Robert Anton 35
Wozniak, Steve 157

Y
Young, Neil 21

Anmerkungen

Z
Zeitpräferenz 91
- des Konsums 89
Zinseszins 94

Wenn Sie **Interesse** an **unseren Büchern** haben,

z. B. als Geschenk für Ihre Kundenbindungsprojekte, fordern Sie unsere attraktiven Sonderkonditionen an.

Weitere Informationen erhalten Sie von unserem Vertriebsteam unter +49 89 651285-154

oder schreiben Sie uns per E-Mail an:
vertrieb@redline-verlag.de

REDLINE | VERLAG